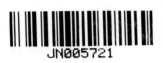

【ヴィジュアル版】

インド神話物語百科

HINDU MYTHS

From Ancient Cosmology to Gods and Demons

マーティン・J・ドハティ
MARTIN J. DOUGHERTY

井上廣美［訳］

原書房

［ヴィジュアル版］

インド神話物語百科

【目次】

はじめに

ヒンドゥー教は、現代でも世界で3番目に多くの信者を抱える宗教である。だが、ヒンドゥー教徒の大多数がインドに住んでいるため、インド以外の地域ではたいていヒンドゥー教についてあまり知られていない。門外漢であっても、ヒンドゥー教が多神教であることは知っているかもしれず、少しならヒンドゥー教の神々の名前をあげることもできるかもしれないが、それ以上のこととなると、ヒンドゥー教はわかりにくいと思われているのではないだろうか。

✣前ページ……「アールティー」。通称「献灯式」。ヒンドゥー教で最もよく行われる儀式のひとつ。たいていは神に祈りをささげる儀式だが、聖者や聖地、聖なる事物に敬意を示すために行うこともある。

たしかに、ヒンドゥー教は単純な信仰ではない。それどころか、ヒンドゥー教は一般に、単一系列の宗教行為群というよりも、複数の宗教を擁するいわば「一門」と考えられており、場所によって実にさまざまなバリエーションがある。それでも、基本的な概念は同じで、ヒンドゥー教徒は、同じ目的に向かう多くの道があるとわかっている。

ヒンドゥー教の中核となる概念は「サナータマ・ダルマ」、あらゆる生き物に影響を与える必要条件と義務の「永遠の理法」である。サナータマ・ダルマという概念は、現在あるようなヒンドゥー教が成立する以前から存在していた。実のところ、「ヒンドゥー教(ヒンドゥーイズム)」という呼び名は比較的最近になってから使われるようになった造語で、19世紀初頭にイギリス人が作った言葉だ。ヒンドゥーという言葉は、そもそもヒンドゥー教の伝統的中心地域であるインダス川流域を指す名前に由来し、もともとは宗教の呼称ではなく、文化を指し示す言葉として使われていた。現代でも、ヒンドゥー教徒の多くは、自分たちの信仰をサナータマ・ダルマと呼んだり、または信仰に関連する最古の文献にちなんで「ヴェーダの宗教」と呼んだりするほうを好む。

古代の起源

ヒンドゥー教の起源は明らかではない。信仰の仕方や形式を信者に広めた予言者や教祖がいたわけでもない。普遍の真理が書かれた文書もない。その代わりに存在するのは、数多くのさまざまな信仰行為、共通の神話にもとづく無数の変種、同一の物語から生まれた多数の相反する異説だ。こうした多様性もヒンドゥー教の一部となっている。これが「唯一の真なる信仰」である、と主張するヒンドゥー教の宗派があるわけではなく、自分とは大きく異なった道をたどって同じ目的に向かう人々がいてもかまわない、と容認することが基本にある。

一説によれば、ヒンドゥー教の起源は、ヨーロッパとアジアの各地で起きた部族や人間集団の移動が広めた印欧祖語の神話にまでさかのぼることができるという。印欧祖語が各地に広まったことについては十分な証拠がある。そうであれば当然、言葉と一緒に思想や神話も運ばれたことだろう。この始原の宗教も、正確な起源は不明だが、広く認められている説のひとつによれば、黒海とカスピ海の北側が発祥の地らしい。

この共通の起源という説は、インドの神話とヨーロッパの神話には関連があるという考え方、類似した概念がそれぞれ独自に展開したのではなく、共通の起源を持っているのかもしれないという考え方に沿うことになる。部族集団が移住すれば、新しい地域へ彼らの神話を持ち込むことにもなるが、移住先でも、自分たちの神々とそう違わない神々についての聞き覚えがあるようでいて少しばかり違う物語に出会ったかもしれない。新しい土地へ移住した部族が、かつては自分たちの神話の一部だったのにとうに忘れ去ってしまっていた物語を「発見」したかもしれないと思うと、想像するだけでも興味深い。

現在わかっている限りでは、ヒンドゥー教と関連する最古の文献は『ヴェーダ』である。ヴェーダ文献は紀元前1500年頃からサンスクリット語で書かれた。ヴェーダ文献の成立時期は、中央アジアのアーリヤ人がインドに到達した時期と同じだと広

現在わかっている限りでは、ヒンドゥー教と関連する最古の文献は『ヴェーダ』である。ヴェーダ文献は紀元前一五〇〇年頃からサンスクリット語で書かれた。ヴェーダ文献の成立時期は、中央アジアのアーリヤ人がインドに到達した時期と同じだと広く考えられている。

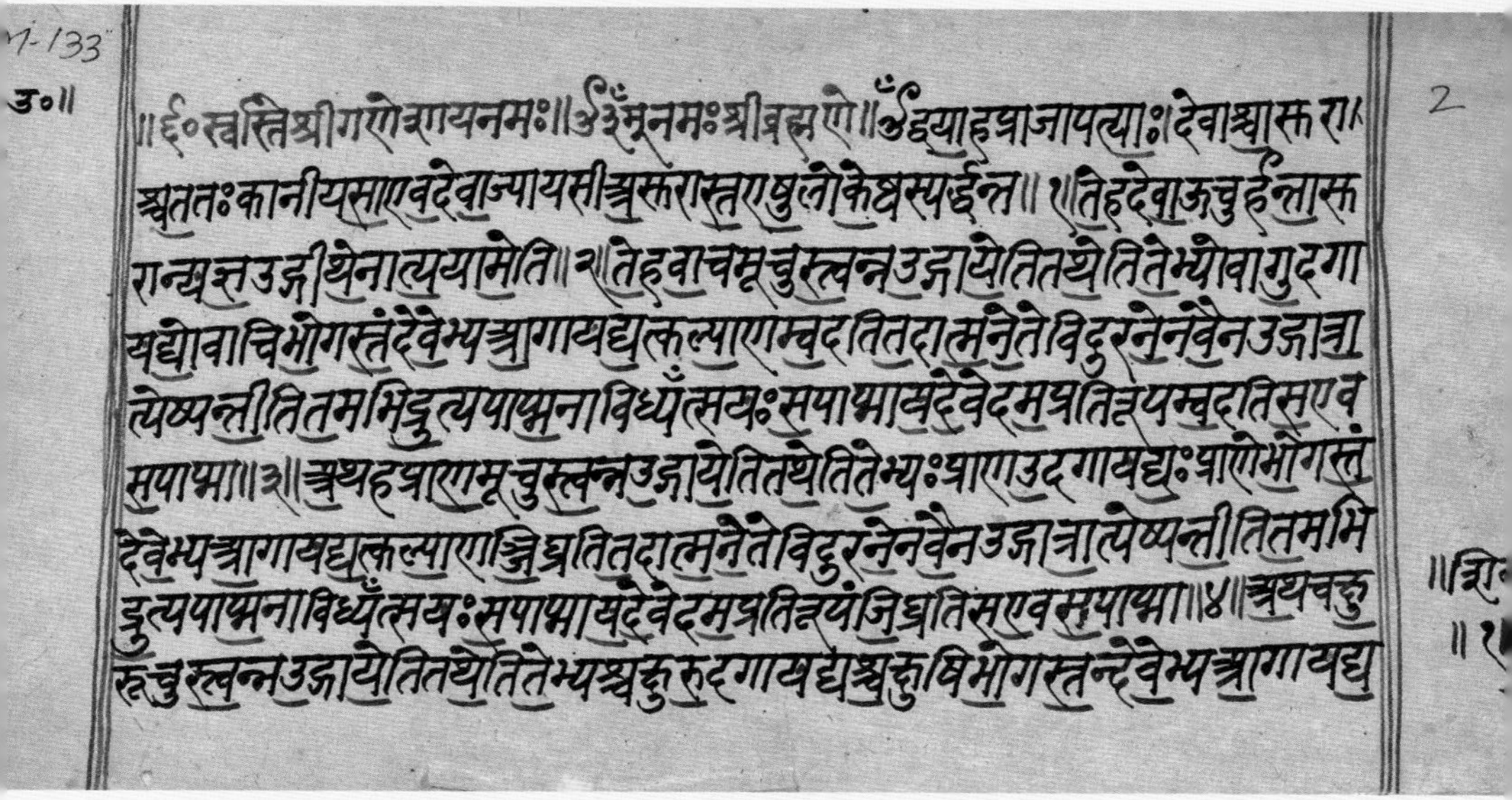

✣上……主要な聖典のひとつ『ブリハッド・アーラニヤカ・ウパニシャッド』。聖仙ヤージュニャヴァルキヤによってつくられたとされている。こうした文書の成立時期の特定は例外なく難しい。もっと古くからある内容や後世の加筆が含まれている可能性があるからだが、定説では紀元後六〇〇年から九〇〇年のあいだと言われている。

く考えられている。このアーリヤ人のインド到達は、侵入あるいは征服だったと長年にわたり考えられていたが、むしろ人々の移住あるいは混交だったようだ。「アーリヤ人(アーリア人)」という言葉は、現在では少しばかり不愉快な含みのある語になっているが、古代においては基本的には「文明化した」という意味だった。アーリヤ人がインドに進出した時代、インドの文明はすでに衰退期に入っており、アーリヤ人は大規模な衝突もないまま支配者の地位におさまったらしい。このことを示す証拠がかなりある。そしてアーリヤ人は、農業や社会組織についての言葉や考え方をインドにもたらした。むろん自分たちの神話も持ち込んだ。

もちろんのこと、これがヒンドゥー教の起源ではない。ヴェーダ文献はアーリヤ人の伝承を書写した文書だが、そこには以前からインドにいた先住民の伝承もすでに混じり始めていた。早くも紀元前5500年には、この地域で組織的な宗教活動が行われていたという証拠がある。ヴェーダ文献に書かれている伝承の一部は、それまで何百年にもわたって口頭で語り継がれてきた伝承が、ついに文字によって書き留められたということだろう。

ヴェーダ文献はところどころに矛盾がある。矛盾とは言えなくとも、あいまいな部分もある。読者がもう知っていることを前提に書かれている部分も多いことからすると、ヴェーダ文献は、ヴェーダ文献を読み解く方法を修得できるよう正式の訓練を受けた司祭階級が読むためのものだったのだろう。ヴェーダ文献に書かれている神々は、たいてい嵐や火などのように目に見える自然現象に関連し、ヒンドゥー教の神々の一部の初期の形と見ることができる。

紀元前1000年以降、宗教慣習に変化が起きた。それまで社会を掌握していた司祭階級がその権威を失ったらしく、公式の祭祀から、どちらかと言えば個人的な宗教形態へと移行した。紀元前800年から紀元前500年にかけては、新たな宗教的伝承群が文字で書き留められた。『ウパニシャッド』(奥義書)という文献群である。「ウパニシャッド」という総称は、座して宗教者の言葉に耳を傾けるという行為にちなむ。

これは誰かひとりの人物の言葉ではない。ウパニシャッド文献には、悟りを開いた多数の師による思索や思想が含まれており、驚くまでもなく、それらは実にさまざまである。このことはヒンドゥー教の基本的な教義と完全に調和する――宇宙は大きく複雑なところで、それに比べれば人知は小さい。だが、多くの師それぞれが有益なものを教示できた。彼らの記した文書は、これが普遍的な真理であるという主張ではなく、ほかの人々が思索を深める土台にするためのものだった。

基本的教義

ウパニシャッド文献は多様であると同時に、共通した概念も多く、それらが現代のヒンドゥー教の信仰の基盤となっている。ヒンドゥー教では、あらゆる生き物には「アートマン(我)」という内なる自己(霊魂)があると考える。このアートマンは「サンサーラ(輪廻)」という無限に続く可能性もある生死の繰り返しのなかで何度も生まれ変わる。こうした、死んではまた生まれ変わるという連鎖から解放されることを「モークシャ(解脱)」と呼ぶ。解脱したとき、アートマンは宇宙と完全にひとつになった状態にいたる。解脱に向かう道のりを導くのが「カルマ(業)」の

✣左……遺体の火葬はアートマン（霊魂）を肉体から解放し、次の輪廻へ進ませる。火は多くの儀式で重要な役割を果たし、死すべき運命の人間の世界と神々との橋渡しをする。

原理で、それによれば、あらゆる行為（業）が結果を伴い、その結果は後にみずからの霊魂が引き受けることになる。そのときには直接的な結果や明らかな結果が見られなくとも、その人が次に生まれ変わったときに今の人生よりも良くなるか悪くなるかは、業で決まる。善良で高潔な人生を送った人は解脱に向かって進み、いつかは無限の輪廻から解き放たれるという希望を抱くことができる。そうでない人々は、次に生まれ変わった人生で今以上に苦しむことになるが、もう一度解脱に向かって進み始める機会はつねにある。

正しい方向へ向かうために鍵となるのが「ダルマ」（法）である。ダルマとは、一連の責務でもあり、正しい行いをするための指針でもあると考えられていたようだ。ただし、誰もがみな同じダルマを追求していたわけではない。たとえば戦士は、激しい暴力をふるったとしても、その行為が正しいのであれば、善行（善い業）を積んだことになる。ダルマとは、何か特定の行為を実践することというよりも、その人の社会的地位に相応した責務を果たすことだと見ることもできる。この点が、ウパニシャッド文献の宗教がヴェーダ文献とまったく異なるところである。ヴェーダ文献は、主として公的な祭祀の実践について書かれている。

ヒンドゥー教の中核となる概念に、それぞれの

【用語解説】

アートマン（我）――内なる自己、霊魂
ダルマ（法）――善なる生き方
カルマ（業）――因果の法則
モークシャ（解脱）――サンサーラ（輪廻）からの解放
ニルヴァーナ（涅槃）――サンサーラ（輪廻）からの解放
サンサーラ（輪廻）――死と転生の繰り返し

アートマン（我）は本当は個別のものではなく、別々のものと考えるのは迷妄である、というものがある。あらゆる霊魂は、大いなる宇宙の唯一の根本原理であるブラフマン（梵）の一部である。解脱を果たしたアートマンは、苦しみと孤独の輪廻に終止符を打ち、一滴の水が大海へ戻って行くように、ブラフマンへと戻って行く。

ヒンドゥー教で最もわかりにくいところは——少なくとも門外漢にとっては——ヒンドゥー教は一神教なのか、それとも多神教なのかという点だろう。その答えは、一神教でも多神教でもどちらも正解となる。ヒンドゥー教には多くの神々がいるが、ヒンドゥー教の神々は世界の創成後に出現した。ヒンドゥー教はほとんどの宗派がブラフマンの存在を認めている。ブラフマ

ダルマとは、何か特定の行為を実践することというよりも、その人の社会的地位に相応した責務を果たすことだと見ることもできる。

【カルマ（業）と社会】

「カルマの原理」は、現代の大衆文化にも広まったが、ひどく歪曲されてしまっている。多くの場合、卑しい行為や悪意のある行為が個人的に跳ね返ってきたように見える状況や、立派な行為が報われたように見える状況を語るときに使われる。こういう使い方は本来の意味からかけ離れているが、それでも、これ以外のことでは非宗教的な人々の多くも、宇宙の法則としてのカルマを信じているように見える。

こうした大衆文化型のカルマなどあるわけがないが、まるであるかのように思わせてしまいかねない結果が見られる場合がある。いつも嫌な感じの人がいるとして、そういう人がその結果責任を負うようなことがあると、それを目にした人の記憶に強く残る。実際、そうした出来事は本人の行動の結果である可能性のほうが高い。本人のそれまでの「悪いカルマ」の行為によって被害をこうむった人が手助けしさえすれば、本人はそういう状況を避けられたとしても、被害者は手を差し伸べようとは思わなかっただろう。これとは逆のパターンもよくある。いつも人の力になったり、少なくとも人を傷つけないようにしている人は、気づかないでいる善意からの恩恵を受けることがある。

善いカルマや悪いカルマ（善業や悪業）——ヒンドゥー教的意味であれ大衆文化的意味であれ——が、他者を助けたり傷つけたりする行為に関連するのは偶然ではない。ほとんどの宗教の原理原則は、長期的に機能できる安定した社会を支持する傾向がある。盗みやうそなどの「悪い」行為は社会の内部にダメージを与えるが、市民がいつも互いに好意的な態度を示す社会は繁栄する可能性が高い。ヒンドゥー教のカルマの法則は、社会全体にとって良好な方向、究極的には社会内部の全員にとって良好な方向へ人々を導く指針なのである。

ンを神、あるいは宇宙、あるいは宇宙に遍在する精霊と考えることもある。ヒンドゥー教のさまざまな宗派がブラフマンの本質についてさまざまな見解を持っており、ブラフマンは物質としての宇宙とは別に存在するのか、それとも宇宙全体に遍在するのか、それとも宇宙とブラフマンは同一のものなのか、といったことについても教えはさまざまだ。このことは、矛盾というよりも、宇宙の広大さに比べれば人知は小さいという認識を示す。人間のようなちっぽけな個別の存在は、宇宙の真理すべてを理解することなどできず、解脱を果たしブラフマンとひとつになってこそ、初めて理解にいたることができるのである。

古代インドの住人と文明

どのような宗教であれ、その宗教を理解するには、その背景となる社会や文化、その文化が形成された歴史を知ることが不可欠である。ヒンドゥー教の起源は、はるか古代、まだ文字も発展しておらず、都市も作られていなかった時代までさかのぼる。ヒンドゥー教の神話はそうした時代について語る。

インド亜大陸では、現生人類が出現する以前から人類が住んでいた。「ホモ・ハイデルベルゲンシス」という現生人類の祖先で、アフリカから集団で東進して、インド亜大陸までやって来たようだ。同じホモ・ハイデルベルゲンシスの別の集団がヨーロッパに到着した時期よりも前のことだったらしい。この移住は数万年以上かけて行われた。何らかの大集団の移動というよりも、狩りのしやすい場所を求めて少人数の集団で歩き回っていたすえのことだった。

その後、人間の社会は遊牧から定住へと徐々に移行し、組織的な農業が始まった。早くも紀元前9000年には、インダス川流域で何らかの形の農業が行われていたと想定されているが、農業を基盤とした社会への移行は少しずつゆっくりと進んでいった。この時期には、ゾウなどの動物たちも家畜化され、紀元前4500年までには、灌漑と汚水処理のための水路も造られるようになっていた。

別の地域で局地的に栄えた大きな文明、エジプト文明やメソポタミア文明と同様に、インダス文明も、移動手段や農業用水、

別の地域で局地的に栄えた大きな文明と同様に、インダス文明も、移動手段や農業用水、家庭用の水を提供してくれる大河にそって発生した。

家庭用の水を提供してくれる大河にそって発生した。インダス文明は紀元前5000年頃に始まり、初期、中期、成熟期と進んだ。中期の末期にあたる紀元前3000年頃には、この時期を定義する遺跡となった大きな都市が存在していた。

この都市がもともとどう呼ばれていたのかは不明だが、その遺跡は現在の付近の村にちなんでハラッパーと名づけられている。ただし、当時のインダス文明の呼び名の語源にはなったものの、この遺跡は19世紀に大きく破壊されてしまう。建築資材として利用するために略奪されたのだ。そのため、この時期のインダス文明については、確かなことはほとんどわかっていないが、ハラッパーは約3万人が住んでいた共同体で、石器時代の末期から青銅器時代の初期にかけての技術を利用していたと推定されている。

紀元前3000年頃から青銅器の製造ができるようになると、本当の意味での文明の発展が促進され、インダス文明の盛期が始まった。この時期を特徴づけるのがモエンジョ・ダーロ遺跡である。モエンジョ・ダーロは、十分に防備を固めた都市では

⁂右……インドのカースト制度はイギリスの統治によって大きな影響を受け、それ以前よりも大幅に硬直化した。一九二二年に撮影されたこの写真の子供たちが高い身分であることは、インド文化をよく知らない人の目にも明らかだ。

なかったが、いくらかの防御施設や洪水を防ぐための施設のようなものをそなえていた。たくみな都市計画で造られた都市で、都市生活に対する高度な取り組みも見られる。しかし結局、モエンジョ・ダーロは紀元前1900年頃のインダス文明の衰退期に放棄され、インダス文明全体も紀元前1500年までにはひどく衰退した。

アーリヤ人の時代

この頃、北西からアーリヤ人がインドに進出するようになっていた。インダス川とガンジス川が流れる平原は牧畜にぴったりで、この両大河にそって文明が繁栄した。アーリヤ人が先住民を征服したのか、それとも、アーリヤ人の組織や勢力のほうが大きかったので支配者の役割におさまっただけなのかははっきりしないが、アーリヤ人が政治の世界を支配するようになったのは確かである。

アーリヤ人は独自の言葉と文化もインドに持ちこんだ。これはサンスクリット語の古い形であるヴェーダ語で、印欧祖語から発展した言葉だった。ヒンドゥー教と関連する最古の文献はこのヴェーダ語で書かれたが、内容的には、アーリヤ人の神話とインドの先住民の神話が混在している。カースト制度の起源もこの時期にさかのぼることができるが、こちらのほうも、アーリヤ人が意図的に構築したか持ちこんだかした制度というよりも、文化が入り混じったことから生じた地域的な展開だったのかもしれない。

カースト制は、アーリヤ人がインドを支配していた時代に現れ始め、しだいに確立していった。注目すべきは、最上位のカーストが、戦士ではなく学者兼祭官だったことだ。戦士(武人)は第2位の階級となった。武人の下に来るのが熟練した職人、その下が単純労働者だった。社会の最下層は、人の嫌がる仕事をする人々だが、古代には別種の集団だったのかもしれないし、そうではなかったのかもしれない。

インダス川流域でアーリヤ人が支配していた文化は、強力な祭官階級が取り仕切る公式の祭儀が特徴だったが、紀元前1000年頃以降になると、多くの教義が疑問視され始めるよう

カースト制度

遠い昔には厳格な差別があったのかもしれないし、なかったのかもしれないが、その後、カースト間の交流の許容範囲についてルールが出現した。その一因はイギリスの植民地支配だった。社会を統制し、インド帝国を運営するための行政上の負担を軽くするには、簡単で厳格な規則のほうが好ましかったのである。イギリスが支配するようになった時代には、別のカーストの人と結婚することは許されないようになっており、井戸のような生活の設備も上位のカーストの共同体は別になっていた。古代にはそのようなことはなかった可能性もある。

カーストは、宇宙を創造するための犠牲となった始原の巨人神プルシャ（原人）の体から生じたと言われている。

✤バラモン（ブラーフマン）（司祭）――学者、宗教者――最上位のカースト。プルシャの頭から生じたと言われる。

✤クシャトリヤ（王族）――武人、政治的指導者――プルシャの腕から生じたと言われる。

✤ヴァイシャ（庶民）――商人、農民――プルシャの腿から生じたと言われる。

✤シュードラ（隷民）――単純労働者――プルシャの足から生じたと言われる。

✤ダリト（不可触民）――カーストに属さない人々――定義上、カースト制度に適合しなかった人々のこと。

それぞれのカースト内には、その人の厳密な社会的役割によって決まる無数の下位区分（サブカースト）も生じた。現代のインドの社会は、カーストにもとづく差別をなくそうとしてきた。ただ、一部ではすばらしい成功も見られるものの、細分化された社会という長い伝統を崩すのは今も難しい。

になる。強力な都市国家が出現するなか、同時に宗教はどちらかと言うと個人的な事柄になっていった。この動きの極みが、ジャイナ教と仏教の勃興、ヒンドゥー教内部の多様化だった。

侵入と帝国

紀元前5世紀には、インドは多数の都市国家と王国が存在し、互いに争うようになっていた。北インドの国々は、紀元前530年に始まったペルシアからの侵入に抵抗しきれず、そのためにインドの思想とペルシアの思想が混じり合うことになった。ペルシアの支配は、ペルシア帝国がアレクサンドロス大王に滅ぼされるまで続いた。アレクサンドロス大王の帝国は、紀元前323年に大王が急逝するとたちまち崩壊したが、その後もインダス川流域にはギリシアの影響が色濃く残った。

アレクサンドロス大王後の権力の空白を埋めたのが、チャンドラグプタ・マウリヤだった。チャンドラグプタはマガダ国の王を倒し、最終的にはインドの大部分を支配下に置く帝国を築いた。この帝国の版図はインドの外の一部地域にまで拡大した。紀元前185年にこのマウリヤ朝が滅亡すると、インドはふたたび都市国家と小さな王国が乱立するようになった。ただし、統一国家ではなかったとはいえ、インドが世界から孤立していたわけではない。エジプトとの交易は長年にわたって重要だったし、エジプトがローマ帝国に征服されたことで新たなチャンスも生まれた。

インドが大きく変化したのは、紀元後3世紀になってからのことだった。この大きな変化は、シュリーグプタというヴァイシヤ（庶民）、つまり商人のカーストの出身者が権力を握ったことから始まった。シュリーグプタは伝統的なカースト制度を超越しただけでなく、芸術、文学、科学の振興もはかったうえ、インドでの仏教の活動を庇護し、伝統的にヒンドゥー教徒が多い地域にも仏教寺院や仏像を建立した。しかし、このグプタ朝

✣下……「オーム（聖音）」のシンボル。きわめて重要な意味がたくさんある。世界、神々、聖典という三つの重要なものの組み合わせを象徴する。ウパニシャッド文献とプラーナ文献にはオームの数々の重要な点についての議論が書かれている。

もやがて衰退し、紀元後550年頃に滅亡した。

その後の侵略

グプタ朝滅亡後のインドは、次にハルシャ・ヴァルダナが統一王朝を建てたものの、この王朝の支配はごく短期間で終わり、インドはたちまち分裂して群雄割拠の状態に陥った。こうした状況に乗じたのが、今のパキスタンにいたイスラム諸勢力によるインド征服とインドでのイスラム(ムスリム)王朝の建設だった。そしてついに、ムガル帝国が成立し、16世紀から18世紀にかけてインドの大半を支配したが、その後ひどく衰退した。ムガル帝国は、概して宗教的に寛容だったが、ヒンドゥー教の信仰をやめさせようと躍起になった時期もあった。ヒンドゥー寺院が破壊されたり、ヒンドゥー教徒が公職に就けないようにする法律が作られたりした。スィク教徒も迫害され、その結果、ムガル帝国の支配に対して積極的に対立するようになった。

18世紀前半、ムガル帝国は急激に衰退し、当時イランで帝国を築きつつあったナーディル・シャーに大敗を喫した。イラン軍は大量の略奪品を手に撤退し、インドは大混乱に陥った。そしてムガル帝国の残骸も、大部分がマラーター族に征服された。

この一方、イギリスも18世紀半ばからインドで影響力を強めていった。東インド会社の設立を皮切りに、最終的にはインド帝国の建設にいたる。イギリスによるインド支配は、1947年にインドが独立を果たすまで続いた。この頃には、ヒンドゥー教はインド亜大陸で最大の宗教になっていたが、それ以外の宗教――仏教、イスラム教、スィク教――の信者も多かった。

このように、インドの歴史はヒンドゥー教の歴史でもある。古代のヒンドゥー教の伝承は、歪曲された形になっている場合もあるとはいえ、政治的な出来事を記録している。世俗の歴史を知れば、現代のヒンドゥー教の成り立ちも深く理解することができる。

このように、インドの歴史はヒンドゥー教の歴史でもある。古代のヒンドゥー教の伝承は、歪曲された形になっている場合もあるとはいえ、政治的な出来事を記録している。世俗の歴史を知れば、現代のヒンドゥー教の成り立ちも深く理解することができる。

【第1章】

ヒンドゥー神話の宇宙論と伝承

全体的に見ると、ヒンドゥー教の文献は宇宙の創造や本質についての事実を提示してはいない。その代わりに、思索と疑問の提起がある。読んでも答えが示されているわけではなく、宇宙の謎についてじっくりと考えるよう促しているように感じられる。しかも多くの文献は、死すべき運命の人間が宇宙のように広大なものを正しく理解することなどとても無理だと認めている。

ヒンドゥー教の宇宙論は、ほかの宗教の宇宙論と共通する点が多い。少なくとも部分的には、こうした他宗教の宇宙論の起源も印欧祖語の神話にまでさかのぼることができるかもしれない。しかし、その可能性が低い部分もある。突拍子もない異論がさまざまあるが、インドの文明(あるいはヨーロッパやアフリカの文明)が同時期のアメリカ大陸で出現しつつあった文化と接触したということはありえない。

✣前ページ……シヴァ神。ヒンドゥー教の神々のうちで最も有名な神。第三の眼があるので、世界の迷妄を超越して見ることができ、凝視したものを聖なる火炎で破壊することができる。

こうした遠く離れた地の宗教と似ているところがあるのは、共通の物語があるからというよりも、似たような経験をした結果だと言えるだろう。世界が形のない闇から出現したとか、大海から生まれてきたとかいう考え方や、創造のためには何らかの犠牲が必要だという考え方は、珍しいものではない。たぶん、こうした遠く離れた地の神話がヒンドゥー教の神話に似ているのは、同じ宇宙の真理を反映しているからだろう。ヒンドゥー教は、同じ目的に向かう多くの道があると認めており、同じ神が別の姿をとって、さまざまな別名で呼ばれることもありうるとも認めている。

ヴェーダ

『ヴェーダ』とは、誰かひとりの人間の著作ではなく、一連の文献群の総称である。それぞれの文献が長い期間をかけてつくられており、その主題のさまざまな側面を扱う。ヴェーダ文献は、「無私」と見なされるような書き方、もっぱらその内容に焦点を当て、その作者についてはほとんど情報がないような書き方をしている。こうした書き方は古代の文書では少しばかり珍しい。ある程度の自己アピールや、少なくとも作者や当時のことについての情報が文書内に書かれているのが普通だからだ。

ヴェーダ文献は、複数の作者がサンスクリット語で書いており、別々の様式で書かれた4つの文献群からなる。『リグ・ヴェーダ』は詠唱するための讃歌集である。『サーマ・ヴェーダ』も詠唱するためのものだが、『リグ・ヴェーダ』とは別の様式になっている。『ヤジュル・ヴェーダ』は犠牲をささげるときの儀式の作法について書かれており、『アタルヴァ・ヴェーダ』は日常生活に関係する讃歌やマントラ(祭詞、真言)の集成である。『アタルヴァ・ヴェーダ』には、唱える者の望みがかなうよう力を貸す呪文や祈禱も書かれている。たとえば、病気の平癒を祈る呪文や、求婚相手に承諾してもらえるよう祈る呪文などだ。

ヴェーダ文献群のうち最古の文献が、『リグ・ヴェーダ』(「讃歌の知識」という意味)である。紀元前1700年から紀元前1100年のあいだにつくられた。この時期には、それまでインダス川流域にあった文明が衰退し、アーリヤ人が支配するようになってい

ヴェーダ文献群のうち最古の文献が、『リグ・ヴェーダ』(「讃歌の知識」という意味)である。紀元前一七〇〇年から紀元前一一〇〇年のあいだにつくられた。

✣上……現代の印刷された『リグ・ヴェーダ』。原本を忠実に複製したものだろうが、この聖典はそもそも多種多様なバージョンが現在まで残っていたり、後世の作に組み入れられたりしている。どれかひとつを指して、これこそ「正しい」『リグ・ヴェーダ』だと断言することはできない。

た。ヴェーダ文献もアーリヤ人が書いたものだが、アーリヤ人の信仰がそれ以前のインダス文明の宗教と混合したものが提示されている。

『リグ・ヴェーダ』は、1028篇の讃歌が10の巻(マンダラ)にまとめられており、10巻のうちの第1巻と第10巻は、第2巻から第9巻が編纂された後に加えられたと考えられている。これら讃歌の内容は、何世代にもわたって口承で受け継がれてきたものが、ついに文書として書写されたものだ。こうした場合には、誤りがすぐにわかるようにするために詩歌の形式を使うことがよくある。記憶違いのフレーズは、韻をきちんと踏まなかったり、そのほかの詩句とうまく合わなかったりすることがあるが、正しく唱えれば、詩句が心地よく流れていく。

『リグ・ヴェーダ』には宇宙の創造と本質を語る詩句が数多くある。ただし、矛盾もあるし、簡単明瞭な詩句はほとんどなく、最終的解答というよりもヴェーダ文献の宇宙論を漠然と提示しているにすぎない。『リグ・ヴェーダ』の物語には、原ヒンドゥー教の神々が登場する。そうした神々は、後世の神々の諸相、あるいは後世の神々の別の呼称・属性と見なされることもある。

『サーマ・ヴェーダ』(「詠唱／旋律の知識」という意味)は、紀元前1200年から紀元前1000年頃に編纂されたらしいが、その内容の多くは『リグ・ヴェーダ』に由来しているので、起源はもっと古い。『サーマ・ヴェーダ』の讃歌は、公式の祭儀に適した旋律をそなえている讃歌もあれば、個人的な瞑想のための讃歌もある。

『ヤジュル・ヴェーダ』(「供犠の式文／散文の祭詞の知識」という意味)は、『サーマ・ヴェーダ』と同じ頃に編纂されたようだ。これは公式の祭儀に関係するもので、そこでは祭官が祭式を執り行いながら供犠の呪文を唱える。この内容も多くは『リグ・ヴェーダ』に由来するが、『リグ・ヴェーダ』から一言一句そのまま引き出しているわけではない。

『アタルヴァ・ヴェーダ』(「呪詞の知識」という意味)は、全20巻に編纂された讃歌集である。タイトルが誤解を招きかねない翻訳になっていることがよくあるが、内容的には、日常生活で助けてもらうための祭儀や讃歌や呪文がほとんどだ。『アタルヴァ・ヴェーダ』の内容の約6分の1は、『リグ・ヴェーダ』に由来する。『アタルヴァ・ヴェーダ』がつくられた時期ははっきりしない。紀元前1200年から紀元前1000年頃だろうが、少なくとも一部は、もっと後世につくられたということを示すものもある。

ブラーフマナとアーラニヤカ

『ブラーフマナ』(祭儀書)は、ヴェーダ文献の補遺となる注釈書群である。紀元前900年から紀元前700年頃につくられたらしい。共通の源があるわけではなく、多くの祭官の著作を集成したり、ヴェーダ文献の伝承の諸側面に対する祭官の注釈を記録したりしたものとなっている。

ブラーフマナ文献の注釈の主な目的は、さまざまな祭儀について詳しく解説し、祭式の執り行い方について指導することにある。儀式が中断してしまったり、やり方を間違えたりした場合の進め方についての助言もある。これはヴェーダの時代には特に重要なことだった。宇宙が調和を保って機能し続けるためには、祭儀を正しく執り行う必要があると考えられていたからだ。

『アーラニヤカ』(森林書)は、ブラーフマナ文献と似たところが多いが、こちらは既存の伝承に対する注釈というよりも哲学的な思索を含む。注目すべきは、この文献の作者が、アーラニヤカは人里離れた森のなかで教えられるべきものだと述べていることだ。このことは、宗教上の師弟による即席の集会や、秘密裡の集会まで連想させるが、ただ単に、あまり儀式ばってはいないやり方のことを指しているのかもしれない。この文脈では、「森のなか」とは「あの堅苦しい公式の祭儀の束縛がない状態で」ということを言っているだけになるだろう。この点でアーラニヤカは、公式の祭式から、『ウパニシャッド』に書かれているようなもっと個人的なスタイルの宗教への移行を表している。これらの文献は、祭官カーストが社会を支配する力を失いかけていた時代につくられた。このため、祭官が支配する人口集中地から離れたところでは、哲学的思索が行われるようになったのだろう。そうした人口集中地では、みずからの答えを求めて思索にふけるよう勧めることよりも、ヴェーダ文献にある公式の伝承を引用するほうがまだ好まれたはずだからだ。

✣下……『アイタレーヤ・ブラーフマナ』。『リグ・ヴェーダ』の注釈書のひとつ。聖なる讃歌を唱えながら進める祭儀のことなど多くの重要な洞察を提供している。マヒダーサ・アイタレーヤの著作とされている。

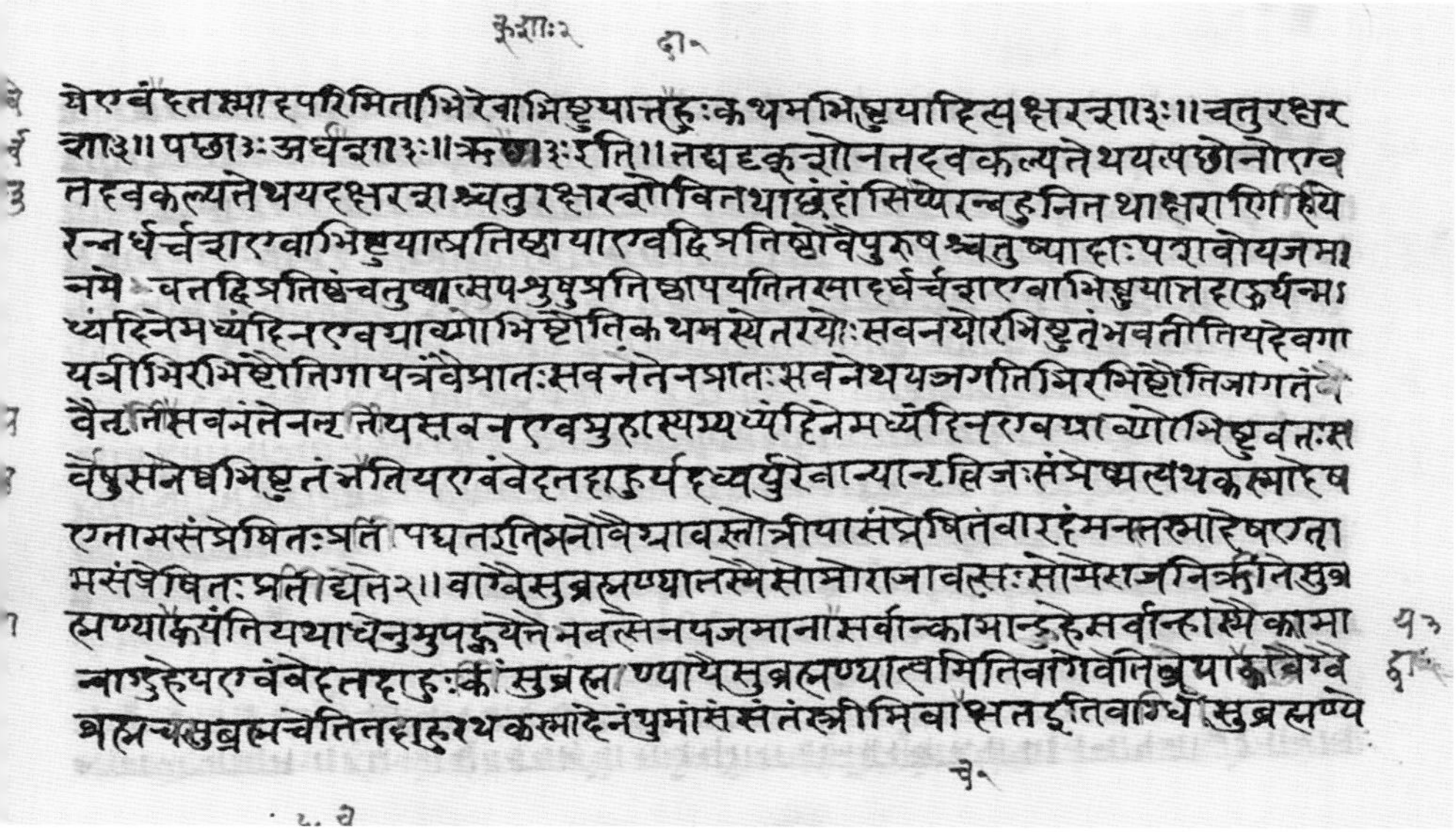

ウパニシャッド

『ウパニシャッド』(奥義書)は、それ以前の文献群よりもはるかに個人的な宗教を表している。この文献群が基となったヴェーダ文献と異なるのは、それほど驚くことでもない。ウパニシャッド文献は、最古のヴェーダ文献が書写されてから約1000年後の紀元前5世紀から紀元前2世紀にかけて成立した。その後何百年にもわたって、オリジナルのウパニシャッド文献にならった様式でつぎつぎと新しいウパニシャッド文献がつくられた。

ウパニシャッド文献は、宇宙の根本原理、つまり「未顕現」の神が導く宇宙の姿を提示している。この神は、死すべき運命である人間のアートマンも含めたすべてのものに存在する。あらゆるものがブラフマンの一部――小さな一部だが――であるため、あらゆる人々に宇宙の真理すべてがある。しかし、人知はあまりに小さく、宇宙をほとんど理解できないため、人間がせいぜいできるのは、できるかぎり宇宙について思索をめぐらせ、意味を知ろうとすることだけである。

ウパニシャッド文献は、世界の始まりや世界が機能し続けている仕組みについての物語にはあまり触れておらず、宇宙の本質についての哲学的問題を投げかけることに重きを置いている。注目すべきは、ウパニシャッドがつくられた時期は、インドの社会が大きく変化している最中だったことだ。ウパニシャッドも、どうすれば俗世間にうまく向き合えるのかという社会全体の不透明感を反映しているのかもしれない。

ウパニシャッド文献は、世界の始まりや世界が機能し続けている仕組みについての物語にはあまり触れておらず、宇宙の本質についての哲学的問題を投げかけることに重きを置いている。

プラーナ

『プラーナ』はそれ以前の著作物と異なり、さまざまなテーマの情報を整然とまとめた形で提示している。しかし、この情報も以前から存在する情報源から編纂したもので、ほかのヒンドゥー教の伝承と同様の矛盾や食い違いが多い。これはやむをえないことだ。プラーナ文献にある伝承は、この編纂時にはすでに何百年もかけてさまざまな場所で変形されていたので、それらの帳尻を合わせてひとつの決定版にまとめるのは不可能

✣上……プラーナ文献はどれも重要なテーマについて書かれているが、歴史や地理、哲学、形而上学について述べているほか、家庭内での祈禱から王国の統治にいたるまでの諸問題についての助言も含む。プラーナ文献は聖地巡礼のガイドブックにもなった。

だった。

ヒンドゥー教がほかの多くの宗教と違うところは、伝承群を統一しようとしたり、「正しい」と誰もが同意する定説をつくろうとしたりする大規模な試みが行われていないことである。それどころか、プラーナ文献にある物語は、口承で語り継がれ聞き継がれたとおりに語られており、不整合も矛盾もあいまいなところもそのまますべて含む。神話とならんで地理や歴史、さらには租税、社会組織、戦争の遂行についての実際的な情報まで提示されている。

叙事詩

ヒンドゥー教の最初の叙事詩『ラーマーヤナ』は、紀元前400年から紀元前200年頃に書かれた。アーリヤ人の南インド征服に加わったラーマという名の英雄の物語が詩の形で語られる。『ラーマーヤナ』に登場する英雄たちは、戦士でもある王子の理想像となっている。ふるまいは誠実で率直だが、敵に対しては容赦ない。

『マハーバーラタ』も書かれ始めたのは『ラーマーヤナ』と同じ頃だったようだが、何人もの作者が何十年間も書き足して発展させていった。付加された書のひとつ『バガヴァッド・ギーター』は、死すべき運命の人間が有徳の人生を送るにはどうすればよいかを述べている。ヒンドゥー教徒にとってのみならず、古今をつうじて最も重要な聖典のひとつである。

『リグ・ヴェーダ』の創造神話

宇宙の創造については、『リグ・ヴェーダ』は謎めいており、決定的な答えを提示しているというよりも、むしろ問いかけている。宇宙の始まりは、存在(有)もなく非存在(無)もない状態だったと述べているのである。空という領域(空界)もなく、その上の天もなく、死もなく、不死もなかったという。こうした宇宙論は、潜在的可能性の状態、そこから何かが現れるかもし

✣下……『ラーマーヤナ』の一場面。ラーマ王子と弟のラクシュマナがランカー遠征中にナーガ族から攻撃されているところ。ラーマ率いる軍勢は、ラーマの妻のシーターを救出するために魔力を持った生き物の軍勢と戦う。

れないがまだ現れていないカオスの状態を示しているように思われる。

このような、宇宙創造の構成要素すべてを含むエネルギーに満ちた「スープ」という考え方は、ほかの宗教にも見られる。現代の宇宙論にもあると言ってもよいだろう。現代科学によれば、ビッグバンの瞬間、宇宙は可能性を秘めた形のない塊、まだ形状の定まっていないエネルギーの塊だった。創造の瞬間以前の宇宙の状態は知ることができないままであるという点で、現代の宇宙論と『リグ・ヴェーダ』は一致する――ヴェーダの言葉も現代の物理学も、その瞬間に存在していた状態を説明したりモデル化したりすることはできない。

この形のない宇宙は、『リグ・ヴェーダ』では「かの唯一者」と呼ばれる。このひとつの点か場所か宇宙かであるもの――こうした区別自体が無意味である――は、そこまでに存在したもの、存在したかもしれないものすべてを含んでいた。「かの唯一者」以外のものはまったく何もなく、「かの唯一者」は「自力により風なく呼吸していた」という。この行為から意欲と意(思考)が生じたが、このすべてがどのように起きたのかは、人知の及ばないことである。

『リグ・ヴェーダ』は答えを提示できないと認めている。宇宙には答えを知る者がまったく存在しないからである。デーヴァ(神々)ですら宇宙の創造後に出現したので、宇宙がどのように

唯一の真理?

多種多様で膨大な文献が存在するうえ、途方もなく長期間――ともかく人間の観点からすれば――形成されてきたので、決定版の神話をひとつだけ抽出するのはほぼ不可能である。歴史上の特定の短期間、特定の集団や特定の宗教が信じていた神話ということなら、明確に特定することができるかもしれないが、それでもきわめて地方色が濃くなった状態の神話の寸描がせいぜいと言ったところだ。

ただの人間にできるのは、膨大で多様な伝承の山を眺め、総括的な「全体像」を見ようとすることだけである。もちろん、これは個人的な好みや先入観に左右されやすい。細かな内容についても、読者がどれを信じようとするかも同様だ。ここには真理があるが、人によってさまざまに異なる真理である。

伝承すべてが本物かもしれず、あるいはその一部が本物かもしれず、あるいはすべて本物でないのかもしれず、あるいはこれら三つの可能性すべてが、人知には理解できないという意味では同時に正しいのかもしれない。宇宙の唯一の真理は、宇宙の根本原理であるブラフマン(梵)である。そうであるなら、人間が真理を知ることができる唯一の方法は、モークシャ(解脱)を果たしてブラフマンとひとつになることしかない。そのときが来るまでは、矛盾点についてじっくり考えることも、神話を学ぶことと同じくらい有効な行為である。

✣前ページ……『ラーマーヤナ』の一場面。魔王ラーヴァナがラーマ王子の妻シーターを誘拐し、空飛ぶ戦車で連れ去るところ。ハゲワシの王ジャターユスがこの誘拐を阻止しようとしたが、その戦いで致命傷を負う。

つくられたのかを知ることはできない。しかも『リグ・ヴェーダ』は、創造主がいかなるものであれ宇宙を出現させた創造主が――あるいは出現させなかったのかもしれないが――どのように宇宙が出現したのかを知っているにちがいない、あるいは創造主も知らないかもしれない、とまで示唆している。

これは何もかも漠然としているが、やっかいなほどでもない。基本的な概念はこうだ。何が起きて宇宙を出現させたのかは、人知ではまったく理解できない。宇宙を創造しようとする意識的な行為があったのかどうか、知ることはできない。すべてのものは宇宙の内部に存在し、宇宙創造よりも後に出現したのだから、宇宙創造以前の状態がどのようなものだったのか、あるいは宇宙の外側がどのような状態なのかを想像することなどできない。

ここにもまた、現代の宇宙論との類似がある。ビッグバンの瞬間、この物質的宇宙も「自力により風なく呼吸し」始めた。言い換えれば、宇宙を支配する基本的法則、エネルギーと相互作用の基本的法則に従い始めた。そして、これが始まったとたん、原始宇宙の形のないカオスから秩序が現れた。現代物理学がモデル化し想定したような相互作用が起き始め、この時点から先は、何が起きたかが理解できた。しかしビッグバン以前の状態はまだわかっていない。

ヴェーダ文献の伝承には、別の創造神話もある。そのひとつによると、天空を神格化した神ディヤウスが、大地の女神プリティヴィーを肥沃にする(受胎させる)ために雨を送る。また別の「原人」の話では、両性具有の原人がみずからを男性の部分と女性の部分に分割し、それから宇宙を創造するために子を産んだという。これらは単純で論理的な考え方だが、エネルギーと物質をもたらした形のない源から宇宙が創造されたという最も広まっている概念と両立しないわけではない。

宇宙卵

『リグ・ヴェーダ』は、「ヒラニヤ・ガルバ」(黄金の胎児)、つまり宇宙卵あるいは宇宙の子宮から創造神が生まれたとも述べている。この創造神はさまざまな伝承群でさまざまな名前を与えられており、さまざまな創造神話があったことを示す。しかし、それらの名前の一部は、特定の存在を指すというよりも描写的や説明的と言ったほうがよいようなものだ。

宇宙卵のなかにいたものは「プラジャーパティ」と呼ばれている。これは「造物主」という意味だが、これが宇宙の創造主を指

科学と神話

現代科学は観察できる現象と論理的な説明にもとづく――そして、ほとんどの神話もしかり。今日の宇宙論研究者には、情報を得るための高精度の機器や膨大な計算をしてくれるコンピューターがあるが、結局のところ、地球の自転が太陽の日の出と上昇にどうつながるかを示す数学的モデルが、現在のところ精いっぱいの説明にほかならない。新しいデータや観察結果が、広く認められている科学的原理を無効にしたり、既存の理論の修正を必要としたりすることもある。新しい理論の検証で最も重要な検証のひとつに、それが既存の知識に適合し、新しい発見を正確に予測するかどうかということがある。

神話も、多くの点であまり変わらない。古代の哲学者たちには電波望遠鏡などなかった。彼らにできたことと言えば、天空を見上げ、目にしたものの説明を見つけ出そうとすることだけだった。星々は予想どおりに動き、夜が訪れ、朝が来た。月は星々とは別の通り道で天空を横切った。太陽の神が戦車に乗って天空を横切るという考え方は、当時は宗教でもあり科学でもあった――古代人は戦車について知っており、太陽がなぜ明るい天空を横切るのかを説明するための作業仮説をつくろうとして、戦車の知識から推定した。科学的な方法を神話に適用することは可能だ。ぴったりかみ合って一貫性のある神話群なら、神話が互いに支え合い、現代的な観察によって無効とされるとは限らない。太陽が天上の戦車で運ばれているわけではないのは明らか――少なくとも、純粋に物理的な意味では――だが、隠喩的な、あるいは形而上学的な意味では、この概念は誤りを立証されてはいない。神々とその敵の物語は、干ばつや死や戦争、どのように宇宙が生まれたか――そのほか、人間が宇宙について知りたいと思いそうなことすべて――についての説明を提供した。

科学は、私たちの宇宙で起きていることについて、もっと詳細な情報を提供してくれるが、多くの場合、これはもっと詳細な疑問につながるだけだ。太陽系の天体が互いの引力にどのように影響を受けているかを示すモデルをつくることができ、そのモデルを利用して、これまで未発見の天体の存在を予想でき、そのモデルが正確か、あるいは正確に近いかを示すこともできる。しかし、物質がこのように作用するのはなぜだろう？　天体間の引力が発生するのはなぜだろう？　たぶん、自然の理法にすぎないのだろう――そしてもちろん、ヒンドゥー教はそう言っている。

❖上……『マハーバーラタ』の一場面。偉大な戦士アルジュナは味方のために尽力した。彼の戦車を駆っていたのは、ヴィシュヌ神の化身クリシュナで、クリシュナは哲学的・宗教的指針も提供した。クリシュナは、アルジュナが物質界的にも形而上学的にも行かねばならないところへアルジュナを連れて行った。

していているとは限らない。プラジャーパティという名の神々は大勢いる。というのも、彼らが暮らしを守り助けてくれる神々だったからだ。このため、プラジャーパティのいた宇宙卵に言及しているところは、宇宙卵のなかにプラジャーパティという名前の特定の存在がいたというよりも、そのなかに「創造した者」がいたという意味と取ることもできる。この創造神はブラフマー（梵天）と同一視されることが多い。ブラフマー神は、ヴィシュヌ神とシヴァ神との3神でトリムールティ（三神一体）となり、宇宙の創造と維持と破壊をつかさどる。

どのような名前で呼ばれるにせよ、宇宙卵のなかにいたものが至高神、万物を支配する主だと言われる。彼は宇宙卵のなかに1年間とどまってから、宇宙卵をふたつに割った。宇宙卵の半分はスヴァルガ・ローカ（天界）となり、もう半分がプリティヴィー・マーター（地界）となった。この大地の世界に人を住まわせるため、ブラフマー神は偉大な聖仙7人（七聖仙）を創造した。またこの異説によると、ブラフマーはヴィシュヌ神に姿を変え、ブラフマーとして創造した世界をヴィシュヌとなって守ることにした。そして最終的には、ブラフマー／ヴィシュヌはその世界を破壊しようと、また化身してシヴァ神になるのだという。

宇宙卵のなかにいたものが至高神、万物を支配する主だと言われる。

こうしたトリムールティの化身は、別の創造神話にも出てくる。その異説では、シヴァ神が宇宙を破壊した後には無限の大海だけが残り、そこにはアナンタと呼ばれる大蛇が浮かんでいたという。大蛇アナンタはヴィシュヌに眠る場所を提供し、やがて新しい宇宙をつくるときが来る。このとき、ヴィシュヌのへそから1本のハスの花が生え、そのハスの花からブラフマーが生まれる。ヴィシュヌはブラフマーに宇宙をつくるよう命じ、ブラフマーからあらゆる生き物が生まれた。

✣右……宇宙卵あるいは「黄金の子宮」の外側にはまったく何もなかった――その内部に、万物出現のための形のない可能性が潜在していた。創造の過程によって、この根源的可能性から住人のいる宇宙が形づくられた。

循環する宇宙

ヴェーダ文献の伝承によれば、時間には始まりも終わりもない。宇宙は（そしてたぶん、いくつかの箇所で語っている別にある無数の宇宙すべても）破壊と再生を周期的に繰り返す。永遠なるものは、造物主あるいは宇宙の根本原理であるブラフマンだけである。万物はブラフマンの一部であり、最終的には、はかない命が尽きればブラフマンへと帰っていく。この文脈では、破壊と再生の繰り返しを別の観点から見ることもできる。「創造」とは、世界の各部分がブラフマンとは別の存在として出現することであり、「破壊」とは、それらがまた宇宙の唯一者と一体化することを言う。形のある物質世界やそこに住む生き物は、ブラフマンに内包された原理による支配を受け続けるが、宇宙全体とは別個のものであって、霊魂的には減損する。宇宙が破壊されるまえに人間がブラフマンへ戻ることは可能である。破壊と再生のサイクルには、4つのユガ（時代）がある。第1の時代は「サティヤ・ユガ」で、172万8000年間続く黄金時代だ。この時代の人間は働く必要がなく、必要なものは望みさえすれば手に入り、病気も苦しみもない。誰もが世俗的な欲望にとらわれず楽園に住み、悟りの境地に達することができる。

第2の時代は「トレーター・ユガ」という。この時代は129万6000年間で、人間は祭祀や祭官の言葉をあまり守らなくなり、物質的な財産に目がくらむようになる。この時代が、人間が大地を耕したり金属を採掘して加工したりするようになる時代でもあるのは、まったくの偶然とは言えないかもしれない。

第3の時代は「ドゥヴァーパラ・ユガ」で、86万4000年間続く。人間は霊魂が純粋な

✣下……サティヤ・ユガの時代、魔神ヒラニヤークシャが大地（ここでは女神ブーミの姿で表現されている）を盗んで海の下に隠した。ヴィシュヌ神の化身である巨大な猪が魔神と戦って世界を救った。

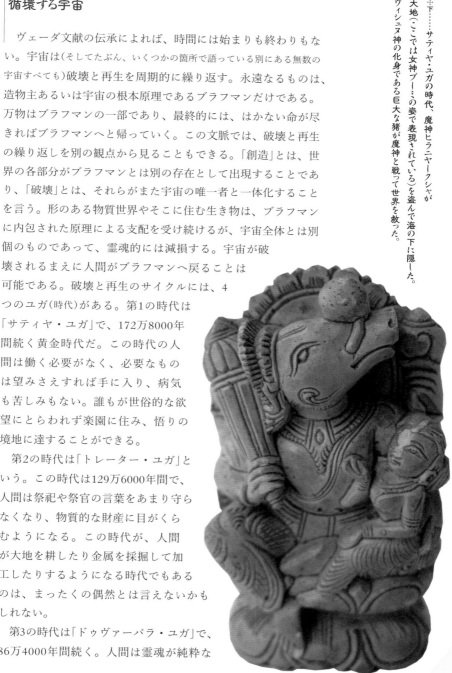

✣上……ヴィシュヌ神の第一〇の化身であるカルキ。白馬に乗った戦士の姿で描かれることもある。カルキはカリ・ユガの終わり頃に出現し、世界中の邪悪な者に破滅をもたらすと言われている。

状態からいっそう逸脱し、病に苦しみ、争い、一般的に以前より短命であまり幸福ではない人生を送る。

この時代までには、宇宙も朽ち衰え始め、修復ができなくなっている。輝かしいサティヤ・ユガの時代に世界を戻すことができるのは破壊と再生だけである。

最後の第4の時代は、「カリ・ユガ」という43万2000年間続く時代で、この時期、人間は絶え間ない争いに悩まされる。飢餓や病気や戦争がなくても社会は崩壊し、寿命は短くなる。カリ・ユガが終わるとき、宇宙は破壊され、新しいサイクルの始まりにそなえる。

これら4つのユガを合わせた1サイクルは432万年間で、これを「マハーユガ(大ユガ)」と呼ぶ。1000マハーユガで1カルパ(劫)となり、この1カルパがブラフマンの1日に相当する。つまり、ブラフマンの1日は43億2000万年間となる。このサイクルの長さは文献により異なり、百万単位ではなく千単位で計算されていることもある。それでも人間の実感からすれば信じがたいほどに長い時間だが、ブラフマンにとってはほんの一瞬にすぎない。

各サイクルは、物質的レベルでも霊魂的レベルにおいても、形成、安定、腐敗が特徴である。サティヤ・ユガのつくられたばかりの世界は、清らかで驚くほどすばらしく、そこに住む人々は数千年の寿命を保ち、カリ・ユガの劣化した人々から見れば魔術的に思われるような力を持つ。これは良くもなければ悪くもない、自然のサイクルだ。このサイクルでは、世界は形のないカオスから出現し、徐々に崩壊してまたカオスへ戻ってから再びつくられる。

宇宙の本質

宇宙の本質については、ヒンドゥー教の伝承では想定できそうな説明が数多く語られており、その構成要素の説明が一致しないこともある。宇宙は5つの基本的要素から成り立つ。エーテル(つまり「空」)、風、火、水、地である。一般に、始原の神々がこれらの要素を使って物質的宇宙をつくり、地とその上方にある天のあいだに空間をつくってから、その天空に太陽を置いたとされている。しかし、その宇宙がしかるべく機能し続けるようにするのは、神々でもなければ自然の力でもない。夜と昼が繰り返し訪れるように自然の循環が続くのは、人間が神々に犠牲をささげているかどうかによる。

宇宙がいくつの領域(界)に分かれているのか、そこにどういう者が住んでいるのかというような基本的な問題についても、時代によって伝承が異なることがある。多元的宇宙、つまり、物質的宇宙は無数にあり、それぞれの宇宙にそれぞれのシヴァやヴィシュヌなどの神々がいる、と語る伝承も存在する。主要な伝承群に含まれる伝承ですら、必ず内部に矛盾を抱えている。たとえば、ヴェーダ文献の伝承は、世界を2か3の領域に分けている。地と天空の2界、あるいは地と空(空気)と天の3界である。現在では、宇宙を3つの領域、スヴァルガ(天界)、プリティヴィー(地界)、パーターラ(地底界)に分けて考える宇宙論が通説だ。

✣上……人間の住むジャンブ・ドゥヴィーパを中心に、海に隔てられた島々が同心円状に連なる。その上方に天界、下方に地底界がある。ジャンブ・ドゥヴィーパの一部であるバーラタヴァルシャにいる人間だけがカルマを積み、モークシャに向かって進むことができる。

後世の文献では、人間が住む世界をさらに分割して説いている。プラーナ文献の伝承によれば、地上の世界は同心円状に一連の陸地が配されており、その中心にメール山(須弥山)がそびえるという。メール山は地上の世界にある麓よりも頂上のほうが広い。中央にある陸地はジャンブ・ドゥヴィーパ(「ジャンブ樹のある大陸」という意味)という円盤状の大陸で、この大陸をぐるりと囲んでドーナツ状にいくつかの大陸が連なる。それらドーナツ状の大陸はどれも、内側に隣接するドーナツ状の大陸の2倍の大きさがあり、それら大陸と大陸のあいだにはドーナツ状の海がある。最も外側にあるドーナツ状の大陸は「淡水海」に囲まれており、「淡水海」の外側は、宇宙の端にある「黄金の土地」

となる。そこから外は暗黒となり、最終的には「宇宙卵の殻」がある。

メール山

円盤状の大地の上方では、星々がメール山(須弥山)を中心にして円を描くように動いている。太陽、月、惑星などの天体は、馬にひかれた戦車で天空を横切る。地上の世界の上方には7層の天の世界があり、地上の世界から下にも悪魔が住むと言われる7層の世界がある。

円盤状の大地の上方では、星々がメール山を中心にして円を描くように動いている。

地界の大地は山脈によって区切られ、山脈と山脈のあいだにそれぞれ別の国(ヴァルシャ)がある。そのうち最も重要な地域がバーラタヴァルシャだ。この「バーラタヴァルシャ」という言葉は、現在のインドを指す言葉と解釈することもできるが、人間の住む場所すべてを指すと取ることもできるだろう。バーラタヴァルシャが重要な理由は、そこが「業(行為)の地」、つまり人間がそこでカルマ(業)を積んでモークシャ(解脱)へ向かう場所であるからだ。ほかの場所は「享楽の地」となる。それらは居心地のよい場所かもしれないが、そこでの行為はカルマと関係ないので、バーラタヴァルシャが地上の世界で最も重要かつ最上の場所なのである。

神話では、平面の世界の上方と下方に別の世界がある、と考える宇宙観は珍しいものではないが、文字どおりにとりすぎてはいけない。私たちの住む太陽系も、似たような形で表現することがある。惑星の軌道は比較的狭い平面にあり、現在でも世界地図のほとんどは3次元の対象物を2次元に投影した図だからだ——もちろん、これで世界が実際に平らだと暗に示そうとしているわけではない。ラグビーボールのような球面を紙の地図として印刷できるような形に地図化すれば、実用的だが本質的に現実に即していない表現となる。

2次元で描いたヒンドゥー教の世界も、これと同じことが言える。古代の文献にある平面、何層にも重なった世界、同心円状に連なる円環は、普通の人々にもわかるように宇宙の姿を描こうとしているのだ。その後ほかの言語によって翻訳された言葉、何百年もかけて変化してきた考え方から影響を受けてきた言葉を使って宇宙を説明している。たとえば、「ローカ」と呼ばれる世界や世界の一部分である諸領域は、必ずしも物質的なものとは限らない。ローカは存在の状態や行動のあり方と関係することもある。現代でも、非常に異なっている人ふたりが「別世界」にいるようだと言われることがあるのと同じように、特定のローカに住んでいると言われたり、そこを訪れていると言われたりする人は、物質的にはすぐ近くにいても精神的には遠く離れているかもしれず、実際に離れた場所にいることもありうる。

ヒンドゥー教の宇宙は、地上の世界と天界と地底界やそれらの位置関係の図によってきちんと地図化されてはいない。場所と時間、性質と状態の組み合わせだ。2次元の表現は、ちっぽけな人間の心が理解できるような言葉でとてつもなく複雑な宇宙を思い描けるようにするためのツールにすぎない。

天界、地獄、地底界

ヒンドゥー教の宇宙を描いた図のなかには、きちんとした左右対称のものもある。地上の世界の上方に7層の天界、下方にも7層のあまり居心地のよくない世界があるというものだ。しかし、こうしたモデルもやがて変わり、別の世界が追加された。プラーナ文献の時代になると、邪悪な者を罰するために多数の地獄の世界が存在するようになった。死者はそのまますぐ生まれ変わるのではなく、まずは死の神ヤマに裁かれ、楽園か地獄かでしばらくのあいだ過ごしてから来世を始める。

善人は天界のひとつで楽しく過ごすという褒美を与えられるが、立派な人生を送らなかった者には、明らかに不愉快な特定の地獄が待っている。そして、しばらく責め苦にさいなまれてから生まれ変わり、ふたたびカルマを積み始める。それでも自分の生き方に固執する場合は、毎回それなりに苦しんでから、ついに正しい行いを始めてモークシャへ進む道へ戻るまで、もっと下位の世界に生まれ変わり続ける。

一般的な意味での地獄は、「ナラカ」と呼ばれ、南方、地底界の下にある。プラーナ文献には28種類もの地獄が描かれており、それぞれ特有の責め苦が用意されている。罪人は串刺しにされ

ヒンドゥー教の宇宙は、
地上の世界と天界と地底界や
それらの位置関係の図によって
きちんと地図化されてはいない。
場所と時間、性質と状態の組み合わせだ。

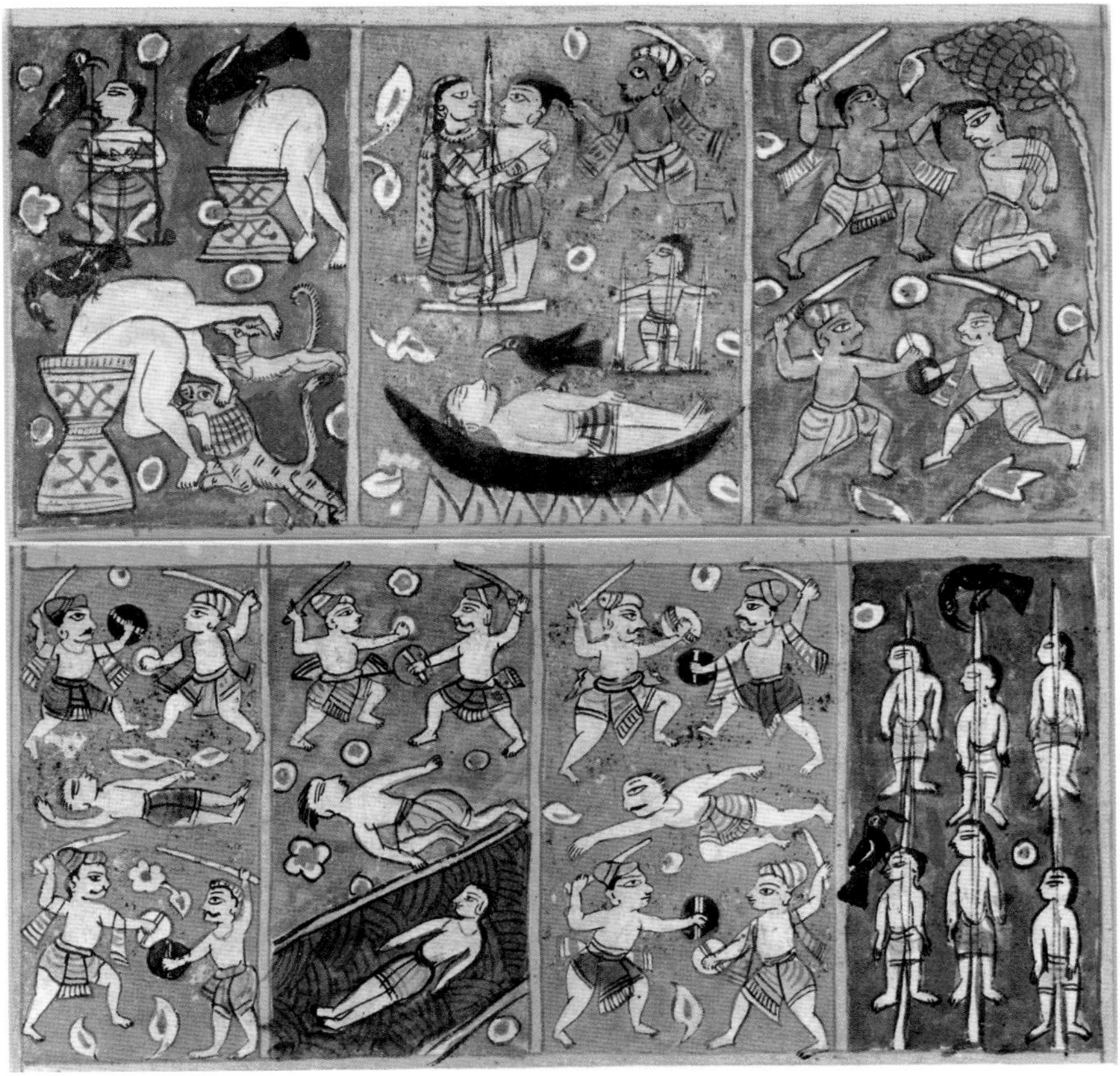

✣上……ジャイナ教徒から見たナラカの責め苦。こうした苦しみを恐れて悪事を犯さないようにする人もいたかもしれないが、ナラカがあるので、罪を犯しても罪の償いができ、そうすれば来世を始められた。

たり焼かれたり、切り刻まれたりする。複数の責め苦を同時に受ける場合もある。こうした暴力や苦痛にさいなまれるとはいえ、ナラカは更生のための懲罰を受ける場所ではない。霊魂は罰を受けることによって罪を許されてから来世を始める。地底界はひとまとめにして「パーターラ」と呼ばれるが、天界よりも美しいところとして有名だ。ナラカのように罰を受ける地獄ではなく、さまざまな生き物がいる地下の領域である。超自然の「ナーガ(蛇)族」もパーターラのナーガ・ローカに住む。7層に重なった7つのパーターラ・ローカそれぞれに都市がある。

パーターラの1層目はアタラと呼ばれ、地上の世界のすぐ下にある。アタラには太陽の光が届かないが、毒蛇コブラの頭にある光り輝く宝石に照らされている。アタラに住む者は新しく来た者を終わりのない性の饗宴に誘い込む。

パーターラの第2層はヴィタラで、シヴァ神の住まいと言われることもある。ハータキという川が有名で、その川の水は、火の神アグニの火によって黄金に変わる。地底界の第3層はスタラで、魔王バリの支配地である。バリはかつて地上の世界を支配していたかなり強欲な支配者で、やがて天界と地底界も支配するようになったが、ヴィシュヌ神に出し抜かれた。そして、罰としてこの地下の世界に追放されたが、それでもバリはその賢明さと慈悲深い支配がおおいに尊敬されている。

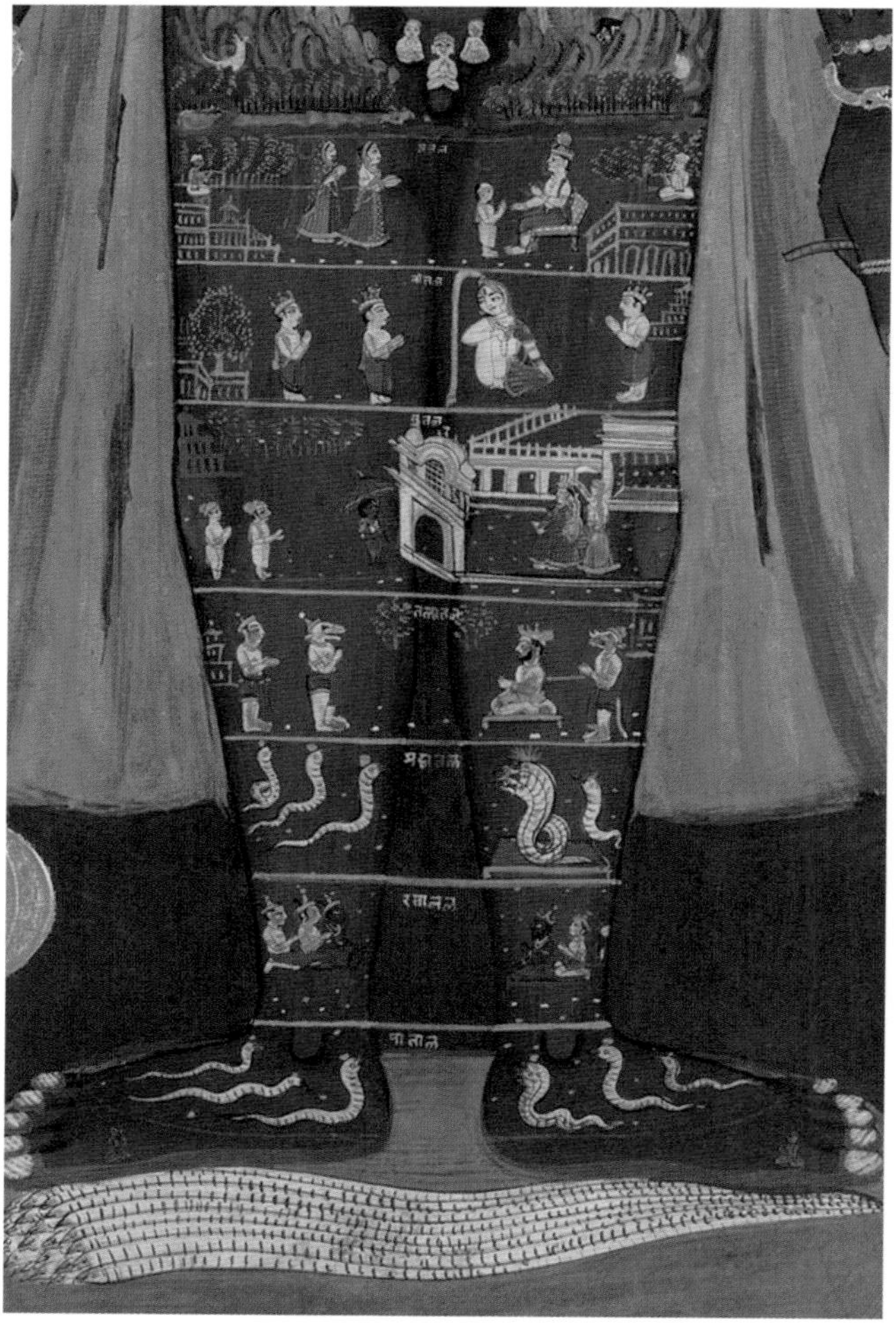

✣右……ヴィシュヌ神の両脚に描かれた地底界パーターラ。
最上部に人間の住む地上の世界がある。
地底界は必ずしも悪い場所とは限らない。
神々の敵ながら尊敬に値する支配者が治める居心地良い領域もあった。

地底界の第4層はタラータラと呼ばれ、ここも流刑地である。アスラのマヤは、アスラ(阿修羅)族の王なので悪魔の姿で表されることが多いが、数々の驚くべき建築物を造ったと言われている。彼は偉大な都市3つを支配していたが、いずれもシヴァ神に滅ぼされ、代わりの支配地として地底界のタラータラを与えられた。

地底界の第5層はマハータラというナーガ族の住まいで、第6層のラサータラにはアスラ族のダーナヴァ族とダイティヤ族——多くの文献でどちらも悪魔だと言われている——が住む。最下層の第7層はパーターラあるいはナーガ・ローカと呼ばれるところで、ナーガ族の王であるヴァースキが支配する世界である。

天界はスヴァルガと呼ばれることもあるが、スヴァルガ・ローカが天界の特定の1領域、つまり地上の世界の上方にある7つのローカのひとつを指すこともある。これらの天界はインドラ神が支配するすばらしい世界、褒美と楽しみがもたらされる場所として描かれることがある。伝承によっては、天界は立派な人生を送った者が住むところとされるが、プラーナ文献が成立した時代には、天界で過ごす時間は限られるとされるようになっていた。善なる霊魂はスヴァルガで過ごす時間によって報われてから、前世よりもすぐれた肉体での来世を迎えるという。

創造、維持、破壊——トリムールティ(三神一体)

後世の伝承では、創造と破壊の繰り返しは、ヒンドゥー教の三大神によって行われるとされるようになった。ブラフマー、ヴィシュヌ、シヴァである。この三大神を一体化してトリムールティ(三神一体)と呼ぶこともある。

名前が似てはいるが、ブラフマー神はブラフマンと同一ではない。ブラフマンは宇宙の根本原理あるいは至高神であって、ブラフマーは宇宙のなかにいる1柱の神だ。ただし、ブラフマーは後世の伝承では創造神とされるようになり、多くの側面を持つ。重要な神ではあるのだが、信仰の対象となることはごくまれだ。それはおそらく、ブラフマーの仕事が完了している

ブラフマンは宇宙の根本原理あるいは至高神であって、ブラフマーは宇宙のなかにいる一柱の神だ。ただし、ブラフマーは後世の伝承では創造神とされるようになり、多くの側面を持つ。重要な神ではあるのだが、信仰の対象となることはごくまれだ。

श्री

のに対し、ヴィシュヌとシヴァの仕事はまだ続いているからだろう。

ヴィシュヌは初期の伝承では下級神にすぎなかったが、ヒンドゥー教の古典のなかのヴィシュヌ神は多くの側面を持ち、世界と世界に住む人々を維持するという役目を担う。ヴィシュヌ神はたびたび人間の世界に降臨しては、さまざまなアヴァターラ(化身)を使って善と悪のバランスを回復する。人間の英雄に化身することもあれば、神話上の生き物になることもある。つまり、ヴィシュヌは人間の守護者であり、宇宙がいやおうなしに破壊へ向かって進むなかで、その進行を遅らせる。そして世界が終わるときが来ると、トリムールティの第3の姿であるシヴァが必要な行動を起こす。

破壊の神であるシヴァは、人間の敵と見なすこともできるが、シヴァ神が世界を破壊するのは、世界があまりに堕落して生きるに値しない場所となってしまったときだけである。つまりシヴァは、破壊と同時に再生をもたらす——そう考えると、ブラフマーが新しい宇宙を創造することは、堕落と破壊へ向かってまた衰退が始まるにすぎないということになる。

つまりトリムールティは、自然のサイクルをコントロールする力にほかならない。どの部分も果たされねばならない。創造と維持と破壊、そして、これらの段階を擬人化した神々の呼称・属性は、あいまいになりやすい。ヴィシュヌとシヴァが別々の神であるときでさえ、同一の神、あるいはその神の諸相と考えられることもある。

概念としてのシャクティ

一般的に、神々は概念として現れることもあれば、そうした概念の擬人化として登場することもある。シャクティの場合、その概念は力あるいは潜在的可能性である。インド哲学の諸思想体系のなかには、シャクティを宇宙の創造主の地位にまで高めた学派もあるが、シャクティをほかの神々の妻、あるいは男女1対をなす神々の女神のほうと考える学派もある。シャクティは昔からさまざまな形で信仰の対象となっていたようだが、やがてアーリヤ人が到来すると、後世の伝承では、シャクティ

⁜前ページ……トリムールティの概念は、破壊と再生の循環をもたらす不可欠の力としてブラフマー、ヴィシュヌ、シヴァを結びつける。しかし、この神々をたんなる創造主、維持者、破壊者と考えるのは単純すぎるし不正確でもある。

下……女神シャクティ。宇宙の力あるいは概念と考えられることもあれば、人格神と見なされることもある。男神に利用される力として表現されることが多い。インド哲学の一部の学派は、シャクティを至高神としてあがめている。

は女神のパールヴァティー、カーリー、ドゥルガーと関連づけられる。

ドゥルガーとしての相のシャクティは、ブラフマーが少々軽率な判断をした結果、必要に迫られて誕生させた女神だ。ブラフマーは、魔王ラムバーとメスの水牛とのあいだに生まれた超自然的な息子マヒシャースラから、人間の男にも神にも負けない力を与えてほしいと懇願された。そして、どういうわけかブラフマーがマヒシャースラの願いをかなえてやると、マヒシャースラは——驚くべきことではないが——その無敵の力を利用して地上を大混乱に陥れた。幸いなことにブラフマーは、女性や女神に対する不死身の力まではマヒシャースラに与えてはいなかったので、ヴィシュヌとシヴァと協力して対抗手段をつくることにした。トリムールティの妻たち——サラスヴァティー、ラクシュミー、パールヴァティーの3女神——の力を組み合わせ、マヒシャースラを打ち倒すことができる女神ドゥルガーを生み出したのだ。その後ドゥルガーは、独立した存在となったようで、一部の神話では、ドゥルガーという名前がシヴァの妻として出てきたり、まぎらわしいことにサラスヴァティーの母親となっていたりする。

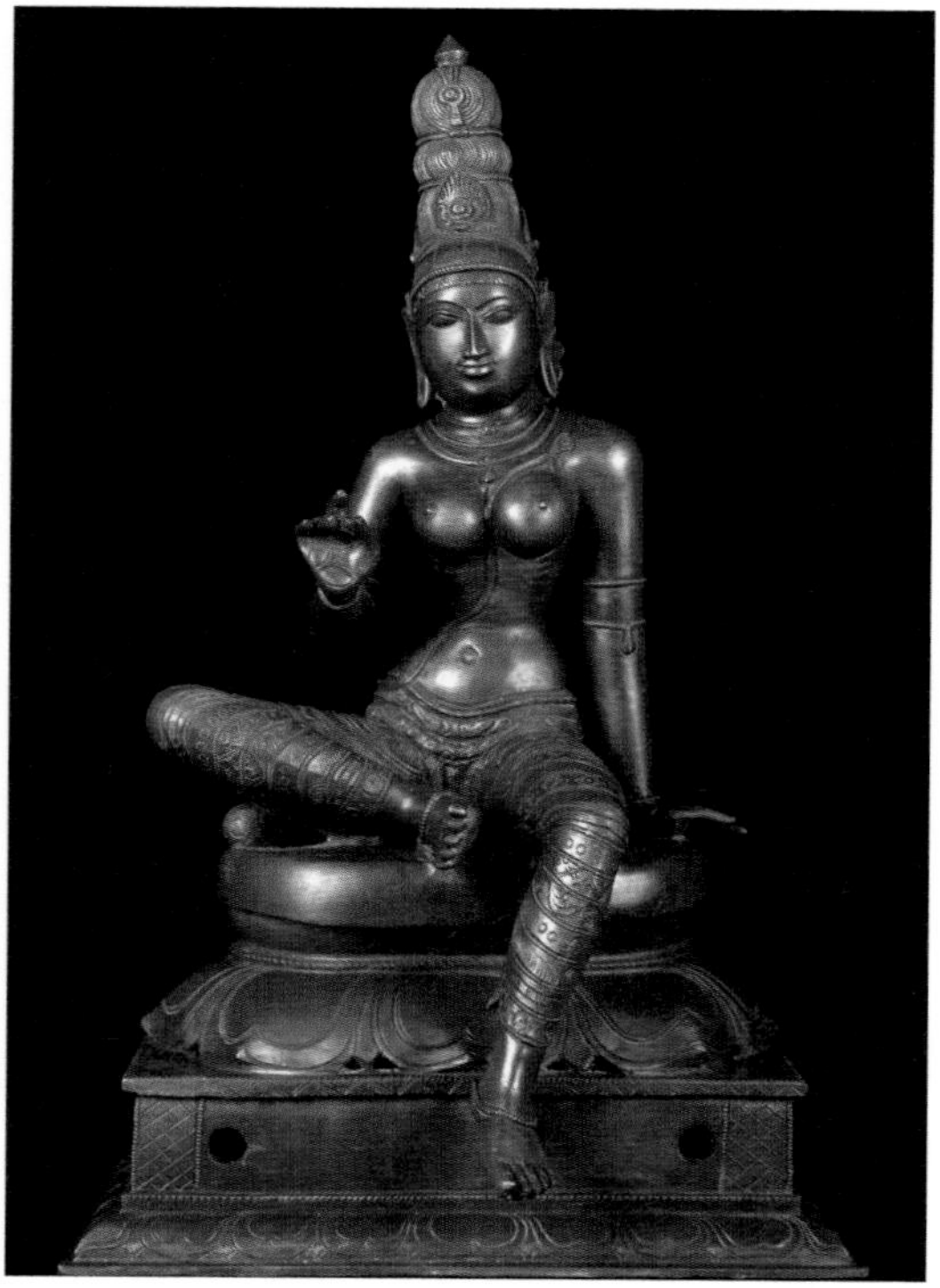

シャクティは、れっきとした女神として登場する物語もあれば、力や可能性という概念として登場する物語もある。宇宙の創造主としてのシャクティは、最初に出現した存在で、夫を欲しいと強く思った。そこでシャクティは、まずブラフマーをつくり、次にヴィシュヌをつくったが、ブラフマーもヴィシュヌも母親の夫になるのを拒んだ。シャク

ティはブラフマーとヴィシュヌをつぎつぎと焼いて灰にした。次につくったシヴァが夫になることを承諾したものの、今度は思いがけずシャクティ自身が灰になってしまった。そこでシヴァは、兄弟ふたりを生き返らせ、シャクティの灰を3つに分けてそれぞれの妻とした。

男神の配偶者という概念においては、シャクティは男神の力を表したり、その力の源であったりするが、男神の一部というよりもその妻として登場する。こうした考え方はほかのところにも影響し、全体の一部分である男性と女性がそろって結婚を完成させれば、大きな創造力を持つとされる。

聖仙(リシ)

人間の大多数はちっぽけな生き物で、宇宙を理解することなどほとんどできず、来世に生まれ変わるまでのあいだに善いカルマと悪いカルマを積み上げるという永遠のサイクルに閉じ込められている。しかし、瞑想と天啓によって、一個人が宇宙の大いなる真理を知ることもありうる。そうした悟りを開いた人間のことを「リシ」(聖仙)という。

当然ながら、この悟りに関しては性差別はないようだ。『リグ・ヴェーダ』の讃歌を書いたリシの多くは女性である。並の人間には及ばない、半ば神のような地位と大きな力を持っていたリシもいる。それどころか、あるリシは超自然的存在の一族すべての父祖だという。

『リグ・ヴェーダ』にはカシュヤパという「サプタルシ(七聖仙)」のひとりが登場する。聖仙カシュヤパは、宇宙の展開にあたって途方もなく大きな役割を果たしたという。彼は全人類の父祖となったばかりか、デーヴァ(神々)とアスラ(悪魔)の父祖ともなった——この人間が神々の父祖だったのである。デーヴァとアスラというふたつの神族の関係は伝承によってさまざまだが、この説によれば異母兄弟ということになる。

カシュヤパは、天空の女神であり知恵の女神でもあるアディティと結婚して、アディティとのあいだにアーディティヤ神群の神々12柱あるいは8柱あるいは7柱(伝承により異なる)をもうけた。このアーディティヤ神群にはインドラやヴァルナなどの強大な神々も含まれる。またカシュヤパは、アディティの姉妹であり大地の女神であるディティとも結婚した。この結婚から生まれたのがダイティヤ族だった。ダイティヤ族はアスラ族に属する一族となったが、後世の伝承では、アスラは慈悲深い神々の敵役となる。

七聖仙の残りの6人は、アトリ、バラドゥヴァージャ、ガウタマ、ジャマド・アグニ、ヴァシシュタ、ヴィシュヴァーミトラで、いずれも重要な偉業を成し遂げた。たとえば、供犠を正しく行えるようにするためのマントラ(真言)を見つけ出したことなどだ。七聖仙の力は、ブラフマンの「意から生まれた子供」であるという彼らの出自に由来する。このほかにも、歴史上さまざまな時代に聖仙と呼ばれる人々が登場したが、七聖仙ほど重要と見なされるようになった聖仙はひとりもいない。

プラジャーパティ

一部の伝承では、プラジャーパティは宇宙の創造主に与えられた名前である。例によって、これは間接的な言及かもしれないし、別の何らかの神あるいは力の別名かもしれない。この場合のプラジャーパティは、シヴァやアグニのような人格神というよりも、かなり抽象的な概念であり、単数形の言葉であっても、通常の意味での単一の存在ということではなく、むしろ、宇宙に帰結した力や影響の総体について言っている可能性もある。

このような物語のひとつに、プラジャーパティが瞑想をし準備を整えてから宇宙を生じさせたというものがある。この努力にあたって、プラジャーパティは言語の女神ヴァーチュの助けを借りた。ヴァーチュはブラフマンの娘とも孫娘とも、あるいはプラジャーパティの女性の部分とも、さまざまに言われている。このパートナーとなった女神については、暁の女神であるウシャスと名指ししている伝承もある。

そのほか、プラジャーパティという言葉は、ブラフマンの「意から生まれた子供たち」のことを指す使い方もある。七聖仙、そして場合によってはほかの者たちも含めた人々のことだ。この場合のプラジャーパティは、命を守る守護者や君主や主人で、

このような物語のひとつに、プラジャーパティが瞑想をし準備を整えてから宇宙を生じさせたというものがある。この努力にあたって、プラジャーパティは言語の女神ヴァーチュの助けを借りた。ヴァーチュはブラフマンの娘とも孫娘とも、あるいはプラジャーパティの女性の部分とも、さまざまに言われている。

✣上……聖仙たちと語り合うラーマ王子が描かれている。姿かたちを変える鬼神ラークシャサ族がどのようにして生まれたかについて話しているところ。この種の情報は、『ラーマーヤナ』のような物語の全体にわたってちりばめられていることが多い。

「生類の主」という意味の総称となる。後代の伝承では、ひとつの存在としてのプラジャーパティの役割は、多数のプラジャーパティやそのほかの神々が肩代わりするようになった。

単数であれ複数であれ、プラジャーパティは宇宙の生き物を支配し、とりわけその生殖や繁殖に影響を及ぼす。この場合のプラジャーパティは、良縁を祈願する神となるが、古来から別の含意もある。ヴェーダの学問上では、プラジャーパティは火神アグニと同一視される。アグニの聖なる火は、人間と神々を結びつけるために、そして宇宙が確実に正しく機能し続けるようにするために、必要な供犠を執行するのに欠かせない手段だからである。

デーヴァ

「デーヴァ」という言葉は、神々という意味とも取れるが、慈悲深い超自然的存在と解釈することもできる。デーヴァの能力は実にさまざまだ。多くのデーヴァはかなり下級の存在だったり、影響力の範囲が非常に狭かったりする。そうしたデーヴァは人間と一種の共生関係にあり、生き残るために必要な供犠と崇拝を受ける見返りとして、援助と保護を提供する。

一部のデーヴァは、複数の頭があるなど奇異な特徴を持っていることもあるにせよ、それでも人間そっくりに見えるほど人格化されている。また、姿かたちがはっきりしない、概念や価値観に関係するデーヴァもいる。『リグ・ヴェーダ』によれば、33柱のデーヴァがいるというが、この数字は、同一のデーヴァの複数の化身や諸相も含む。ほかの文献では、この数字はもっと膨大になっている。

デーヴァは、道徳のような概念と関連することもあれば、供犠のような行為に関連することもある。また、自然界の諸側面、たとえば雨や火や太陽を擬人化したデーヴァもいる。デーヴァのうちでも最高に偉大なデーヴァは、「高位のデーヴァ」つまり神々と考えることができ、それに対して下級のデーヴァは、ほかの宗教で見られる自然界の精霊、天界の伝令、天使に似たようなものと言えるだろう。

ただし、神に相応するデーヴァと下級のデーヴァの区別は一筋縄ではいかない。最高に偉大なデーヴァでさえ、宇宙の内部で創造され、ある意味、死すべき運命にあるからだ。永遠なるものはブラフマンだけであり、このことから、はたしてヒン

❖下……カンボジアのレリーフ。不死の飲料を手に入れたいと願い、アスラとデーヴァが協力して大海を攪拌しているところ。この最中に、大海からほかの財宝や危険も多数出現した。

ドゥー教は下級の神々のヒエラルキーを伴う一神教の宗教なのか、それとも、ひとつの神がそのほかの神々よりはるかに重要視される多神教の宗教なのか、という問題が浮上する。

もちろん、ブラフマンを通常の意味での神であると本当に考えることができるのかという問題もある。一番簡単なのは、ブラフマンは神々と人間が住む宇宙そのものであると考えることかもしれない。ブラフマンは、神々と人間と宇宙そのものをつかさどる規則でもある。デーヴァはそうした宇宙で最も偉大な存在であり、デーヴァが影響を与えられる範囲内で人間を助けることができる。そうであれば、デーヴァは神々であると解釈できるが、ブラフマンと同類ではない。

おそらく、人間はあまりに微々たるものなので、ブラフマンと有意義な相互作用を持つことなどできず、宇宙を動かし続け人間の安全を守るために、デーヴァが中間管理職のような役割を果たしているのだろう。そうであれば、ブラフマンは大きすぎ複雑すぎて人間の手にあまるが、デーヴァは地上の人間であれば誰もが扱える程度の神である、という考え方も理にかなう。しかし、ブラフマンは至高神としてのヴィシュヌと同一視されることがある。この場合のブラフマンは、宇宙を導く原理や法というよりも、宇宙の内部でじかに作用する。これがブラフマン全体を表すのかどうか、それとも構成要素のことを言うのかどうかは、議論の余地がある。

ヒンドゥー教の一部宗派では、すべてのデーヴァはブラフマン(あるいはヴィシュヌ)の諸相であり、すべてのデーヴァを崇拝することは至高神を崇拝することと同じであると考える。その一方、デーヴァは崇拝に値するものではなく、あらゆる供犠はヴィシュヌに対して直接ささげるべきだとする宗派もある。これらの考え方の中間にあるのが、デーヴァを崇拝することは不正確だが許容の範囲内である、という姿勢だ。というのも、至高の存在がいけにえを受け取り、それによって恩恵を施すからである。

アスラ

初期の伝承では、「アスラ」という言葉は、何であれ力を持つ存在を指す言葉として使われているが、やがてアスラとデーヴァが区別されるようになる。アスラはデーヴァと同族で、同等の力を持つが、あまり慈悲深いとは言えず、時には利己的にふるまうのが特徴だ。そのため、デーヴァとアスラは争うことが多い。しかし、アスラは必ずしも人間の敵ではなく、それ自体が「悪魔」でもない――ただし、人間界の住人に大きなトラブルを引き起こすアスラもいる。一部の伝承では、アスラはいわゆる「悪魔」の役を引き受けており、そのようなものだと言うこともできるが、アスラに言及している部分すべてが否定的に取れるよう意図されているわけではない、ということは忘れてはならない。

『リグ・ヴェーダ』で描かれるアスラは、自然界の諸側面をつかさどる超自然的存在で、人間に危害を加えることもあれば人間を助けることもあるが、デーヴァのほうは、結婚や賢明な統

初期の伝承では、「アスラ」という言葉は、何であれ力を持つ存在を指す言葉として使われている（中略）。『リグ・ヴェーダ』で描かれるアスラは、自然界の諸側面をつかさどる超自然的存在で、人間に危害を加えることもあれば人間を助けることもある（以下略）。

✣右……カンボジアにあるラークシャサの彫像。
ラークシャサ族という悪魔的存在は、ブラフマー神が助けを求めて発した叫び声にちなんでこう名づけられたと言われている。彼らが最初に行ったことは、みずからの創造主を食べようとしたことだった。そのため、ヴィシュヌ神が助けに来て、ラークシャサは地上界へ追放された。

【アヴァターラ(化身)と諸相】

神々の多くは複数の相を持つ。その諸相の一部が、別個のれっきとした神として別の名前で呼ばれることもある。これが混乱を招きかねない。所定の神をめぐる思想に多種多様な学派が存在する場合はなおさらだ。その神は完全に別個の個体であると考える学派もあれば、別の神の相のひとつであると考える学派もあり、その神を別のグループと同一視したり、まったく別の神のひとつの相と同一視したりする学派もある。しかも、人間であると見なされる場合もある神々もいれば、ある力の概念あるいは人格化であると見なされる神々もいる。また、神を名指しする代わりに、神の力や役割の範囲について間接的に言及することもある。

　アヴァターラ(化身)もヒンドゥー教の一部伝承に登場する。化身とは人間や動物の姿をとった神の顕現のことである。この場合も、たいていは化身としての名前で描かれるが、神の名前も使われるときがある。そうであってもまったくかまわない。その神が地上の人間や生き物として出現したり、人間や生き物になりきったりしているからだ。しかし、それでも、厳密には誰が何をしたのか、ということについては混乱を招くことがある。

治といった社会的要素と関連する。つまりデーヴァはポジティブな力だが、アスラのほうは、いつも必ずではないにしてもネガティブな力となることもある。ウパニシャッド文献やプラーナ文献の時代には、こうした関係性が変化し、アスラは慈悲深いデーヴァの敵役となる。そうしたアスラは、後世の神話では悪役で、人間に危害を加えようとあれこれたくらみに精を出しているところが描かれる。

　アスラにはいくつかの氏族がある。たとえば、ダイティヤ族やダーナヴァ族だ。ダイティヤ族は聖仙カシュヤパと女神ディティのあいだに生まれた子孫で、ダーナヴァ族はダクシャの子孫である。ダクシャの属性は文献によって異なる。女神アディティとブラフマーの息子だとする文献もあれば、ダクシャが女神ディティと女神アディティの父親だとする文献もある。そうであれば、ダイティヤ族はアーディティヤ神群ともアスラとも血縁関係にあるということになる。

そのほかの超自然的存在

　ヒンドゥー教の伝承には、ほかにもいくつかの超自然的存在が登場する。

ナーガ族……ナーガ族は蛇のような生き物で、さまざまな物語で敵役として登場するが、たいていの場合は慈悲深い。ナーガ族で最も偉大なのは王のアナンタで、ヴィシュヌ神の友人であり従者でもある。ヴィシュヌの化身が地上の世界に降りるときには、アナンタの化身も同行することが多い。ナーガ族はもともとは地上に住んでいたが、ナーガ族の数が増えすぎたので、一族はナーガ・ローカという地底の世界に移り住み、そこにすばらしい宮殿を造った。ナーガ族は非常に危険だが、彼らのことを恐ろしく思うのは、主として邪悪な人々やナーガ族を敵に回した人々である。

ラークシャサ族……「ラークシャサ(羅刹)」のほうがナーガよりも有害なことが多い。ラークシャサ族は悪魔的な存在で、人間や動物の姿を取ることもできれば、怪物に変身することもできる。太陽の光に追い払われ、月のない闇夜に最も強力になる。ラークシャサのなかには比較的善良な者、つまり、少なくとも人間を苦しめようとはしない者もいるが、たいていのラークシャサは、さまざまな物語で神々や英雄の敵役となる。

ヤクシャ……「ヤクシャ(夜叉)」は自然界の精霊で、一般に人間に対して好意的である。だからといって厄介事を引き起こさないということではなく、おもしろ半分で悪さをすることもあれば、悪意があってトラブルを引き起こすときもある。ヴェーダ時代までは、ヤクシャは各地域の守護神として信仰の対象となっていた。アーリヤ人到来以前の時代の神々が消えずに残っているのだろう。

英雄や不思議な生き物の一部は、実のところ神々のアヴァターラ(化身)、とりわけヴィシュヌ神の化身である。ヴィシュヌの化身がどれほどの数になるのか、その登場人物を化身と見なすかどうかは文献によって異なる。彼らが出現するのは、何らかの必要があるとき、たとえば、強力な敵が世界を脅かし、神々の介入が必要となったときなどだ。

✣次ページ……ヤクシャは、地域の守護神あるいは部族の守護神だった神々が、ヴェーダ時代に重要性が薄れていったものらしい。ただし、地元での信仰は続き、これらの元神々はより広範囲に広がった宗教的伝承に吸収されていった。

ヒンドゥー教の形

ヒンドゥー教には「唯一の真の道」はない。それどころか、ヒンドゥー教の基本的概念のひとつに、真理は複数の観点によって求めなければならないというものがある。人間はどれほど賢明であっても先入観を持っており、その思考方法に影響を与えてしまう。人間の考える真理が論理的に妥当であったとしても、その真理は唯一の真理ではなく、真理全体でもない。ヒンドゥー教には主要な形が3つあるが、それらは、その人その人の歩き方で進んでかまわない広い道なのである。

ヴィシュヌ教あるいはヴィシュヌ派は、ヴィシュヌ神を最高神として崇拝する。ヴィシュヌ神とその化身が、ブラフマンに代わって地上で活動するのだという。シヴァ教(シヴァ派)はシヴァ神を最高神と考える。シャクティ派(シャークタ派)は、もっぱらシャクティ(性力)を創造物すべての母として崇拝し、すべての女神はシャクティの諸相であると考える。この3つの大まかな分類のなかに、さらにいくつもの道があり、それぞれの違いも大きいことが多い。ヒンドゥー教を禁欲的宗教と考える道もあれば、世俗的にとらえる道もある。個人的な瞑想を好ましいと考える場合もあれば、公的な祭祀を重視する場合もある。

ヴィシュヌ教あるいはヴィシュヌ派は、ヴィシュヌ神を最高神として崇拝する。ヴィシュヌ神とその化身が、ブラフマンに代わって地上で活動するのだという。

ヒンドゥー教徒のなかには神をまったく認めない者もいれば、膨大な数の神々を認める者もいる。一部の神々を崇拝しても、すべての神々を崇拝してもよいし、神々をまったく崇拝しなくてもかまわない。イギリス統治時代には一神教的な信仰態度のほうがよく見られるようになったが、そのためにこの問題はいっそうわかりにくくなった。問題は、ヒンドゥー教が汎神論的宗教であるか、それとも一神教的宗教であるか、それとも多神教的宗教であるか——それともまったく別のものであるか——どうかではなく、どういう道をヒンドゥー教徒がたどるのかということだ。

そうであれば、外部の人間がヒンドゥー教とは何か——あるいはヒンドゥー教とは何でないのか——を理解しようとして苦労するのも無理はない。単純明快な正解を求めても絶対に見つからない。ヒンドゥー教は信仰の体系というよりも生き方であると言われているが、もっと正確に言うなら、ヒンドゥー教は多様な生き方のひとつに生きているあいだに従うことのできる1セットの原理原則なのではないだろうか。誰もがモークシャ(解脱)という究極の目的地にいたることができ、宇宙のブラフマンとひとつになることができ、その結果、すべてのものが等しく妥当となる。

✣左……一二世紀につくられたヴィシュヌ神の石碑。現代でもおなじみの形で表現されている。ヴェーダがつくられた時代から西洋の研究者がヴェーダを研究した時代までのあいだに、神々やそのほかの生き物の多くは、行動や姿形ばかりか名称や属性さえも大きく変わった。

【第2章】

ヒンドゥー神話の神々

ヒンドゥーの神話には神々や超自然的存在が数多く登場するが、彼らもまた宇宙の秩序の一部であって、宇宙を支配しているわけではない。神々の多くは、いくつもの相（姿）を持っていたり、ヒンドゥー教の長い歴史のあいだに別の名前で呼ばれるようになったりしている。ただしブラフマンだけは、永遠不変という点で特異な存在だ。ほかの神々はすべて、あらゆる生き物と同じようにブラフマンの一部であり、最後にはみな死を迎える。

✣前ページ……ブラフマー、ヴィシュヌ、シヴァの三神は、トリムールティ（三神一体）というさまざまな相と役割を持った一柱の神であると考えられていることが多い。キリスト教の三位一体と比較するのは間違いだが、たいていは根底にある神話を皮相的にしか理解できていないためにそうしてしまう。

　ブラフマンの定義はごくぼんやりとしかできない。ブラフマンは「絶対的実在」であり、宇宙の精神であり、死すべき人間の理解を本質的に超越する。インド哲学の一部の学派は、ブラフマンをヴィシュヌ神と同一視し、魂と肉体の関係と同じような関係にあると考える。ヴィシュヌ神がアヴァターラ（化身）の姿で地上界に現れることからすれば、神の世界ではヴィシュヌがブラフマンの化身だと考えても無理筋な話ではない。

一方、ブラフマンが宇宙とは別物かどうか、宇宙とは別個の存在として宇宙全体に遍在しているのかどうか、それとも根本的に宇宙と同一なのか、ということでは見解が一致しない学派もある。いずれにしても自明のこととして想定されているのは、あらゆるものがブラフマンの一部であり、別々の存在と考えるのは周囲を理解できないアートマン(我)のせいで迷妄に陥っているにすぎない、ということだ。

ブラフマンが直接的に世界に介入するのかどうかについては、議論の余地がある。ヴィシュヌ神がブラフマンの相のひとつであるなら、ヴィシュヌの顕現をブラフマンによる介入と考えることもできる。神であれ人間であれ、誰かの行為はすべてブラフマンがそうさせていると言ってもいいだろう。なぜなら、あらゆるものが宇宙の唯一者である宇宙の根本原理の一部であるからだ。ひょっとすると、ブラフマンが宇宙の根本原理を具現していることが、十分に介入と言えるのかもしれない。それら根本原理が地上界で働くように動因を生み出すからだ。こう考えると、「サーダーラナ・ダルマ」(すべての人々に当てはまる義務と責任)が神々も人間も有益な行動へ向かうよう導いているということは、ブラフマンが宇宙を支配していると見なしてもよいのかもしれない。これは直接的な介入ではないが、同じ結果にいたることができる枠組みをつくり出している。善いカルマは、正直であること、他者を傷つけないようにすること、寛大であることによって生ずる。もしかしたら、親切な見知らぬ人や慈悲深い王子も、遠く離れたところからであろうと、ブラフマンのなせる業と見ることができるのかもしれない。

いずれにしても、ブラフマンがほかのヒンドゥーの神々のように——また、ほかの多くの宗教の神々のように——人前に姿を見せることはない。

神話とは何か

ふつう「神話」という言葉は、事実に反するのではないかと思われる話やひどく歪曲されていそうな話のときに使われることが多い。しかし、もっと正確に言えば、「神話」とは「神聖なる叙述」という意味で、超自然的出来事や宗教的出来事だという含意のある言葉だ。神話として語られた物語であっても、その神話が事実に反するとは言い切れない。「神話」とは、その物語が地上の世界の出来事を記した歴史ではなく、超自然的あるいは宗教的要素を含む物語であるということを示す便利なラベルにすぎない。

ブラフマンが邪悪な蛇と戦ったとか、罪人だらけの国を破壊したとかいう話はない。ブラフマンは宇宙であり、すべてのものは宇宙にあるが、同時に、ブラフマンは具体的にはっきりと言えるものではない。人間には理解できないスケールで動いている途方もなく巨大な存在である、と言うことはできるだろう。あらゆるものはブラフマンのなせる業だが、それを見ようとしても、あまりに広大な視野が必要なのでとうてい見ることはできない。その代わりに人間が認識できるのは、宇宙の内部に住む神々の行動にとどまる。神々がいかに強力でも、神々もまた人間が認識できる世界の一部であり、人間は少なくとも部分的には神々を理解することができる。

プルシャとプラクリティ

ヴェーダ文献の伝承では、プルシャは始原の神である。宇宙形成の源となった形のない潜在的可能性を表しているのかもしれない。『リグ・ヴェーダ』にある創造神話のひとつによれば、プルシャは男性でもあり女性でもある「原人」だったが、みずからをプルシャとプラクリティと呼ばれる男性と女性に分割したという。そして、この男女が結合——創造しようという欲望と、何もかもが形のない始原の状態との相互作用を表している——し、宇宙を生み出した。別の文献では、プルシャがプルシャ以外の神々(あるいはプルシャ自身かもしれない)によって行われた祭祀の犠牲獣となり、宇宙を創造したと言われている。プルシャの体の各部分がこの世界を構成するもの——太陽、月、天空、大地——となったという。また、プルシャの身体からは社会の4つのカーストも生じたと言われているが、これについては、かなり後世になってから挿入されたものだと考える人々もいる。後の文献では、プルシャは「存在する者」というよりも「概念」に近いものだと考えられるようになる。宇宙全体の根本原理であり、それゆえブラフマンと合わせてひとつにまとめられた原理を表現するものということだ。同じような意味や解釈の変化は、現在ヒンドゥー神話と呼ばれているものの全体にわたって見られ、とりわけヴェーダ文献とウパニシャッド文献のあいだで著しい。

神々、デーヴァ、アスラなどの用語について

ヒンドゥー教では、神々や超自然的存在に対して使われる用語がわかりにくいことがある。同種の存在を指すのに複数の名前が使われることもあるうえ、時代とともに意味も変化していくからだ。「アスラ」という用語は、もともとは有力な存在全般を指していたが、後世の伝承では、たいてい神々の敵を指すようになり、「悪魔」と訳されることが多い。デーヴァやその女性形のデーヴィーは、おおむね慈悲深い超自然的存在や神を意味する。人間のためにと心から思っているかという意味では、いつも「善」とは限らない——時には利己的だったり、個人に対して悪意を持っていたりするデーヴァもいる——が、有害ではない。デーヴァは内容によっては神に近いもの、半ば神で半ば人間のようなもの、天使のようなものを意味するとも解釈できる。

「イーシュヴァラ」（女性形「イーシュヴァリー」）という言葉は、一部のヒンドゥー教徒が宇宙内部で人格化された神々を指すときに使う。シヴァ神を最高神とあがめる人々のあいだでは一般的な呼称だ。イーシュヴァリーは本質的に超自然的なほど強力な人々で、それに対しブラフマンは人格を持たず、人間の理解を超越した存在である。

「バガヴァット」（女性形「バガヴァティー」）も一般的に神々を指す言葉だが、より厳密に言えば、一部のヒンドゥー教徒が自分の崇拝する神々を指すときに使う。また、この言葉を聖者や悟りを開いた人に対する尊称として使うこともある。ヒンドゥー教徒にとっては、これは決して神への冒涜ではない。神のような資質をそなえた人々に対しては、神と同じように呼ぶことで敬意を示すことができるのだ。

ほかにも、使う人によって意味が変わる用語がある。氏族や集団が独自の識別名を与えられるときもある。たとえばスーリヤは、アーディティヤ神群（女神アディティの息子たち）の一柱とされたりデーヴァとされたり、イーシュヴァラと呼ばれたりバガヴァットと呼ばれたりする。

❖下……女神ドゥルガーは宇宙の母にして守護者である。ドゥルガーの起源や外見、ほかの神々との関係についてはさまざまな記述があるが、つねに変わらないのは悪に対抗する力強い女戦士だということだ。一部の哲学派によれば、女神カーリーはドゥルガーの相のひとつだという。

✣上……アルダナーリーシュヴァラ（半身が女神のシヴァ）。
宇宙全体の男性的エネルギーと女性的エネルギーの相互作用を表現している。
ふつうシヴァ神と妻の女神パールヴァティーが合体した
両性具有の姿で人格化される。
一部の創造神話では、女性は潜在的可能性を、
男性は創造する意志を表す。

ヴェーダ文献の主要な神々

ヴェーダ文献は、ヴェーダ文献が編纂された時代に崇拝されていた神々や、それよりもかなり前から信仰の対象だったと思われる神々について述べている。一般に、ヴェーダの神々は自然現象や自然のプロセスに関係し、他地域の神話との類似点がある。

ヴェーダの神々で最も重要な神はインドラである。『リグ・ヴェーダ』にはインドラにささげた讃歌が250篇あり、それ以外にも多くの讃歌がインドラ神に言及している。インドラは天の支配者であり、天空の現象――雨、雷、稲妻、嵐――のほか戦争にも関連する。インドラの主な武器は雷電（雷鳴を伴う稲妻）で、「ヴァジュラ・ユダ」と呼ばれるものだが、弓で武装した姿で描かれるときもある。またインドラは流れる水の源でもあり、流水を頼りとする人間にとっては非常に重要な神となる。彼の妻は女神インドラーニーで、黄褐色の猿神ヴリシャーカピがお

✣上……象王アイラーヴァタ。神々とアスラが不死の飲料を求めて大海を攪拌したときに海中から出現したと言われている。

供をする。

『リグ・ヴェーダ』では、インドラは蛇の姿をした邪悪な敵ヴリトラと戦う。ヴリトラは世界中の水を山に閉じ込めていた。インドラはその魔法の武器ヴァジュラでヴリトラを殺し、水を解放して、人間が作物に水を与えられるようにしてやった。この姿の彼は人間の友人であり、人間に恩恵を施し、人間を災いから守る。

ただし、このほかのインドラの冒険の数々は、インドラの欲望、あるいは魔法の神酒ソーマで酔っ払った結果——またはその両方のせい——であることが多い。インドラは愛人になってくれそうな女性を口説き落とすために変装し、時には嫉妬に狂った夫ともめ事を起こす。友人であるヴリシャーカピの妻といちゃついているところを見つかるというような、ひどい判断ミスもする。もっとも、実のところ、この事件でインドラとヴリシャーカピの友情が復活することになる。これより前に、ヴリシャーカピがインドラの妻のインドラーニーと密通したので、ふたりは仲たがいしていたのだ。この場合は、どうやら悪事に悪事で仕返しして帳消しになったらしく、ふたりはこれで貸し借りなしだと考えた。

その後のヒンドゥー教の文献では、インドラはあまり重要視されなくなり、強大な有力者のかなりお粗末な行動の例として引き合いに出されるようになる。インドラが自分だけの快楽を追い求めたのであれば、悟りを開いた人間のほうがインドラよりも立派なのではないかという懸念が生ずる。インドラは宇宙の守護者から嫉妬深い神に変わり、宇宙の謎について深く考えようとする人々を悩ませ、その気を散らす。さらに後世の文献では、インドラは十分に知恵をつけ、精神的な義務と充実した世俗的生活のバランスが取れるようになる。こうしたインドラは、北欧神話のトールやギリシア神話のゼウスと似ている。みな偉大な戦士で、雷を武器にしている。トールは大蛇ヨルムンガンドを殺し(そしてヨルムンガンドに殺される)、ゼウスもさまざまな怪物と戦う。インドラもゼウスも浮気性で、人間の問題にちょっかいを出しがちだ。これは偶然の一致かもしれないが、ヨーロッパの宗教とインドの宗教が共通の起源を持ち、互いに影響し合っていたことを示す証拠はある。

インドラの進化は、社会の変化と並行していたのだろう。ヴェーダの時代には、祭官階級が社会をしっかりと支配し、祭祀を正しく執り行うことが重視されていた。だが、やがてこの状況が変わり、宗教は以前ほど公的なものとは見なされなくなった。インドラが支持されなくなったように見えるのも、宗教的義務——公的な祭祀や供犠という意味で——が以前より重視されなくなった時代を反映しているのかもしれない。

インドラの兄弟アグニも、『リグ・ヴェーダ』では200篇以上の讃歌をささげられており、そのほかの多くの讃歌にも登場する。アグニは火の神で、家庭内の炉の火から、神々へささげる犠牲を焼く火にいたるまで、多くの形態の火すべての神である。

このほかのインドラの冒険の数々は、インドラの欲望、あるいは魔法の神酒ソーマで酔っ払った結果——またはその両方のせい——であることが多い。インドラは愛人になってくれそうな女性を口説き落とすために変装し、時には嫉妬に狂った夫ともめ事を起こす。

✣上……南インドのスリカンテシュワラ寺院はシヴァ神にささげられた寺院だが、アグニを含め多くの神々の像がある。犠牲を焼く聖なる火の支配者であるアグニは、人間にとっても神々にとっても不可欠な両者の接点を提供する。

そして、人間と神々を結ぶメッセンジャーでもある。この場合、アグニの火は犠牲獣を神々のもとへ届け、人間の世界と神々の世界をつなぐ。アグニはさまざまな名前と姿を持っている。たとえば、ヴァフニとヴィーティホートラは、両方とも供犠や崇拝に関連する。ジーヴァラナは燃焼に関連し、間接的な言及や別の名前で語られることが多い。アグニは生と死のあらゆる面で重要な神だ。灯火と炎は、年に1度の祭りや結婚式や葬式など、多くの儀式で不可欠な要素となっている。アグニの火は死者の現世の肉体を焼き尽くし、それによって生まれ変わることができるようにする。

ソーマ神に対しても、約100篇の讃歌がささげられている。ソーマは同名の神酒に関連する。ソーマ酒の正確な製法は議論の余地があるが、治癒と体力回復の薬効があり、神々とつながりやすくなると考えられていた。ソーマ酒の製法は、時代によって、あるいは材料を入手できるかどうかによってさまざまだった可能性があるが、一般的には、キノコや樹液から得られる精神状態に作用する物質を含んでいたと考えられている。ソーマ神は慈悲深い神で、その酒の効果だけでなく繁栄ももたらす。

後世の文献では、ソーマ神はチャンドラという新しい神格を得て登場する。チャンドラは月の神で、さまざまな不運に遭遇する。そのひとつに、27人姉妹との結婚がある。チャンドラは、27人の妻のうちのひとりだけに愛を注いでしまったので、絶え間なく死と転生を繰り返すという呪いをかけられてしまう。また別の話では、チャンドラが人間の問題に首を突っ込んだせいで、神々と悪魔が戦争を始めてしまう。

✣上……チャンドラはかなりお騒がせな神で、その不運が月の満ち欠けをもたらした。伝承はさまざまあるが、どの出来事でも、チャンドラは有力者を怒らせるようなことをしでかし、その結果、ひどく痛めつけられることになる。

これも、女性に対する欲望の結果だった――ヴェーダの神話ではよくあるテーマだ。この一件では、聖仙ブリハスパティの妻ターラーがその女性だった。ブリハスパティは神々の師で、木星と結びつけて考えられていた。

月の満ち欠けがどうして起こるのかについては、別の話もある。象面の神ガネーシャに対してチャンドラがかなり薄情なふるまいをした結果だという。ある祝宴からの帰り道でのこと、ガネーシャは乗り物――ネズミ――から転げ落ちてしまう。この時、宴会で飲み食いしすぎたせいもあって、転落したはずみに吐いてしまったところ、それを見たチャンドラがどうしたわけか笑い出した。チャンドラに笑われて腹を立てたガネーシャは、自分の牙を1本折って、投げ槍のようにチャンドラめがけて投げつけた。この時の傷がもとで、月はしだいに消えていくようになったのだという。

アディティとアーディティヤ神群

アディティは宇宙の母神である。夫である聖仙カシュヤパとのあいだにアーディティヤ神群と呼ばれる神々を生み、天空を持ち上げて間接的に宇宙の残りの部分を育てた。この相の女神アディティは、たいてい雌牛で表現される。後世の伝承では、アディティは12柱の神々の母で、その年、毎月ひとりずつ生んだとされているが、例によって、アーディティヤ神群の神々の数や名前については文献により異なる。

アーディティヤ神群を率いるのは、天界の支配者ヴァルナ神である。兄弟のミトラ神とともに、ヴァルナは宇宙の理法(天則)をつかさどる。この役割のヴァルナは、主に人間と神々のあいだの取引に関連し、ミトラは人間と人間の交際に関係する。ヴァルナは後世の伝承ではあまり重視されなくなったが、今もガンジス川のような河川や関連する神々と結びつけて考えられている。

アーディティヤ神群は全員が太陽神だが、後世の一部の伝承では、太陽神としてのヴィシュヌ神の諸相と見なされるように

ヴァス神群

初期の伝承では、八柱の神々からなるヴァス神群がインドラの仲間として登場するが、後世になると、この八柱はヴィシュヌ神と結びつけて考えられた。ヴァス神群の起源は文献によって異なる。『ラーマーヤナ』では、聖仙カシュヤパと女神アディティの子供とされているが、『マハーバーラタ』では最初の人間である人祖マヌの子供となっている。

ヴァス神群の神々は、呼称や属性も文献によって異なる。『バガヴァッド・ギーター』ではアーディティヤ、アグニ、アンタリクシャ、ディヤウス、ナクシャトラーニ、プリティヴィー、ソーマ、ヴァーユの八柱があげられているが、このほか、アハ、アナラ、アニラ、ダラ、ドルヴァ、プラバーサ、プラティユーシャ、ソーマの八柱だと言っている伝承もある。こうした違いは矛盾ではない。これらの神々は複数の名前で呼ばれているからだ。たとえばアナラはアグニであり、プラティユーシャはアーディティヤである。

ヴァス神群は自然神で、宇宙や宇宙内の作用の基本的な構成要素を表す。ドルヴァとナクシャトラーニは北極星の神格化で、プラバーサとディヤウスは暁の神だ。天空の支配者にこれら宇宙の重要な構成要素を表す神々が仕えているのは妥当なことだと言える。宇宙の理法が守られ、宇宙の自然の秩序が継続するように、これらの神々に天空神が命ずるからである。

なった。アーディティヤ神群はそれぞれの神が1か月間太陽となる。これは12柱の神々が必要だということだ。しかし初期の伝承では、アーディティヤ神群には7柱しかいない。ヴァルナとミトラのほかに、アンシャ、アリヤマン、バガ、ダクシャ、スーリヤである。後世の文献はこれに別の神々を追加してアーディティヤ神群とした。ただし、ダクシャは除外されていることもある。

アーディティヤ神群の起源は先住民の神々かもしれない。そうした神々がヴェーダ時代のアーリヤ人の神々に取り込まれたのだろう。太陽神は多神教の文化に共通する神なので、太陽をつかさどる神々を合体したり、「呼び名が違い、少々違う逸話があるけれども、あなたがたの太陽神は私たちの太陽神と同じものなのだ」と主張したりするのは難しいことではない。こうすれば、アーリヤ人の文化に取り込まれた部族のあいだにある衝突の火種を取り除ける。

やがて、こうした多面的な太陽神は重視されなくなり、代わりにヴィシュヌ神がその座を奪うことになった。何世紀もたつあいだに社会や信仰の構造が変化したためだ。ウパニシャッド文献がつくられた時代には、昔からインダス川流域にいた部族もアーリヤ人の侵入者も、もう古代の歴史になりかけていた。この両者の以前の実像がそれぞれどのようなものだったのかも時がたつにつれてわからなくなったため、その信仰の違いもはっきりしなくなってしまったのだろう。

太陽神スーリヤ

スーリヤ神は、当初はアーディティヤ神群の1柱として登場するが、後世の伝承では、その定義が進化する。スーリヤは神群のうちの1柱というよりも、「随一の」太陽神と呼ばれることが多く、アーディティヤ神群のほかの神々はスーリヤの別の相、あるいは別名と考えられるようになった。ヴェーダの伝承では、スーリヤは昇る太陽と関連し、新しい一日が始まる光をもたらすだけでなく、知識も授ける。こうした関連性は後世の文献にも引き継がれたが、新しい含意も加わる。スーリヤは一部の伝承を生み出したとされており、かつてはヒンドゥー教の神々のうちで最高位に属する神だともされた。13世紀頃からスーリヤに対する信仰は衰退したが、今もなおスーリヤは重要な神である――ごく一部のヒンドゥー教徒だけがスーリヤを最高神だと考えている。

スーリヤの子供たちも非常に重要だ。マヌは人類の父祖であり、人々が成功し高潔な人生を送れるよう導く法典を与えた。このため、人祖マヌはほとんどの王族の神話上の先祖となっており、最初の供犠を行った人、神々と人間のつながりを築いた人ともされている。

マヌは人類の父祖であり、人々が成功し高潔な人生を送れるよう導く法典を与えた。このため、人祖マヌはほとんどの王族の神話上の先祖となっており、最初の供犠を行った人、神々と人間のつながりを築いた人ともされている。

ヤマもスーリヤの息子で、最初に死んだことから、死者の神となった。初期の伝承では、ヤマは死者を支配する王だが、他地域の多くの神話に出てくる死の神や冥界の支配者のように恐ろしい神ではない。後世の神話では、ヤマの役割は変化し、死者を裁く者となった。この姿のヤマは、死んだばかりの者を罰するべきか、それとも褒美を与えるべきかを判断する。ヤマはナラカ(地獄)をじかに支配しており、新参の死者が天界にふさわしい者だとヤマが判断すれば、その者を天界へ送る権限を持っている。この仕事を補助するのがヤマの従者チトラグプタで、チトラグプタはすべての人間ひとりひとりの人生を記録した書物を持っている。

アシュヴィン双神も、太陽神スーリヤの双子の息子たちだ。アシュ

✣右……太陽神スーリヤ。元来は数ある太陽神の一柱だったが、最終的には太陽神の筆頭格として台頭した。ほかの太陽神たちは、かつてはそれぞれ別個の太陽神としてあがめられていたであろう地域でも、スーリヤの諸相と考えられるようになっていった。

ヴィン双神も夜明けに関連する。双神の個々の名前はなく、いつも2柱一緒に登場するが、別々の神にはちがいないようだ。当初、この双神はインドラ神に鼻であしらわれ、インドラの祭祀で神酒ソーマを享受する資格はないと決めつけられるが、ややこしい手を使って祭祀への招待を手に入れる。実は以前のこと、アシュヴィン双神は聖仙チヤヴァナともめ事を起こしていた。双神がチヤヴァナの老いさらばえた肉体を笑ったため、チヤヴァナが双神に呪いをかけたのだ。チヤヴァナの怒りがおさまったのは、スーリヤが娘のスカニヤーをチヤヴァナの妻にしようと申し出たときだった。そこでアシュヴィン双神は、当然ながらスカニヤーを誘惑しようとしたが、スカニヤーは一計を案じ、まんまと双神に夫を若返らせた。

そこで、チヤヴァナがアシュヴィン双神にささげる供犠を執り行おうとしたところ、これがインドラを怒らせた。インドラは武器の雷電ヴァジュラを手にしたばかりか、山で武装し、聖仙チヤヴァナに襲いかかった。チヤヴァナも呪文を唱えて怪物を呼び出し、インドラと戦わせた。このマダという怪物が宇宙全体を飲み込みかねないのを見て、インドラは賢明にも話し合いで事をおさめようと決めた。チヤヴァナの出した条件が、アシュヴィン双神をインドラの祭祀に招いて、そこでソーマ酒をふるまうことだった。このおかげで、アシュヴィン双神は不死となったという。

チヤヴァナがアシュヴィン双神にささげる供犠を執り行おうとしたところ、これがインドラを怒らせた。インドラは武器の雷電ヴァジュラを手にしたばかりか、山で武装し、聖仙チヤヴァナに襲いかかった。チヤヴァナも呪文を唱えて怪物を呼び出し、インドラと戦わせた。

そのほかのヴェーダの神々

ヴェーダ文献にはほかにも多くの神々が登場するが、インドラやアグニやソーマほど数多くの讃歌をささげられている神はいない。これらの神々は、多くの呼称・属性と相を持ち、後世の文献のなかで変わっていく。多くの場合、ヴェーダの神々はヒンドゥー教の古典的な神々の初期バージョンだが、同じ神を複数の名前で呼んだり、神をはっきり名指しするのではなく暗に触れたりすることが当たり前になっている伝承から推測しなければならない。

たとえばルドラは、後期のヴェーダの伝承ではシ

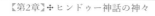

✣右……風の神ヴァーユは、北の方角の守護神でもあり、ヴェーダの時代には非常に重要な神だったが、後世にはあまり重要視されなくなった。『ラーマーヤナ』では神猿ハヌマーンの父親とされ、『マハーバーラタ』ではビーマの父親とされる。両者とも途方もなく強力な人間あるいは半神半人である。

ヴァを含む複数の名前で呼ばれている。それらの名前は、先住民族の、つまりはアーリヤ人到来以前からの神々の名前だったのが、初期のヴェーダの伝承にあるルドラとよく似た神々だったため、ルドラと同一視されるようになったのかもしれない。このようにして、さまざまな神々がヴェーダの神々を混乱させることなく、その信者を怒らせることもなく、吸収されていったのだろう。人々は今さまざまな大君主たちに税を払い続けていることは受け入れるが、もし信じる神を捨てろと命じられたら反乱を起こすだろう、とよく言われるが、まさしく至言である。もしかしたら、意図的にせよ何にせよアーリヤ人は、先住民族の神々を自分たちの神々の諸相として取り入れたおかげで、アーリヤ人のインダス川流域への進出が引き起こす抵抗をいくらかでも避けられたのかもしれない。

ルドラは見るも恐ろしい姿の神とされ、たいていは慈悲深いが、破壊の神となることもある。ルドラの弓は病気と死をもたらすが、ルドラは医薬と治癒も与える。ヴェーダの祈りのなかには、ほかの神々にルドラへのとりなしを頼む言葉もある。ルドラの怒りをしずめ、人間に贈り物を授けてくださるようルドラを説得してもらいたいという祈りだ。たとえば、健康や活力を授けてください、あるいは、少なくとも人間に危害を与えるのを控えてください、などの祈りがある。ルドラの妻はプリシュニーという大地の女神で、雌牛と関連する。

ルドラとプリシュニーの息子たちが、暴風の神マルト神群である。その斧で雲を引き裂き、雨を降らせる。マルト神群はルドラ神群と呼ばれるときもあり、文献によって数も異なる。黄金の胸甲と兜を身に着けているとされる場合もある。マルト神群は戦車で天空を駆けめぐり、時にはインドラの仲間たちと衝突する。「ルドラ」つまり「吠えるもの」という意味の名前を持つ父親と同様に、マルト神群もその荒々しい叫び声や怒号で有名だ。

ヴァーユはヴェーダの伝承では空気(風)の神であり、マールト、パヴァナ、サダガータなど多くの異名を持つ。ヒンドゥー神話では3柱の神々で1組となる形式がよく見られるが、その文脈では、ヴァーユは太陽神スーリヤ、火の神アグニと結びつけられることが多い。後世にはヴァーユはあまり重要視されなくなったものの、今でもあがめられており、ほかの宗教でも見られる。ヴァーユは英雄的な姿の美男子とされているが、移動時には騒々しい音をたて、破壊的であることもある。ヴァーユのもたらす空気が全人類に命を与えることから、誰にとってもヴァーユは重要であるとされる。一部のヒンドゥー教徒は、ヴァーユが悟りを開く手助けをしてくれると考えて、ヴァーユに祈りをささげる。ヴァーユの助けがあれば、卑しい衝動を抑え、精神状態を高められるからだ。

ヴァーユはヴェーダの伝承では空気(風)の神であり、マールト、パヴァナ、サダガータなど多くの異名を持つ。

ヴァーユが空気(風)の神であるのに対し、ヴァルナは水の神である。天空の世界の支配者であり、アーディティヤ神群を率いる神だ。ミトラ神と協力して宇宙の理法を守護し、人間と神々の交流をつかさどる。後世の伝承では、ヴァルナもあまり重要視されなくなったが、大海や大海に棲む生き物の神、世界の西方を支配する神となる。

このほかのヴェーダの神々には、最初に死んだために死者の

神となったヤマがいる。ヤマは情け深く友好的だが、後世には、無慈悲ながら公正に死者を裁く神とされるようになった。ヤマの判断しだいで、死者の魂は天界に送られるか、それともヤマの支配する世界にとどまって罰を受けるかが決まる。ただし、どちらにしても永遠にいるわけではなく、最終的には、その魂も人間の世界へ戻って別の人生を始めることになる。

クーベラは聖仙プラスティヤの孫である。プラスティヤは『ヴィシュヌ・プラーナ』の天啓を感得したリシ(聖仙)のひとりとされる。プラスティヤの息子ヴィシュラヴァスも偉大な聖者で、ヴィシュラヴァスの息子がクーベラとラーヴァナである。ラーヴァナは『ラーマーヤナ』ではラーマ王子の敵となる。クーベラはラーヴァナの母親カイカシーを妻に迎えたので、ラーヴァナはクーベラの異母兄弟であり義理の息子でもある。クーベラ自身は、あまり魅力的とは言えないドワーフのような姿だとされているが、普通の意味での富や財宝の神であると同時に、宇宙のあらゆる財宝の神でもある。

ヴェーダの女神たち

数多くの女神たち(デーヴィー)については、ヴェーダ文献の伝承は何気なく触れているだけだが、そうした言及のなかには、同じ女神を別の名前で呼んでいるものや、別の女神の相のひとつであったりするものもあるようだ。重要視されている女神のうちでも、特に宇宙にとって重要な女神はヴァーチュだと言えるだろう。ヴァーチュは宇宙で最初に言葉を発した者であることから言葉の女神となり、この力を信者に授けるようになった。

ヴァーチュは創造の言葉を発したとされているが、類似の出来事と同様に、わかりにくい。宇宙が創造されたとき、まだ何も形作られてはいなかったのだから、たしかに、ヴァーチュもほかの神々も存在しているはずがなかった。これらの神々は、神々が取った行動の結果として出現したのであり、これがその答えを提示する。創造の言葉を発するという行動が、言葉に関連する神となり、その神がヴァーチュだった。この後、ヴァーチュはその行動の擬人化、その行動が宇宙に与えた影響の化身として存在するようになったのである。

✣前ページ……音楽、言葉、知識と学問をつかさどる女神サラスヴァティー。彼女は大河となってヴァーダヴァグニという大火から世界を守ったため、その後この川は神聖視されるようになった。後世、ガンジス川が神聖視されるようになったのと同様である。

特に宇宙にとって重要な女神はヴァーチュだと言えるだろう。ヴァーチュは宇宙で最初に言葉を発した者であることから言葉の女神となり、この力を信者に授けるようになった。

シヴァ神と女神ドゥルガーの娘である女神サラスヴァティーも、人間に言葉の力と英知を与えたとされている。サラスヴァティーはモークシャ（解脱）を果たすまでの過程に不可欠な女神だ。人間は高等教育を受け、英知を進展させてこそ、俗世間にある心を乱す物事を超越して真の悟りに到達できるからである。もともとはサラスヴァティーは河川の女神だったらしい。ヴェーダ文献では、サラスヴァティーは同名の河川と結びつけて考えられている。この河川がどこのどういう川だったのかはわかっていない。その川が干上がってしまったのかもしれないし、呼び名が変わったのかもしれない。あるいは、最初から物理的な場所ではない隠喩的な概念だったのかもしれない。

女神ウシャスは、『リグ・ヴェーダ』では20篇の讃歌をささげられている。暁の女神であるウシャスは、光を運んでくるだけでなく、宇宙の秩序ももたらす。昼と夜は途切れることなく繰り返される必要があり、ウシャスが確実に夜を追い払う。この役割でのウシャスは、世界を目覚めさせ、人間や生き物がそれぞれのすべきことをできるようにするのが仕事だが、ウシャスは宇宙の時計でもあり、人間の命の長さを計り分けている。

またウシャスは、すべてを見通す狩猟の女神でもあり、敵に対抗するとき彼女の助力を祈願することもある。ウシャスは姉妹である夜の女神ラートリーと一緒に語られることが多い。ウシャスもラートリーも若く美しい女性であるとされるが、ラートリーについては詳細な言及がほとんどない。

プリティヴィーは大地の女神である。天空の神ディヤウスと協力して、世界中の生き物や人間を支える食べ物をもたらす。プリティヴィーは肥沃な大地であるが、その恵みをもたらすには天空からの雨が必要となる。ある時のこと、プリトゥという大王が、プリティヴィーを殺してもよいかとブラフマーに許しを求めるというかなり近視眼的なことをしたという。そうしてプリティヴィーにその財宝を手放させれば、大王の国を襲っている飢饉が終わるだろうと考えたのである。大地を殺してその財宝を奪うことが長期的な解決策なのかどうかはともかく、プリティヴィーはブラフマーにもっと良い方法があると納得させた。雌牛に変身し、その乳でその国を肥沃な土地に戻そうと提案したのだ。そして、ふたたび植物が生育し始め、飢饉は終わ

神々の数は何柱か?

神々の数は何柱かという問題の答えは一筋縄では出ない。一見すると明確そうに語っている記述が数多くあっても、それらは実のところ、ある神の名前ではなく能力や関係を持ち出してその神に言及していたり、ある記述では別の神の諸相だが、別の記述ではれっきとした神として存在している神々のことを言っていたり、別の神の生まれ変わりだが別個の存在と見なされていたりいなかったりする神々について触れていたりもするからだ。

『リグ・ヴェーダ』によれば三三柱の神々がいるという。それらのインドラとアグニが率いる神々には、アーディティヤ神群、ヴァス神群、ルドラ神群、アシュヴィン双神などが含まれる。これは見たところ単純明快なリストだが、これら神々と一対と見なされる女神や神々の妻も存在するので、三三柱とは言えない。そしてもちろん、ヒンドゥー教の有名な神々の多くがこのリストにない。

そうした神々のなかには、ヴェーダの時代には別の名前で存在していた神もいれば、最終的にはれっきとした神として重視されたり独立したりしたものの当時は神々の諸相でしかなかった神もいる。このほか、後世になって社会が変化したり、新しい神々の信者と接触したりしたことから、新たに神々の列に加えられた神もいるだろう。

伝承や神話がたえず進化した結果、神々の数やその関係性は文献によって異なるようになった。何かしらの神を至高神と見なせば、さまざまな方法で神々を系統立ててまとめることはできるかもしれない。それでも、すべての神々が序列を持ってきちんと階層組織におさまっているような、明快な物語をひとつだけ作り出そうとするのは不可能だ。神々に決定的な呼称・属性・事績を与えることすらできない。ある特定の神について語った物語であっても、複数の異説が存在し、同じ出来事に別の神が登場したり、別の矛盾した情報が含まれていたりする可能性が必ずある。ある所定の物語であっても、別の解釈や異説のほうを好む個人や集団もいて、誰もが認める物語などありえない。

こうした神々の数や呼称・属性・事績についてさえ認識の一致が不可能だということがフラストレーションの種になるのか、それともインスピレーションの源になるのかは、これをどのような視点から見るのかによって大きく異なる。ヒンドゥー神話は世界に向けてきちんと提示された一連の事実ではなく、むしろ、じっくり考えれば新たな真理や新たな疑問をもたらしてくれるような無限の謎だ、と言う人が多い。ヒンドゥー神話は宇宙を解き明かすどころか、人間の頭を悩ます謎を提示する。たとえ万物の成り立ちが不明確なままだとしても、そこには自己認識が存在する。

りを迎えることになった。

アラニヤーニーは森の生き物を見守る森の女神で、ニルリティは定期的に犠牲をささげてなだめなければ破壊をもたらす女神である。ほかにも、ヴェーダ文献には多くの女神が出てくるが、ついでに触れただけのものや、もしかするとほかの女神の諸相への言及かもしれないと思われるものもある。また、特定の場所や活動に関連する下級の女神たちもいる。これらの女神は、アーリヤ人が取りこんだ先住民族の神々かもしれないし、あるいは別のところで語られた神々の諸相かもしれないし、あるいはその両方かもしれない。

ダクシャとその子孫

後世の物語では、ダクシャはブラフマーの息子であり、プラジャーパティ（生命を守る神々）のひとりとされる。宇宙論上重要な神話で重要な役割を果たしている。たとえば、月の満ち欠けが起きる理由についての神話などだ。ダクシャは妻のプラスーティとのあいだに多くの娘をもうけた。一説によれば24人の娘がいたとされるが、もっと多数の娘がいたという文献もある。これらの娘たちは知性、真実、許しなどの美徳と結びつけて考えられた。またダクシャは、妻のパンチャジャーニとのあいだにも多くの娘がおり、この娘たちの多くは、同じ夫に嫁いだとされる。27人の娘が月の神チャンドラと結婚したという話もそのひとつだ。

パンチャジャーニの娘たちは星座であり、月は一年中星座のあいだを通過する。このことをもとにして、インド占星術のもととなるナクシャトラ（白道27宿）という概念が生まれた。月神チャンドラは27人姉妹の妻のうち、特にローヒニーばかりを寵愛し、ほかの姉妹は目を向けられずに悲しんでいたという。ローヒニー以外の娘たちがそのような不当な扱いをされていることを知り、ダクシャがチャンドラに呪いをかけたため、チャンドラは徐々に欠け始めた。一説によれば、当の娘たちがダクシャに、チャンドラにそんなに厳しく当たらないでほしいと懇願したので、ダクシャは娘たちの願いを聞き入れて呪いを変更したという。毎月、チャンドラはゆっくりと欠けてゆくが、やがて満月へ戻って、また次の周期が始まることになったのだ。もちろんこれが、太陰周期の起源である。これの異説として、

パンチャジャーニの娘たちは星座であり、
月は一年中星座のあいだを通過する。
このことをもとにして、
インド占星術のもととなる
ナクシャトラ（白道二七宿）という概念が生まれた。

ダクシャがシヴァ神の助力を受け、その代わりにシヴァをあがめたという話もある。シヴァが宇宙の再生に果たす自分の役割を反映して、太陰周期をもたらしたのだという。

ダクシャの娘のひとりであるダヌは、神々に反旗を翻した者たちの母親だった。この反乱を率いていたのは、魔王バリというアスラである。バリはどこをどう見ても賢明で情け深く、人間もアスラもバリという王のもとで繁栄していた。しかし、バリは野心家でもあった。デーヴァに戦いを挑んで打ち破り、天界の支配権を握った。

ところが、バリは策略にはまって権力の座から引きずり下ろされてしまう。ヴィシュヌ神が無邪気な子供に化身し、3歩で歩けるだけの土地を下さい、とバリに頼んだのだ。バリがこの頼みを承諾すると、ヴィシュヌは巨大な姿に変身し、3歩で地上界と地底界の全土を歩いてしまった。バリは約束を守らねば

✣左……ダクシャがシヴァと確執を抱えていたせいで、ダクシャの娘シャクティが焼身自殺し、怒ったシヴァがその復讐としてダクシャの首を切り落とした。ダクシャの肉体は蘇生したが、頭部だけは焼かれてしまっていたので、元どおりにすることはできなかった。そこで、代わりにヤギの頭を与えられた。

ならず、世界をヴィシュヌに与えた。

そして、バリは地底の世界に追放されたが、地底界の慈悲深い支配者だと評されるようになった。バリに手を貸したダヌの子供たち、つまりダーナヴァ族も世界の深い水の中に投げ込まれた。ダヌ自身が始原の水と結びつけて考えられているので、これが彼らにぴったりの罰だったのかもしれない。彼らの起源への回帰だったのだろう。ダーナヴァ族は『リグ・ヴェーダ』では必ず神々の敵で、悪魔とされている。

悲劇の女神シャクティ

女神シャクティは、特定の概念の擬人化――シャクティの場合は「創造する力」――とされることもあるが、むしろ悲劇的最期を迎えた人生ドラマを持つ人格神のように語られる物語もある。そうした物語では、シャクティ(またはダークシャーヤニー)はダクシャの娘とされている。

シャクティはシヴァ神の妻になりたいと思い、父親ダクシャに許しを求めた。ダクシャはシヴァのことをあまり崇敬していなかったので、娘の頼みを拒んだが、ダクシャの意に反して、この結婚は行われた。ダクシャは怒り、ふたりと縁を切ろうと考えた。このことがやがてダクシャの破滅のもととなる。ダクシャが盛大な祭儀を催したときのこと、シャクティも夫シヴァも祭儀に招かれていなかったのに、シャクティがその祭儀にやって来た。だがダクシャは、予定どおり祭儀を執り行いながら、さまざまな形でシヴァを侮辱し始めた。シヴァの像を辱めることまでした。

夫の名声がこのように傷つけられるのを見て、シャクティは自殺をはかり、犠牲を焼く祭火の中に身を投じた。シヴァの家来たちがシャクティの復讐をしようとしたが、ダクシャや祭儀の列席者たちに撃退されてしまう。そこで家来たちは、この知らせをシヴァに伝えた。シャクティを愛する良き夫だったシヴァは、みずからその祭儀場に押し掛けて襲いかかった。そればかりか、恐ろしい魔神ヴィーラバドラとその妻で夫と同じくらいの破壊力があるバードラカーリーを出現させた。

ダクシャは敗れ、祭儀を最後まで続けることができなかった。ダクシャ自身も虐殺され、インドラをはじめとするほかの神々もひどい傷を負った。シヴァが祭場を破壊しつくして立ち去ると、敗れた神々はブラフマーを捜し出して助けを求めた。ブラフマーが神々のことを許してくれとシヴァに訴えたところ、シヴァも許すことにした。そして、切り落として焼いてしまった

✣前ページ……魔王バリはヴィシュヌ神にだまされた。このときヴィシュヌが化身した無邪気そうな者はさまざまな姿で描かれており、ドワーフのような男のこともあれば子供のこともある。バリは神々の敵ながらあっぱれな王で、だまされたと知っても潔く約束を守った。

ダクシャの首の代わりにヤギの頭をダクシャの胴体の上に置き、ダクシャを生き返らせて傷を治してやった。ダクシャと友人たちは祭儀を再開し、最後まで執り行うことができるようになり、シヴァをおおいにあがめたので、ダクシャはシヴァの最側近の支持者のひとりとなった。シャクティもやがてパールヴァティーとして生まれ変わり、パールヴァティーもシヴァの妻となった。

この物語は、宇宙の循環を推進するというシヴァの役割を反映している。シヴァは怒りにまかせて破壊するが、許しを与えもする。シヴァの行動は、結局ある種の再生をもたらし、ダクシャのシヴァに対する狭量な悪意が友情に変わるという事態の好転をもたらす。ダクシャが自分の催した大事な祭儀を悪用してシヴァの像を罵倒したことは、世界が救いがたいほど堕落して邪悪になってしまったことのメタファーと読み取ることもできる。シャクティの自己犠牲の焼身が、破壊と好転のひきがねとなる。シャクティ自身もやがて生まれ変わって愛する夫のもとへ戻る。

シャクティ派(シャークタ派)は、一般にヒンドゥー教と呼ばれている宗教の3大宗派のひとつである。シャクティ派の信者は、シャクティを卓越した神と考え、ほかの女神たちはシャクティの諸相であると見なす。シャクティ派内も非常に多様で、信仰の対象となる相が異なる集団がさまざまに存在する。たとえば破壊の女神カーリーをあがめる集団もあれば、それほど恐ろしくないパールヴァティーを崇拝する集団もある。

ラティとカーマ

女神ラティと夫のカーマ神については、プラーナ文献ではたびたび語られるが、ヴェーダ文献にはラティは出てこない。ラティとカーマは愛の神である。幸せな夫婦とされており、肉体的な愛欲とその快楽に結びつけて考えられている。カーマはマンマタとも呼ばれるが、最もよく知られているのはカーマと『カーマ・スートラ』の関連だ。

ラティとカーマの物語は、矛盾した異伝もあるものの、細かい点はどれも一致する。カーマの出自は物語によってさまざまで、一部のヴェーダ文献では宇宙の創造主だとまで言われている。この場合のカーマは、宇宙の存在を生み出すという行為へ駆り立てる創造意欲である。ラティはプラジャーパティのひとりの娘とされるが、物語によってはダクシャの娘ともブラフマーの娘ともされている。

そうした物語のひとつによれば、ブラフマーはその「意」からダクシャを含む10人の息子を生み出し、次に美しい女神サンディヤーを創造した。その次に生み出されたカーマは、ブラフマーの「意」からじかに飛び出してきた。カーマは愛を宇宙の隅々にまで広める役目を与えられ、すぐに仕事に取りかかり、愛の矢をブラフマーとブラフマーの「意」から生まれた10人の息子、さらにサンディヤーめがけて放った。このため、彼ら全員がサンディヤーに対して情欲を抱いたが、そうした欲望は罪深いとシヴァ神から戒められてしまう。

すると、ダクシャが汗を流し始め、その汗から女神ラティが生まれた。ダクシャはラティをカーマの妻にしてもらうようカーマにささげ、これで全員が満足した。以後ずっと、ラティとカーマはひと時も離れることのない伴侶となったが、ブラフマーはラティに特別な仕事を用意していた。ブラフマーは、男と女が引かれ合うことにシヴァが難色を示しすぎると懸念していた。何と言っても、男女が引かれ合わなければ、生命は存続していかないからだ。ラティに与えられた役目は、シヴァが女性に引きつけられるようにすることだったが、シヴァは禁欲的苦行に専念していたので、これは簡単な仕事ではなかった。シヴァは以前、悲劇の女神シャクティと結婚していたが、今は新しい妻を探すことよりも瞑想にふけることのほうを選んでいた。

シヴァを誘惑しようとした最初の試みが失敗した後、ブラフマーはラティとカーマにヴァサンタ(春)という新しい仲間を与えた。ヴァサンタはみなに喜びを与える存在だった。ところが、ヴァサンタに助けてもらったにもかかわらず2回目の誘惑も失敗に終わったため、ブラフマーは騒々しい紫色の種族を生み出した。彼らは「マラヤ」とうるさく叫ぶのが好きだったので、マーラ族と呼ばれるようになった。「マラヤ」は「殺す!」という意味で、おそらくこれが、恋心をかきたてるのにマーラ族がたいして役に立たなかった理由だろう。シヴァはまだ心を動かさ

その次に生み出されたカーマは、ブラフマーの「意」からじかに飛び出してきた。
カーマは愛を宇宙の隅々にまで広める役目を与えられ、すぐに仕事に取りかかり、
愛の矢をブラフマーとブラフマーの「意」から生まれた一〇人の息子、
さらにサンディヤーめがけて放った。

✣上……カーマとラティは、シャクティ亡き後のシヴァに新しい妻を見つけてやるという仕事を与えられたが、これは危険な仕事で、このためにカーマは殺された。一部の伝承では、カーマは目に見えない姿で生き返り、結局このことが、宇宙の隅々にまで愛をひそかに広めるのに役立ったという。

れなかった。

シヴァが女性に目もくれないことは重大問題に発展した。アスラ族の魔神ターラカがブラフマーに願いをかなえてもらい、シヴァの息子だけが、ターラカを退治できるようになったのである。ブラフマーは誠実な態度や敬虔な姿勢をそれなりに示されると、たいていはそれに応えて、深く考えもせず願いをかなえてやってしまうことがよくあったが、このターラカの件もそのひとつだった。ターラカはインドラに敵対し、神々を打倒しようともくろんでいたので、ターラカを止めるためには、どうしてもシヴァに息子が生まれる必要があった。

シヴァの妻にふさわしいのがパールヴァティーなのは明らかだった。実はパールヴァティーはシャクティの生まれ変わりだからだ。カーマとラティは従者を引き連れ、瞑想しているシヴァにパールヴァティーが付き添って世話をしているところへ出かけ、ふたりのあいだに恋心を燃え上がらせようとした。ヴァサンタが牧歌的な環境をつくり出したうえで、カーマが愛の矢を使い、シヴァがパールヴァティーに恋情を抱くようにしようとしたのだ。この計画は最初はうまくいったが、シヴァがはっと我に返り、カーマに気づいた。瞑想を邪魔されたシヴァは怒り、額にある第3の眼の力でカーマを焼いて灰にしてしまった。カーマの行為は恨みや悪意から出たものではなく、神々を救う子供をつくろうとしていただけだと、神々はシヴァに説明した。そこでシヴァは、カーマのよみがえりを約束し、パールヴァティーと恋に落ちたことを認めた。このシヴァとパールヴァティーの結婚から、必要だった息子が生まれ、ターラカの敗北がもたらされることになる。

一説には、カーマは目に見えない、身体のない存在としてよみがえったという。『バーガヴァタ・プラーナ』では、カーマとラティは生まれ変わって、ふたたび結ばれたとされている。カーマはクリシュナの息子プラデュムナとなり、ラティはマーヤーヴァティーとなったという。また、異説によると、ラティは悪魔シャンバラに捕らえられ、プラデュムナによって救出されるまでのあいだ、マーヤーヴァティーと名乗っていた。

ラティは非常に美しく壮麗な女神で、一方カーマは、オウムに運ばれて宇宙を駆け巡っていたとされる。カーマがオウムに乗っている図像もあれば、オウムの引く戦車や台車に乗り、そこから愛の矢を放って宇宙のいたるところに情欲を広めている図像もある。カーマの弓はサトウキビでつくられており、ハチでできたつるが張ってある。矢のほうは先端に花が付いている。

ラクシュミー

女神ラクシュミーは一般に、富、繁栄、幸運の女神とされている。家庭をつかさどる女神と見なされることも多いが、ラクシュミーの影響力は物質的成功にとどまらない。ラクシュミーは精神的な充足へ導く女神でもある。ヴィシュヌ神の妻であるラクシュミーは、ヒンドゥー教の神々のなかで——神々にとっても人間にとっても——最も重要な神のひとりである。

ラクシュミーは、ヒンドゥー神話で最も重要な物語のひとつに登場する。神々が不死となったいきさつや、そのほかの宇宙論的現象を説明する神話だ。珍しいことでもないが、この物語にもインドラの判断ミスが出てくる。インドラは戦士としての

瞑想を邪魔されたシヴァは怒り、
額にある第三の眼の力で
カーマを焼いて灰にしてしまった。

カーマ・スートラ

「スートラ（経典）」は「知識体系」と解釈することもできる。つまり『カーマ・スートラ』とは、愛の神カーマに関連する知識の体系である。セックスの指南書だと思い込んでいる人が多いが、そんな単純な文献ではなく、性愛の多くの側面を扱っている。たとえば、自分にふさわしいパートナーを見つけて口説き落とす方法についての助言、強固な夫婦関係や親族関係の築き方、社会から是認されるふるまい方についての助言なども書かれている。また、浮気の始め方や、満足できない関係を断ち切る方法についての記述もある。

全体的に見れば、カーマの知識体系は感情の充足と快楽について扱っている。感情の充足と快楽もまた人生の重要な目的であり、健全な関係を築くことでもあるからだ。『カーマ・スートラ』の本質が一般的に誤解されるようになったのは、ヨーロッパでの最初期の翻訳が始まりだった。当時の西洋の価値観というフィルターをかけられたうえ、以来、間違った情報にもとづく大衆文化がますます深刻な誤解を生むようになっている。

✣上……『カーマ・スートラ』は数多くの翻訳がある。エロティックな部分の剽窃も多い。このため、「セックスの指南書」だと見なされるようになったが、実際には、その内容はもっと幅広く深遠である。

能力に自信満々で、自分の幸運がラクシュミーの存在とおおいに関係があることを忘れていた。ラクシュミーが神々の世界からいなくなると、宇宙全体が途方もなく大きな影響を受けた。ラクシュミーが姿を消したのは、インドラの傲慢のせいだった。インドラが聖仙からささげられた花輪を捨ててしまったのである。

インドラは分別が足りなかった。その聖仙は非常に賢く、時には神々にすら挑むことができるほど強力だったのだ。そのような大人物が崇敬の念を示したのに、それをインドラが受け入れようとしなかったことにラクシュミーは怒り、神々の世界を出て、乳海へ行ってしまった。ラクシュミーが出て行ってしまったことは大きな損失だった。しかも、折あしくほかの強力な財宝も行方不明になっていたとあってはなおさらだ。一説によると、この時に消えた財宝のひとつが不死の飲料だったという。その不死の飲料は、ラクシュミー捜索の結果、発見されたという説もある。

ラクシュミーと財宝が消えたことによって、神々の権威は傷

✣次ページ……富と美の女神ラクシュミーを描いた絵。ここでのラクシュミーはハスの花の上に座っている。ハスの花は知識と自己実現と自覚を象徴する。

ついた。人々は供犠をきちんと行うのをやめ、それが神々をますます弱らせた。やがて、悪魔が宇宙を支配するようになり、

神々はやむをえずヴィシュヌ神にどうすればよいのか相談した。ヴィシュヌの助言は、ラクシュミーと財宝を見つけ出す必要があるというものだった。そのためには、乳海を攪拌して、すべてを見つけ出さねばならない。そんな仕事は現状の神々にはとても無理だったが、それでも神々は全力を尽くした。

一説によると、神々は1000年ものあいだ乳海を攪拌し続け、ついにラクシュミーと財宝を発見したという。そして、財宝と不死の飲料で武装したおかげで、悪魔たちを退治して宇宙の支配を取り戻すことができた。別の説では、神々が悪魔の助けを借りることにし、その代わりに乳海から得られたものを分け合おうと約束したことになっている。海の水を攪拌するのには山を利用した。蛇族の王ヴァースキを山に巻きつけ、ヴァースキの頭と尾を交互に引っ張って、山を攪拌棒代わりにして回したのだ。

海の水を攪拌するのには山を利用した。
蛇族の王ヴァースキを山に巻きつけ、
ヴァースキの頭と尾を交互に引っ張って、
山を攪拌棒代わりにして回したのだ。

神々は機転をきかせてヴァースキの頭のほうを悪魔たちに引っ張らせ、悪魔たちが引っ張るたびにヴァースキの熱い毒の息を浴びるようにした。そして、山を攪拌棒にして、回す向きを交互に変えながらきりもみするように回し、海から財宝が出現するまで海を攪拌し続けた。これには、亀に化身したヴィシュヌの助けも必要だった。ヴィシュヌは亀の甲羅で山を支え、山が海底に沈んでしまわないようにしていたのだ。この攪拌からは、財宝と一緒に恐ろしい毒も出現した。そこでシヴァ神が、毒をすべて飲み込んで宇宙を救った。シヴァの喉が青くなったのはこのためだという。悪魔たちは不死の飲料を手に入れようとしたものの、ヴィシュヌに邪魔されてしまう。ヴィシュヌはモーヒニーという名の美女に変身して悪魔たちの気をそらし、不死の飲料を普通の酒とすり替えるのに成功した。そのため悪魔たちは不死にはなれなかったが、ただひとり、ラーフだけは例外だった。

ラーフは不死の飲料をまんまと口にし、不死となったのである。ラーフは大きな害を及ぼすおそれがあったが、その時、太陽と月が気づいてヴィシュヌに知らせ、ヴィシュヌがラーフの首を切り落とした。ラーフはもう不死となっていたので、頭を切り落とされても死ななかったが、このラーフの頭と胴体からふたつのものが生み出された。ラーフとケートゥである。以来、ラーフとケートゥは太陽と月に敵対し、できるときにはいつでも太陽と月を飲み込んで日食と月食を引き起こす。

海から出現した財宝のなかでも、最大の財宝と言えそうなのが女神ラクシュミーだった。ラクシュミーは神々の世界へ戻ることにし、ヴィシュヌを夫に選んだ。今や、宇宙は以前よりはるかに良い場所だった。もう悪魔は敗れ去り、神々は不死となっていた。そしてふたたび、ラクシュミーの恩寵が神々に幸運をもたらした。

ドゥルガー

女神ドゥルガーはヒンドゥー教の伝承のいたるところにさまざまな姿で登場する。バガヴァティー、パールヴァティー、カーリーなど、ほかの名前だったり、生まれ変わりとして出てくることが多い。ドゥルガーは、神々が強大な悪を滅ぼすために放った力から生み出されたものだという説もあれば、本来的にれっきとした女神であるとする説もある。ドゥルガーは母親のように守護する女神であり、復讐心に燃えて悪を滅ぼす女神でもあり、力と強さを象徴する。

ドゥルガーの一番有名な事績は、悪魔のマヒシャースラを殺したことだ。マヒシャースラはトラブルメーカーだったうえ、シヴァの判断ミスがその問題を助長していた。こうしたテーマ――男神が引き起こした面倒な問題を解決するために、女神が必要とされる――は、ヒンドゥー神話のあちこちに見られるが、その理由は推測するほかない。この場合は、一説によると、悪魔のマヒシャースラが長い苦行を全うして、シヴァの信頼を勝ち得たのだという。

シヴァは、凶暴で破壊的な神とされながらも非常に寛大な神であるのだが、この場合は大きな判断ミスをしたようだ。マヒシャースラが、人間の男にも神々にも力で負けないようにしてほしいとシヴァに頼み、シヴァがその願いを聞き入れたのだ。そこでマヒシャースラは、100年にわたって宇宙に戦争を仕掛け、神々の砦さえ襲撃した。インドラは神々を率いてマヒシャースラに立ち向かったが、力が足らず、たちまち撃破されてしまった。

幸い、ブラフマーが神々を保護して助言を与えることができたため、神々は協力してマヒシャースラを滅ぼすことのできる力を生み出した。これがドゥルガーだった。主にブラフマーとヴィシュヌとシヴァの力から生まれたが、ほかの神々の要素も加えられた。たとえば、死の神ヤマ、神々の王インドラの力などだ。ガンジス川の女神の子供たちであるヴァス神群、火の神アグニも力を貸した。神々の力から生まれ、神々の力を振るうようになったドゥルガーは、非常に強力だったうえ、シヴァがマヒシャースラに与えた恩寵の例外でもあった。悪魔マヒシャースラは神々に対しては不死身だったが、女神に対しては不死身ではなかったのだ。

神々はドゥルガーに武器も授けた。シヴァからは三叉の戟《げき》が、ヴィシュヌからはチャクラ(円輪)が彼女に与えられ、さらに槍、剣、斧、インドラの雷電も与えられた。こうして神々の力で武装したドゥルガーは、乗り物としてライオンを与えられ出陣した。このあたりはしかるべく叙事詩風に描かれている。ドゥルガーの力は山を砕いて新しい山をつくり、大海を激しく波立たせ、その津波が陸地を覆い尽した。悪魔の軍勢はいともたやすく撃破され、ドゥルガーの戦士たちも彼女の力によって生き返った。

マヒシャースラは無敵だったものの、10本の腕に数々の強力な武器を持ったドゥルガーが相手では勝てなかった。組み伏せられ、魔法の縄を巻きつけられ、三叉の戟で貫かれ、剣で首を切り落とされた。こうして、マヒシャースラの神々への挑戦はついえたが、その後もドゥルガーは別の悪魔と戦うことになる。

一説によると、ドゥルガーは女神カーリーの出現にも関係しているという。ただし、これはパールヴァティーの事績だという説もある。悪魔の兄弟シュムバとニシュムバが神々に戦争を仕掛けてきたときのこと、カウシキーという名の女神がドゥルガー(あるいはパールヴァティー)の身体から出現し、シュムバとニシュムバに立ち向かった。カウシキーは悪魔の兄弟にこう言った。おふたりのうちどちらでも、私と戦って勝ったなら、そのかたの妻になりましょう。悪魔の兄弟はこの言葉を真に受けてまんまとだまされた。そして、カウシキーを捕らえようと家来

✣前ページ……女神ドゥルガーは神々から多くの強力な武器を与えられた。さまざまな敵に立ち向かうにはさまざまな対抗手段が必要だからだ。この場合の敵とは、まずい考え方や生き方を意味することもあるので、武器はたいてい象徴である。ドゥルガーは乗り物としてライオンも与えられた。

✣右……水牛の姿をした悪魔マヒシャースラに敗れた男神たちは、その力を組み合わせて女神ドゥルガーを生み出した。ドゥルガーは、男性の力には負けないというマヒシャースラに与えられた恩寵に影響されなかった。

たちを送り出したが、カウシキーはマントラを唱えて家来のひとりを焼き殺して灰にすると、その眉から恐ろしい女神をもうひとり生み出した。これがカーリーだった。カウシキーとカーリーは力を合わせて悪魔の兄弟や家来たちと戦った。この戦いの最中、神々の身体からも別の女神たちが現れて戦いに加わり、ついにはカウシキーに吸収されて一体化し、最大の敵を打ち負かした。

男神の力が、その男神と対をなす女神、あるいはその男神の異形として出現することがあるというのは、ヒンドゥー神話に何度も出てくるテーマだ。創造神話だけでなく戦争や挑戦の物語でも見られる。奇妙なことに、こうした時に対となる女神の一部は、その後、起源である男神や別の男神の妻となり、起源である男神を弱体化させることもなさそうなまま、独立して存在するようになる。かくしてカーリーはカウシキーから出現し、カウシキーはパールヴァティー（あるいはドゥルガー）から出現する。すべて、さかのぼれば神の力の擬人化であるシャクティ、また、本来的にれっきとした女神でもあるシャクティという概念に結びつく。

男神の力が、その男神と対をなす女神、あるいはその男神の異形として出現することがあるというのは、ヒンドゥー神話に何度も出てくるテーマだ。

カーリー

ヒンドゥー教徒ではない者からすれば、ヒンドゥーの神々で

最も有名なのは女神カーリーだろう。カーリーは破壊と怒りの女神だが、それはカーリーの属性の一部にすぎない。カーリーは、女神ドゥルガーの相のひとつであるカウシキーが悪魔の兄弟と戦っている最中、助けが必要となったときに出現した。ドゥルガーの眉から生まれたカーリーは、過剰なほどの意気込みで戦いに突進した。カーリーは怒り狂うあまり、敵も味方も見境なく殺し始めた。不要な流血を増やさずにすんだのは、シヴァ神がカーリーの足元に身を投げ出したからだった。シヴァの姿に驚いたカーリーは我に返った。このため、カーリーはシヴァの胸に足を乗せている姿で描かれることが多い。

カーリーは「黒い母」と呼ばれることもある。恐ろしいけれども子供を守る女神ということだ。カーリーの姿には「黒い」イメージのものが数多くある。たとえば、切断された手をずらり並べてぶら下げた腰帯、手にした悪魔の生首などだが、カーリーは悪に対抗するだけではない。カーリーが衣をまとっていないのは、ほとんどの人間を縛りつけている迷妄にとらわれていないことを示す。その剣は虚偽の意識を断ち切り、虚偽のつきまとう生活に人間を縛りつける幻の束縛を断つ。カーリーが恐ろしい相を持っていることは驚きではない――心の慰めとなる迷妄がはぎ取られたとき、目の前にある冷厳な現実は不愉快なものかもしれないのだ。

カーリーはシヴァの妻とされることが多い。これはパールヴァティーやシャクティとの関連と矛盾するように見えるかもしれない。しかし、これらの女神や概念のあいだにある複雑に入り組んだ関係を考えると、必ずしも矛盾とは言えない。カーリーはシヴァ自身の力の第3世代の表現であると考えてもよいだろう。

ガネーシャとカールッティケーヤ

ガネーシャとカールッティケーヤは、シヴァ神と女神パールヴァティーの息子たちである。一部の伝承によれば、ガネーシャがあのような珍しい姿になったのは、致命的な誤解の結果だったという。パールヴァティーは、自分が入浴中に見張りとして立たせるためにガネーシャを生み出したのだが、ガネー

✣前ページ……カーリーの恐ろしい畏怖相や切断された人体の各部を衣にしている姿を見て、カーリーは邪悪な女神なのではないかと思っている人が多いが、カーリーは人間の敵ではなく守護者である。というか、たぶん、そのほうが好都合だろう。

シャが見張っている最中にシヴァがやって来たので、ガネーシャは母親の言いつけを守って、近づいてくるシヴァを止めようとした。邪魔されたシヴァは激怒し、その見張りが自分の息子だとも知らずにガネーシャの首をはねてしまう。その後、パールヴァティーをなだめるため、シヴァは捨ててしまった息子の頭の代わりに、最初に出会った生き物の頭を息子の身体に取りつけようと約束した。こうして、ガネーシャはゾウの頭を与えられて生き返った。

ガネーシャという名前も、この事件に由来する。シヴァは息子に不運な断頭事件の償いをしたいと思い、シヴァの従者たち(とりまき)の指揮を息子にとらせた。要するに、ガネーシャとは、「ガナ(群、とりまき、眷属)」、つまりシヴァの友人や相談相

✣左……ガネーシャは障害を取り除き、前に向かって道を切り開くための洞察や知識を与えてくれる神としてあがめられている。ガネーシャと一緒にネズミなどの齧歯類動物がさまざまな形で描かれる。そうした生き物は、ほかの者ではなかなか入れない場所へも入り込めるからだろう。

手となる神々の「イーシャ(主、長)」ということである。一説によると、ガネーシャのゾウの頭部は、そうしたシヴァのガナのひとりからもらったのかもしれないという。ガナの骨のない四肢が、ゾウの鼻に相当するのかもしれない。ガナはシヴァの最も近くにいる仲間だから、もしそうなら、これはシヴァにささげた大きな犠牲だということになる。

ガネーシャは問題を解決してくれる神、障害を取り除いてくれる神としてあがめられている。このためガネーシャは、ネズミのような齧歯類の動物、時間をかければ何でもかじって穴を開けられる動物と結びつけて考えられている。ガネーシャは賢明で、人生のささいなことには目をつぶって導いてくれるが、欠点がないわけではない。ガネーシャの牙が1本折れているのは、月の神チャンドラに笑われて頭に血が上り、怒りにまかせて自分で折ってしまったからだった。その時のガネーシャは、宴会で飲み食いしすぎて酔っ払い、気分が悪くなっていたので、激怒のあまり自分の牙を折り取ったばかりか、その牙を月に向かって投げつけ大怪我をさせた。

カールッティケーヤはガネーシャの兄とされることもあれば、弟とされることもある。家族から距離を置いていると言われる。というのも、母親のパールヴァティーがカールッティケーヤよりもガネーシャのほうを可愛がっていたからだが、これは、北インドと南インドで崇敬のレベルが異なっていたことを反映しているのかもしれない。カールッティケーヤは、戦争での勝利や、人間として完成することと結びつけて考えられている。このためには、強欲や嫉妬や怒り、さらには性的欲望といった欠陥を制御しなければならない。世俗的な快楽も充実した人生の一部であると考える人が多いのに対し、カールッティケーヤの敬虔な信者はそれらを弱さと見なす。

カールッティケーヤにはいくつもの異名があり、6つの顔(六面)を持つことからシャダナン(「6つの頭がある」)とも、永遠の若者であることからクマーラ(「童子」)とも、生誕地にちなんでサラヴァナとも呼ばれる。サラヴァナは森の中にある湖で、カールッティケーヤは生まれるときがくるまでその場所に置かれていた。生誕前のカールッティケーヤがあまりに熱かったので、火の神アグニでさえカールッティケーヤを抱いていることができず、アグニはカールッティケーヤをガンジス川の女神ガンガーにゆだねた。このガンガーが、その子にぴったりの場所を見つけたという。やがて生まれ出たカールッティケーヤは、6人のクリッティカー(プレアデス星団、すばる)に育てられ、このことから通称カールッティケーヤと呼ばれるようになった。一説には、カールッティケーヤはもともと6人の赤ん坊だったが、パールヴァティーが6人を合体させたとも言われている。

ブラフマー

ブラフマー神はトリムールティ(三神一体)の3柱の神――ブラフマー神、ヴィシュヌ神、シヴァ神――のひとりである。この神々は属性や事績も物語も複雑に交錯しているが、3柱とも独立した存在だ。ブラフマー以外のトリムールティの神――ヴィシュヌとシヴァ――がさまざまな集団から至高神と考えられているのに対し、ブラフマーはそれほどあがめられてはいない。ブラフマーの仕事、つまり宇宙の創造という仕事はすでに終わっている。

ブラフマー神はトリムールティ(三神一体)の三柱の神――ブラフマー神、ヴィシュヌ神、シヴァ神――のひとりである。この神々は属性や事績も物語も複雑に交錯しているが、三柱とも独立した存在だ。

ブラフマーをブラフマン(梵)と混同してはならない。ブラフマンは「宇宙の根本原理」で、ブラフマーは認識できる宇宙の内部にいる1柱の神である。ブラフマーは一般に創造神と見なされており、創造神としてのブラフマーはプラジャーパティと呼ばれる。一部の文献によると、ブラフマーは宇宙卵から出現し、自分の身体から宇宙をつくり始めたという。

少なくとも一部の伝承によれば、この創造のすべてが意図されたものとは言えないようだ。ブラフマーが悪魔を生み出したのが予定外だったのか、あるいは悪魔がブラフマーから逃げようとしていたのか、悪魔は隙をついた。いずれにしても、悪魔がブラフマーの太腿から出現し、ブラフマーは一時的に自分の身体を捨て、夜となったという。このため、悪魔は夜に力を増した。一方、神々は昼間に力が強くなった。ブラフマーは神々を生み出すと、その身体が昼になり、ブラフマーはふたたび身体を離れた。これを繰り返すことで、ブラフマーの身体は夕暮れと夜明けになった。

宇宙を創造し、その宇宙に神々と悪魔を住まわせてから、ブラフマーは人間と動物を創造した。ブラフマーの生み出した人間のうちで最も偉大だったのが、ブラフマーの「意から生まれた子供たち」で、この偉大なリシ（聖仙）7人（七聖仙）が創造の仕事を手助けした。そして、地上に植物と動物が出現したので、人間は食べ物を得られるようになったが、神々の食べるものは何もなかった。この問題は、犠牲獣を神々にささげることで解決した。神々は人間がささげた供物を食べるようになり、神々と人間が互いに依存し合う関係ができた。

ブラフマーと女神の関係は多くの神話で語られている。一説によれば、シャクティが万物の創造主で、ブラフマーもヴィシュヌもシヴァもシャクティがつくり出したという。ブラフマーは自分の創造主（つまりは自分の母親）の夫になりたいと思うようになり、この無謀さのせいで焼かれてしまう。シヴァが思いがけずシャクティを倒してしまった後で生き返ったブラフマーは、シャクティの灰の一部を受け取り、その灰から妻をつくった。

ブラフマーは女性関係が概して下手だ。たとえば、美しい女神シャタルーパーをつくり出したものの、そのシャタルーパーに夢中になってしまう。ブラフマーはシャタルーパーを娘としてつくり出したので、シャタルーパーに情欲を抱くのはまずいのだが、ブラフマーはシャタルーパーを見つめずにはいられなかった。シャタルーパーが目の届かないところへ行くと、ブラフマーは頭をもうひとつ出して、彼女を見失わないようにした。空高く跳び上がることまでしたが、これはうまくいかなかった――ブラフマーのもうひとつの頭は上のほうばかり見ていたからだ。この状況は、シヴァ神がいつもの流儀で解決した。シヴァはブラフマーの頭をひとつ切り取ると、今後ブラフマーはこの罪の罰としてあまり崇敬されなくなるだろう、と断言したのだ。以来、ブラフマーがあまり活動しなくなったのは、ブラフマーが苦行に専念していたからかもしれない。残りの口すべてを使って、ヴェーダの文言を絶え間なく唱え続けているという。

この神話の異説によると、ブラフマーが生み出した女神はサラスヴァティー（別の物語ではシヴァ神と女神ドゥルガーの娘だとされている）だったが、最後は同じ結末となる。また、サラスヴァ

✣次ページ……カールッティケーヤの誕生物語の異説によれば、彼の両親はシヴァとパールヴァティーである。シヴァの眼から放たれた六つの火花を受け取ったアグニは、その熱にたちまち耐えられなくなって、結局、火花を湖の中に置いた。パールヴァティーが生まれたばかりの子供たちを抱きしめると、その子たちは合体して六つの頭を持つ一体の神になった。

この状況は、シヴァ神がいつもの流儀で解決した。
シヴァはブラフマーの頭をひとつ切り取ると、
今後ブラフマーはこの罪の罰として
あまり崇敬されなくなるだろう、と断言したのだ。

クリッティカーとカールッティケーヤの誕生

　一説によれば、カールッティケーヤは火の神アグニと妻のスヴァーハーの子供である。この物語は、プレアデス星団(すばる)が存在するようになった経緯を説いてもいる。大熊座の北斗七星は七聖仙を表すが、ヒンドゥー教の伝説によると、かつては七聖仙の妻たちもそこにいたという。ところが、その好色が災難を招くことで悪名高いアグニが、聖仙たちの妻に情欲を抱いた。ただし、この時はどうやら正しいことをしようとしたらしい。アグニはスヴァーハーに心を乱されてしまう。当時のスヴァーハーは下級神あるいは半神だった。

　スヴァーハーは七聖仙の妻七人のうちの六人の姿に化け、アグニを誘惑して射止めた。火の神がようやく正体を見破ったのは、スヴァーハーがアルンダティーに化けたときだった。アグニは、アルンダティーがこのように夫を裏切ることは絶対にないとわかっていた。結局、アグニはスヴァーハーと恋に落ち、彼女がこんなトリックを使ったことに感謝した。彼女のおかげで、神聖な結婚の契りを傷つ

けるという罪を犯すことなく、クリッティカーに対する情欲にふけることができたからである。

　スヴァーハーはアグニの妻となり、れっきとした女神になった。スヴァーハーも犠牲獣を焼く祭祀で重要な役割を果たす。供犠で妻が崇拝されなければ、いかなる犠牲も受け取らない、とアグニが宣言したからだ。しかし、聖仙たちとその妻たちにとっては、この一件はあまり良い結末とはならなかった。スヴァーハーは妊娠しないようにしようと、アグニの精液を洞窟に隠していたのだが、その洞窟自体が身ごもって子供を産んだのだ。

　当然ながら、その子供のうわさが広まり、そのせいで聖仙たちと妻たちは仲が悪くなった。そして、妻たちのうち六人が夫のもとを去ってクリッティカーという六つの星になった。これがプレアデス星団と呼ばれているものである。ただし、アルンダティーだけは夫のもとにとどまり、大熊座のアルコルという星になった。

ティー自身がブラフマーに呪いをかけ、ブラフマーが崇敬されないようにした、という異説もある。ブラフマーがあまりあがめられなくなった理由はほかにも色々な伝承がある。一説には、ブラフマルシ（梵仙）のブリグという聖仙に呪いをかけられたという。聖仙ブリグは、自分の催す供犠を偉大な神々につかさどってもらいたいと考えたが、ブラフマーはサラスヴァティーの奏でる音楽に聞き入るばかりで、ブリグに気づかなかったので、人間から無視されるようブリグに呪いをかけられてしまったのだ。また、ヴィシュヌ神がブラフマーに呪いをかけたとする話もある。ヴィシュヌとブラフマーが競い合っていたとき、ブラフマーが自分のために嘘をつくよう花に頼んで、不正を働いたからだった。

またブラフマーは、人間が神々に挑まないようにしておくために、女性を利用したとも言われている。この物語は、他地域の神話にも似たような話がある――たとえばギリシア神話では、人間が実権を握れるほど長生きするのを確実にはばむため、ゼウスが医学の父アスクレピオスを殺害する。ブラフマーの場合は、男たちの気を散らすために、男たちの情欲をそそる力を女性に与え、ささいなことで怒りが爆発してしまうような欲望を引き起こした。またブラフマーは、「死」を女性の姿でつくり、人間を殺害するよう「死」に命じる。「死」はためらいを覚え、ブラフマーの翻意を促そうと途方もなくあれこれ手を尽くした――数え切れないほどの年月、沈黙したまま山の頂上でバランスを取ったり、大海に立ち続けたりした――が、ブラフマーは頑として考えを変えようとはしなかった。取り乱した「死」は、命じられた仕事に取りかかるほかなく、彼女の涙が病気となって人間を襲った。

ブラフマーの最初の妻は、シャタルーパーともサラスヴァティーとも言われ、ほかにもさまざまな名前で呼ばれているが、ブラフマーはガーヤトリーという別の女神とも結婚している。ガーヤトリーと結婚したのは、完全に執り行うには男

断頭の異説

ブラフマー神とヴィシュヌ神が、ふたりのうちどちらが最も偉大かをめぐって口論したという物語もある。これは結局、シヴァ神がふたりよりも偉大だということになった。ブラフマーがシヴァの悪口を言い、シヴァは第三の眼から炎を放ってブラフマーの頭のひとつを焼き払った。こうした騒動の結果、ブラフマーは四つの頭を持つようになり、四つのヴェーダ文献と一致することになった。

女のカップルが必要となる供犠にブラフマーがかかわったためだった。この祭祀に出席するはずの妻が遅れていたので、ブラフマーは誰でもよいから代理になれる女性を連れてきてほしいと頼み、この場でその女性と結婚しようと言った。それがガーヤトリーだった。ガーヤトリーは身分がとても低かったが、神々によって清められた。ただし、ブラフマーの最初の妻はこの一件に激怒してブラフマーに呪いをかけた。これもまた、ブラフマーがあまり崇敬されなくなった理由のひとつとされている。

✣上……地上界の出来事でも、ブラフマーは妻のサラスヴァティーよりも受動的な役割しか果たさない。サラスヴァティーは川となって地上に降り立ち、世界を救った。神話に登場するブラフマーは、たいていの場合、距離を置いてはいるが助けになる賢明な神で、知恵と助言を与えてくれる。

ブラフマーは概して受動的な神だが、数多くの神話に登場する。たいていは助言や知恵を与える者とされる。ヴィシュヌ神とシヴァ神は、ある状況に行動で対処するのが通常だ。たとえば、乳海を攪拌しているあいだ亀に化身して山を支えたり、不埒な神の頭を切り落として火の中に投げ込んだりしている。一方ブラフマーは、問題の解決策について助言を求められることが多い。ブラフマーの知恵が、神々やそのほかの者たちを導き、多くの困難な状況を切り抜けさせる。ブラフマーが和解を促したことも何度かある。

こうした受動性に加え、ブラフマーは武器を持たない姿で描かれるという点でも珍しい神だ。ヒンドゥーの神々は非常に多くが武器を手にした姿で描かれているため、流血を好む集団のように思われがちだが、その武器はたいてい心の中の葛藤を表すシンボルである。輪縄や剣を手にした神は、いつでも暴力を行使する用意があるということではなく、心を乱す世俗的な考えや混乱を取り除くことを象徴している。ブラフマーが武器を持たないのは例外的なことだと言えるが、その代わりに聖典やハスの花など、武器以外の物を持っている姿で描かれることが多い。

一部の宗派では、ブラフマーを魂、ヴィシュヌを肉体と考え、両者が一体となっているとされているが、ブラフマーの知恵も行動さえもほとんどがヴィシュヌに起因すると見なす宗派もある。そうした一部宗派では、ブラフマーは目立たないか、あるいはブラフマーとヴィシュヌのチームの一部になっており、ヴィシュヌのほうが積極的に行動するパートナーである。

ヴィシュヌ

ヒンドゥー教の最大宗派であるヴィシュヌ派の信者は、ヴィシュヌ神こそヒンドゥーの神々の最高神だと考える。一部の伝承によれば、ヴィシュヌがブラフマーを創造したのであり、ブラフマーはヴィシュヌのへそから生えたハスの花から出現したのだという。ほかの神々にまつわる別の神話でも、その中心にいるのはヴィシュヌである。ヴィシュヌの10種の化身もそれぞれ独自の物語を持つ。

ブラフマーが世界の創造主、シヴァが世界の破壊者なら、ヴィシュヌは世界の維持者である。ヴィシュヌの役目は、宇宙が衰退するのをできる限り遅くすることだ。宇宙が耐えがたく

✣下……諸説あるが、ヴァラーハ（ヴィシュヌ神の化身）は世界を牙か両腿の上に乗せてバランスを取りながら、悪魔のヒラニヤークシャと一〇〇〇年にわたって戦ったという。この戦いの最中に女神ブーミが身ごもった。

【三位一体】

ブラフマー神とヴィシュヌ神とシヴァ神のトリムールティ（三神一体）は、キリスト教の三位一体（トリニティ）とつい混同したくもなる。しかし、似たところがいくらかあるとはいえ、そうした比較は、ひどく単純化しすぎた皮相的な見方にすぎない。ブラフマーとヴィシュヌとシヴァはそれぞれ別個に存在する神であり、唯一の神が三つの位格（つまり姿）を持つというキリスト教の概念とはまったく異なる。トリムールティは三つの部分を持った唯一神というよりも、複雑な関係を持つうえ多少の互換性がある属性・事績もそなえた三柱の神が形成している。

ヒンドゥー教のトリムールティは比較的後世になってから生まれた概念で、紀元後四〇〇年から五〇〇年頃に成立したらしいが、それ以前の文献にも似たような組み合わせに言及したところがある。それぞれシヴァとヴィシュヌとシャクティを崇拝していた別々の宗派を融和させようという試みだったのかもしれない。そうであれば、キリスト教のトリニティが果たす役割と同じ役割を果たしているのではないことは確かである。

救いがたくなるまでの時間をできるだけ稼ぎ、限界が来たら、その時点で、もっとましな世界を新たに創造することができるよう古い世界を破壊しなければならない。そのためヴィシュヌの神話の多くは、人間——あるいは宇宙そのもの——を危険から守ろうとすることをめぐって展開する。そうした物語のひとつに、ヒラニヤークシャという名のアスラが出てくる話がある。ヒラニヤークシャは例によってブラフマーをだまして願いをかなえてもらい、非常に強力になった。ヒラニヤークシャと兄弟のヒラニヤカシプは生まれながら邪悪だった。この兄弟の母親は大地の女神ディティで、アスラ族の母だったが、この兄弟は夕暮れに胎内にやどったので、特に邪悪になった。ディティが夫である聖仙カシュヤパにそっけないのは有名な話だったが、ディティはあまりに情欲がつのったので、不吉な時間に性交してはいけないという夫の警告を気に留めることができなかった。

ヒラニヤークシャは自分こそが宇宙で一番強力な存在だと考えていたが、宇宙で一番強力なのはヴィシュヌだと言われたことから、ヴィシュヌと戦おうと決意した。ヴィシュヌはあらゆるもののなかに存在し、いたるところに遍在し、特定の場所にいるわけではなかったが、ヒラニヤークシャはヴィシュヌの居場所を突き止めるだけの知恵がなかったので、野心的な計画を新たにたくらんだ——世界を盗んで海の下に隠してしまおうというものだった。このたくらみのせいで、人間は神々に犠牲をささげることができなくなり、神々は食べ物に事欠くようになった。そこで、ヴィシュヌがこの状況の解決に乗り出した。ヴィシュヌは、ヒラニヤークシャとヒラニヤカシプが自分の門番の生まれ変わりだとわかっていた。かつてこの門番たちは、ヴィシュヌに会いに来たふたりの聖仙を門前払いしたことがあった。そのため、この門番たちは人間に生まれ変わるよう呪われたのだが、ヴィシュヌがその呪いを和らげ、ふたりともアスラに生まれ変わり、神々に殺されて短命に終わるようにしてやっていた。高潔な人間として何度も生まれ変わるか、それとも邪悪なアスラとして数回生まれ変わるかを選ぶチャンスを与えられたのに、ふたりが選んだのは、できるだけさっさとけりをつけることだったのだ。

ヴィシュヌはヴァラーハという名の巨大な猪に化身し、海中に飛び込むと、大地の女神ブーミの姿をした世界を救い出した。ブーミはヴィシュヌの妻ラクシュミーの相のひとつであり、以後ラクシュミーは、ヴァラーハの姿をしたヴィシュヌと結びつけられることになる。一方、この救出劇のおかげでヒラニヤークシャはヴィシュヌを見つけ出し、念願の戦いを挑むことができるようになった。そこでヴィシュヌは、抱き上げた女神を落とさないよう注意しながら——女神を猪の鼻の上に乗せていたという文献もあれば、両腿に乗せていたとする文献もある——1000年ものあいだアスラと戦った。結局、ヒラニヤークシャは敗れ、この戦いの最中にブーミが身ごもった。生まれた子供はナラカというアスラで、アスラのナラカは後にヴィシュヌのアヴァターラ(化身)のひとつによって殺される運命にあった。

ヒラニヤークシャがヴィシュヌの化身である猪に殺された後、ヴィシュヌの別の化身が兄弟のヒラニヤカシプを殺した。ヒラニヤカシプもブラフマーを懐柔して大きな力を得ていた。ヒラニヤカシプがどのような恩寵を受けたのか、詳細は文献によってさまざまだが、どの文献でも、ヒラニヤカシプはたいていどのような武器にも状況にも不死身だったとされている。しかし、ヒラニヤカシプの息子のひとりがヴィシュヌの敬虔な信者となったので、ヒラニヤカシプは息子を殺そうとした。また、ヒラニヤカシプは非常に強大な力を得たので、自分を神としてあがめるよう人間に要求し、ヴィシュヌの遍在を身をもって示せとヴィシュヌに挑んだ。ヴィシュヌはそれをまざまざと見せつけた。ナラシンハという名の人獅子に化身して姿を現し、ヒラニヤカシプをばらばらに引き裂いたのだ。

後世の伝承では、ヴィシュヌの主なアヴァターラとその冒険の物語が多くを占める。人間の出来事に直接関与することもあれば、影響を及ぼすこともある。ヴィシュヌについて書かれた文書が大量にあることから、ヴィシュヌはヒンドゥー教徒ではない者には最も有名なヒンドゥーの神々のひとりとなった。一般的に、ヴィシュヌはチャクラ(円輪)を手にした姿で描かれる。チャクラは太陽や時間の経過と関連していることを示す。

シヴァ

シヴァ神は、ヒンドゥー教をあまり知らない人からはひどく誤解されている。破壊者であり、どう見ても悪者だと思われている。だが実際のところは、そうした見方よりもはるかに複雑だ。シヴァはたびたび怒り狂うが、寛大な神でもある。シヴァが世界を破壊するのは神聖なる義務であり、親切な行為だと取ることもできる。宇宙が生類にとって完全に不快な場所へと堕落してしまったとき、シヴァがその宇宙を破壊して、より良い世界が新しく出現するための道を開く。この時のシヴァは、生命を破壊する残忍な敵というよりも、再生を促す者である。

シヴァは非常に敬虔で、瞑想と禁欲によって精神力つまりタパス(熱力)を積む。またシヴァは、ほかの神々から見ればちょっとした道徳の保護者でもある。自堕落な行為を許さず、時には不道徳な者たちを罰する。同時に、シヴァは妻にとっては——悲劇的なシャクティやその生まれ変わりであるパールヴァティーにとっては——献身的な良い夫だ。

シヴァも数多くの物語に登場する。主役となることもあれば、ほかの者の行動を解決したり、その結果として現れたりすることもある。バギーラタ王が女神ガンガー(ガンジス川)を地上へ降下させるようブラフマー神に頼んだときも、シヴァの偉大な力がガンガーの降下をコントロールする。バギーラタ王は自分の祖先の罪をガンガーに浄化してもらいたいと思っていた。そし

てシヴァが、降下してくるガンガーを髪にからませて受け止め、ガンガーの水が地上の全土を水浸しにしてしまわないようにした。その結果、聖なるガンジス川が形成されたという。

別の物語では、ブラフマー神とヴィシュヌ神が、ふたりのうちどちらが最も偉大かをめぐって口論していたところ、そこにシヴァが現れる。シヴァはリンガ(男根像)の姿をとっており、実は私のほうが偉大だ、とふたりに告げたという。この物語の異説では、シヴァはブラフマーの無礼な態度を罰している。リンガについては宗派によって考え方がさまざまで、男根崇拝のシンボルだとすることが多いが、別の意味があると信じ、宇宙卵を象徴しているのではないかと考える人々もいる。

シヴァは数多くの姿形をとる。『シヴァ・プラーナ』によれば、64の姿形(ムールティ、相)があるという。その多くは、描かれ方でシヴァだとわかる。スカーサナ・ムールティ(安楽座相)とユーマサ・ムールティではシヴァは妻を伴っており、リンガ・ムールティのシヴァは形を持たないシヴァである。こうしたムールティはそれぞれ、シヴァの物語に出てくる出来事と関係し、シヴァの信者にはたいてい好みのムールティがある。

シヴァ派はシヴァを至高神だと考えるが、シヴァ派のなかにもさまざまな宗派が存在する。リンガーヤットと呼ばれる信者たちは、シヴァを唯一神として崇拝しており、ヒンドゥー教とは別の宗教だと見てもらいたいと主張している。ほかのシヴァ派は、シヴァ以外の神々の存在も認めているが、禁欲主義や形而上学などのようなシヴァのさまざまな側面のほうを好む。また、シヴァの神話は地域によってさまざまな異説もあり、そうした地域性が各地の信仰

✣前ページ……シヴァ神はどちらかというと苦行者であろうとし、世俗的な事柄にかかわるよりも瞑想にふけるほうを好んだが、この絵のシヴァは英雄的な神の姿で中央に立っており、ブラフマーが背景で礼拝している。

【シヴァのガナ】

シヴァのとりまきであるガナは、さまざまな文献に出てくるが、不格好で、しかも頭がおかしくなったような姿で描かれる。骨のない手足が身体の間違った部分から出ていたりする。ガナは耳障りなガヤガヤいう声でシヴァと話したり、ガナ同士で会話したりするので、ほかの者には何を言っているのか理解できない。ガナの役目のひとつは、シヴァにふさわしくない者を近づけないということである。身体的な暴力に訴える必要はない――ガナのぞっとさせるような騒音と外見のおかげで、ほとんどの者はおじけづいて近づくのを思いとどまる。そうした基本的な感情を超越した境地に達するまで克己した者だけがシヴァに近づける。そのためシヴァがガナに守られているときは、知恵と勇気と洞察力をそなえた者だけがシヴァに近づくことができるのである。

✣上……シヴァのガナは、つねにシヴァをとりまく友人たちである。外見は実にさまざまで、犬やロバの顔をしている者もいれば、頭蓋骨を手にしている者もいる。こうした姿や、ガナの発する恐ろしい騒音に阻まれ、きわめて意志の固い者でなければシヴァに近づけない。

に影響を与えている。

シヴァの第3の眼もさまざまな物語に出てくる。これは物質的世界を超越して見ることができる能力を表す。こうした概念は他地域の神話にも見られるが、シヴァの場合には、第3の眼は破壊の道具ともなる。カーマ神は、シヴァの第3の眼から放たれた炎によって焼かれ灰になった。シヴァがパールヴァティーに恋するようにするため、カーマ神と女神ラティがシヴァの瞑想を邪魔したからである。この物語は、パールヴァティーが第3の眼の出現をもたらしたという物語とは矛盾する。パールヴァティーが夫の目を両手でふさいだという物語だ。彼女の行為は、宇宙が暗闇に包まれるという思いもよらない結果をもたらしたが、そこでシヴァの第3の眼が現れ、宇宙に光が戻ったのだという。

シヴァを人格神として描く場合には、たいてい4本の腕を持つ苦行者として表される。灰で汚れ、のどが青い。5つの顔を持ち、そのひとつひとつが創造と維持と破壊の循環におけるシヴァの主要な責務のひとつひとつに関連する。またシヴァは、ナタラージャ(「踊り手の王」の意)、つまり舞踏の創始者として表現されることも多い。シヴァと舞踏の関係が重要となるのが、シャクティが宇宙で最初の存在として出現し、夫を求めたという物語だ。それによると、ブラフマーとヴィシュヌもつくり出されたものの、ふたりは母親の夫となることを拒んだので、ふたりともシャクティの力によって焼かれて灰になってしまう。シヴァはしぶしぶシャクティとの結婚を承諾したが、シヴァがシャクティに聖なる踊りを教えている最中に、シャクティは間違いを犯す。自分の力が大きすぎ、シャクティはうっかり自分自身を破滅させてしまうのだ。そこでシヴァは、シャクティの力を利用して兄弟たちをよみがえらせることができたという。

人間の姿をしたシヴァは、短いトリシューラ(三叉の戟)を持っている姿で描かれることが多い。そのトリシューラにはたいてい砂時計型の胴を持つ太鼓が取りつけられている。また、ほら貝や弓、ルドラークシャ(菩提樹の実)でできた数珠を持っていることもある。ルドラークシャは祈禱用の数珠玉としてよく使われるようになっており、シヴァ以外のヒンドゥー教の神々とも関係がある。シヴァはリンガの姿で表されることも多いが、これはシヴァの無形の相を表している。

【第3章】

二大叙事詩——❶ ラーマーヤナ

叙事詩『ラーマーヤナ』は、言い伝えによれば聖仙ヴァールミーキが作者で、紀元前500年から100年頃に成立したとされるが、それよりもかなり以前から伝わっていたと思われる内容も含まれている。『ラーマーヤナ』の主人公はヴィシュヌ神の化身であるラーマ王子である。魔王ラーヴァナから妻を救い出そうとするラーマの戦いを中心に物語が展開する。

『ラーマーヤナ』は、原典が2万4000詩節からなる叙事詩だ。これまでに数多くの翻案作品が上演されたり、別の物語のベースになったりしている。そもそもは人間の英雄についての伝承が起源とされ、それが最終的に、ヴィシュヌ神の化身をめぐる叙事詩に発展した。悪役のほうも同様で、当初は人間の王だったが、『ラーマーヤナ』では神々に戦いを挑むことができる悪魔的な存在となる。

✣前ページ……『ラーマーヤナ』の主要登場人物。
ラーマ王子、弟ラクシュマナ、ラーマの妻シーター、英雄ハヌマーン。
ハヌマーンの霊上の父親は風神ヴァーユなので、
ハヌマーンは信じられないような能力をそなえている。

ラーマ王子の一族

コーサラ国は北インドにある大国で、ダシャラタ王が統治していた。『ラーマーヤナ』によると、ダシャラタ王はアジャ王とインドゥマティの息子だが、インドゥマティは「アプサラス」(水の精霊)の生まれ変わりだった。インドゥマティは人間に生まれ変わるよう聖仙トリナビンドゥに呪いをかけられたが、王女となって、その身分にふさわしい夫へ嫁ぐことは許されていた。

アジャ王とインドゥマティは幸せな夫婦生活を送り、ネーミという名の息子が生まれた。インドゥマティが亡くなると、アジャ王は公務から引退し、やがて死去した。そしてネーミが父親の跡を継いだ。彼は魔法の戦車を持っていたので「ダシャラタ」と呼ばれるようになっていた。戦車を駆ることは、彼の血筋の特徴だった。彼らの王家は、ラグという名の先祖にちなんで名づけられており、ラグが戦車を駆って成し遂げた偉業は伝説となっていた。もちろん、ダシャラタ王も戦車を駆る腕が並外れており、戦車での戦いは連戦連勝と言ってよかった。しかし、ダシャラタ王は無敵ではなかった。

✣下……『ラーマーヤナ』は聖仙ヴァールミーキが作者だとされている。もともとはヴァールミーキがラーマ王子の息子であるラヴァとクシャに教えた話だという。この図は、ヴァールミーキが『ラーマーヤナ』を朗唱して弟子のバラドゥヴァージャに聞かせているところ。

偉大な戦士だったダシャラタ王は、神々とアスラの戦いでは当然ながら神々の軍に味方した。ダシャラタ王の妻であるカイケーイー妃も王の供をしていた。このことは、当時は幸運をもたらしてくれたが、後に大きな不幸を招く。カイケーイーはカイケーヤの王アシュワパトの娘で、7人の兄弟と一緒に剛健な気風の王室で育てられた。この並外れた女性はダシャラタ王の戦いに同行し、王が矢傷を負うと、王の戦車を駆って王を救出した。

しかも、ダシャラタ王の戦車の車輪が壊れ、王が死の危険に直面したが、カイケーイー妃は戦いのさなかに車輪を修理し、夫を安全なところまで連れ出した。感謝したダシャラタ王はカイケーイーに、望みをふたつ、かなえてやろうと言った。だがこの時のカイケーイーは、王がご無事なだけでありがたく思っています、と答え、後ほどお願いすることにしましょう、と言っただけだった。

ダシャラタ王には妻が3人いた。カウサリヤー妃とスミトラー妃とカイケーイー妃である。ところが、なかなか男子の世継ぎをもうけることができずにいた。そこで王は、聖仙リシュヤシュリンガの助言にしたがってプトラカメシュティ・ヤジュニャ(子供を授かるよう祈る供犠)を執り行い、やがて妻たちは身ごもった。第一王妃のカウサリヤーはラーマ王子を産み、スミトラー妃はラクシュマナとシャトルグナという息子ふたりを産んだ。そしてカイケーイー妃は息子バラタを産んだ。ダシャラタ王の世継ぎとなるのはもちろんラーマ王子だった。やがて、ついにダシャラタ王が公務から引退するときが来ると、ラーマの王位継承の準備が始まった。

ところで若き日、ダシャラタ王は狩りの途中で恐ろしい間違いを犯していた。王は名だたる弓の名手で、獲物の音を聞いただけで正確に射止めることができた。その時も、姿は見えなかったものの、耳にした音はゾウが水を飲んでいる音だと確信していた。そして、王の放った矢は見事命中したが、王の感覚は外れた。王の矢はシラワン・クマールという青年を射ていたのだ。その青年は近くに住む両親のために水を汲みに来ていたところだった。

いまわの際、シラワン・クマールはダシャラタ王にこう頼ん

✣上……ラーマ王子の結婚式へ向かうダシャラタ王とお供の人々。ダシャラタ王は高潔な人物だったが、そのことが破滅をもたらした。息子を追放せざるをえなかったことを嘆き、悲しみのあまり息絶えた。

だ。両親が水を待っています。そこで王は、ひどく取り乱しながらも水を満たした壺を青年の両親のもとへ届けた。青年の両親は、王が私たちに大きな損失を与えたのだから、王も子供を失うように、と王を呪った。そして、わが子を殺した男から水をもらったことを嘆き、悲しみと恥ずかしさのあまり絶命した。

その呪いが、今やラーマの即位の直前に現実となった。カイケーイー妃が例のふたつの望みをかなえてくれるよう求めてきたのだ。ひとつめは、ラーマの代わりに息子バラタ王子を王位につけること、ふたつめは、ラーマを14年間追放することだった。ダシャラタ王は承知するほかなく、ラーマを追放すると、悲しみのあまり息絶えた。そしてバラタが都城アヨーディヤーの王となった。

ランカーの魔王ラーヴァナ

『ラーマーヤナ』では、ラーヴァナはラーマ王子の敵となる。

この物語の時代には、ラーヴァナは10の頭と20の腕を持つ悪魔で、しかも姿を自在に変えることができた。ただし、これがラーヴァナの唯一の姿というわけではない。ラーヴァナはヴィシュヌ神の門番だったジャヤの生まれ変わりで、兄弟ヴィジャ

ヤと一緒にアスラとして生まれ変わるよう呪われていた。

ジャヤとヴィジャヤは、聖仙の一団がヴィシュヌの住まいを訪ねたとき、門前払いをしたせいで呪いをかけられたのだ。立派な人間として7回生まれ変わるか、それとも、ヴィシュヌに殺される運命にある邪悪なアスラとなって3回生まれ変わるか、どちらかを選ぶよう言われたふたりは、呪いが早く解けるようにと後者を選んだ。ヴィジャヤは生まれ変わってクンバカルナとなり、ジャヤはクンバカルナの兄ラーヴァナとなった。

この生まれ変わりでは、ラーヴァナの父親は聖仙ヴィシュラヴァスだった。ヴィシュラヴァスは別の聖仙の娘イラヴィラーと結婚し、息子クーベラをもうけていた。クーベラは富と繁栄をつかさどり、ランカー島――現在のスリランカ――を統治していた。一方、アスラのスマーリンはヴィシュラヴァスの強大な力をねたみ、娘カイカシーがヴィシュラヴァスと偶然出会って誘惑するようたくらんだ。そして、ヴィシュラヴァスとカイカシーのあいだにも4人の子供が生まれた。これがラーヴァナ、ヴィビーシャナ、クンバカルナ、シュールパナカーで、4人ともアスラだった。ヴィシュラヴァスはラーヴァナが異母兄のクーベラに無礼な態度をとることに感心せず、アスラ族の子供たちとも母親のカイカシーとも縁を切り、イラヴィラーのもとへ戻った。

ラーヴァナはブラフマー神の機嫌をとり、神々の武器で攻撃されても死なずにすむようにしてもらい、強大な力を獲得した。ただし、傷ひとつ負わないということではなかったようだ。ラーヴァナは神々との戦いで負った多くの傷痕がある姿で描かれることが多い。しかし、神の手で殺すことはできなかったにしても、ラーヴァナは人間からも守ってもらえるよう頼むのを忘れていた。これが彼の命取りとなる。

ラーヴァナは異母兄クーベラをねたみ、ついにはクーベラをランカーから追い出し、クーベラの空飛ぶ魔法の戦車を奪い取った。そしてマンドーダリーと結婚した。マンドーダリーの前世は、シヴァ神を誘惑しようとしたマドゥラーというアプサラス(水の精霊)だった。マドゥラーはシヴァのために踊らせてもらいたいとシヴァを口説き、シヴァの心をつかもうとしかけたところで、シヴァの妻パールヴァティーに邪魔された。パー

ラーヴァナはヴィシュヌ神の門番だったジャヤの生まれ変わりで、兄弟ヴィジャヤと一緒にアスラとして生まれ変わるよう呪われていた。

✣前ページ……ラーマ王子は快く追放を受け入れ、愛する人たちまでもが過酷な追放生活を送ることにならないようにしようと気づかった。それでも彼らはラーマと行動を共にした。ほかにも同じようにしようとした人々が大勢いた。このラーマの別離の場面の図では、ラーマがいかに人望を集めていたかがよくわかる。

✣左……ラーヴァナは途方もなく強力なアスラで、神々の武器では死なないという願いをかなえられていた。シヴァ神に深く帰依し、ひどい悪党とは言えないが、シーターに対する欲望が彼の一族郎党の没落をもたらした。

ルヴァティーがマドゥラーをたちまちカエルに変えてしまったからだ。これはやりすぎだ、とシヴァは妻をたしなめ、マドゥラーには12年間カエルの姿で過ごしてから人間に戻るという罪滅ぼしをさせよう、と妻を説得した。

パールヴァティーは納得し、マドゥラーは井戸のなかに置かれた。そこなら安全だからだ。シヴァはさらにマドゥラーに恩寵を与え、こう告げた。いつかマドゥラーは、シヴァに深く帰依する力強く勇敢な夫を見つけるだろう。これは珍しいことではなかった。多くの場合、呪いはこうして和らげられた。おそらく、過去の行為に対する罪滅ぼしによって、より良い人生が得られるということの比喩だろう。結果はどうあれ、マドゥラーは12年後に人間の姿に戻ったが、前世のことなど何も知らない幼児だった。彼女は人間の夫婦に井戸から救い出された。その夫婦が彼女をマンドーダリーと名づけて育てた。

マンドーダリーが年頃になったころ、彼女の養父マヤのところにラーヴァナがやって来て、奪った領地に新しい都市を建設してほしいと依頼した。それればかりか、高潔で美しいマンドーダリーに心奪われ、結婚を申し込んだ。こうして、シヴァの約束が実現した。ラーヴァナはシヴァに深く帰依していたうえ、強力な大王だったからだ。

マンドーダリーは事あるごとに、邪悪なふるまいを慎むようラーヴァナに忠告したが、ラーヴァナは妻の忠告を聞き入れなかった。それでもマンドーダリーは、貞淑で献身的な妻であり続けた。ラーヴァナがヴェーダヴァティーという高潔な女性を誘惑しようとしたときでさえそうだった。ヴェーダヴァティーは瞑想をしている最中にラーヴァナと出会ったが、ラーヴァナが言い寄ってくるのを拒んだ。ラーヴァナがそれでもしつこく口説き続けると、ヴェーダヴァティーはラーヴァナを呪い、みずから供犠の火に身を投げた。こうしてヴェーダヴァティーは命を絶ったが、やがてシーターとして生まれ変わり、ラーマ王子と結婚することになる。ヴェーダヴァティーの呪いは、生まれ変わった次の人生では、自分がラーヴァナの死をもたらすことになるというものだった。その後、この呪いは実現する。

シーター

ラーマの妻シーターの出自については、大きな議論の的になっている。シーターは実はラーヴァナとマンドーダリーの娘だと考える人も多い。ラーヴァナが受けた警告に、ラーヴァナの子供がいつかラーヴァナの破滅をもたらすので、その子を今すぐ始末すべきだ、というものがあったからだ。しかし、シーターは女神ブーミに助けられ、結局、ミティラーのジャナカ王が大地を鋤で掘り起こしているときに、畝の溝から発見された。ジャナカ王には実子がいなかったのでシーターを娘として育てた。

ジャナカ王は国王というだけでなくリシ(聖仙)でもあった。ジャナカ王の宮廷は多くの名士が訪れるところで、シヴァ神の弓ピナーカを含む数々の財宝を所有していた。ピナーカは普通の人間には持ち上げることができず、弓弦を張ることもできなかったが、シーターは持ち上げることができた。これに気づいたジャナカ王は、この弓を持ち上げて弦を張ることができる者がいたら、それが誰であれシーターをその者に嫁がせようと宣

ヴェーダヴァティーは瞑想をしている最中にラーヴァナと出会ったが、ラーヴァナが言い寄ってくるのを拒んだ。ラーヴァナがそれでもしつこく口説き続けると、ヴェーダヴァティーはラーヴァナを呪い、みずから供犠の火に身を投げた。

ラーヴァナとシヴァ

強力なアスラだったラーヴァナは、シヴァの力を目の当たりにし、力に感銘を受けてシヴァに深く帰依するようになった。ラーヴァナは空飛ぶ魔法の戦車であちこちを駆け巡っていたが、ある時、目の前に飛び越えることができない山脈が現れた。そこで通り抜けようとしたが、奇妙な生き物に足止めされた。猿の顔をした小さな男だった。その男が頑としてラーヴァナを通せん坊したのは、シヴァがその山中で狩りをしていたので、邪魔されたくなかったからだった。ラーヴァナは激怒して山を揺らし始め、シヴァの妻パールヴァティーをおびえさせた。

シヴァはラーヴァナに直接仕返しすることはせず、代わりにその山をつま先でちょんと押した。すると、その山が崩れてラーヴァナの多くの腕に命中し、ラーヴァナは痛みに大きな悲鳴を上げ、このことからラーヴァナ――「大声でほえる者」という意味――と呼ばれるようになった。ラーヴァナの叫び声は世界中を揺さぶり、地下の世界も天上の世界も揺れた。そのため、世界の終わりが来たのではないかと多くの者が怖がった。ラーヴァナは怒ろうがわめこうがにっちもさっちも行かず、シヴァに助けてほしいと嘆願した。

ラーヴァナは一〇〇〇年間シヴァを賛美し続け、讃歌を歌い続けた。一説によると、音楽を奏でるために手の腱を切り裂いたりもしたという。ラーヴァナはヴィーナという弦楽器の名手だったから、おそらく、シヴァを喜ばせようとして音楽を奏でたり、音楽を奏でることができるよう供犠を行ったりしたのだろう。結局、シヴァはラーヴァナの解放を承諾し、以後、ラーヴァナは忠実な信者であり続けた。

言した。やがてラーマ王子がジャナカ王の宮廷を訪れ、その弓に弦を張って真価を証明してみせた。ラーマとシーターは結婚し、ラーマの弟も妻を得た。

異説によれば、シーターは、ラーヴァナの求愛から逃れるために自死したヴェーダヴァティーの生まれ変わりだという。この異説では、ヴェーダヴァティーは聖仙クシャドヴァジャの娘で、ヴィシュヌ神以外の者とは結婚しないよう定められていたのだという。当然ながら彼女は、ラーヴァナがどれだけ財宝を積もうと、宮殿での安楽な生活を約束しようと、ラーヴァナの求婚をはねつけた。怒りに駆られたラーヴァナが、彼女の髪をつかんで引きずって行こうとしたが、彼女は髪を切って逃げ、ラーヴァナを呪ってから供犠の炎のなかに身を投げた。

シーターは女神ラクシュミーの生まれ変わりで、ラーマはヴィシュヌ神のアヴァターラ(化身)だった。そうであれば、結

局、生まれ変わったヴェーダヴァティーがヴィシュヌと結婚したというだけでなく、ラクシュミーとヴィシュヌがしかるべく結ばれたということでもある。ラーマとシーターは強く結ばれた幸せな夫婦だった。ラーヴァナがシーターをわがものにしようとしたことは、この夫婦のみならず神々に対する侮辱でもあった。

ラーマ王子の追放

ダシャラタ王は年老い、王位にあることを負担に感じるようになったので、退位したいと思うようになった。世継ぎの候補者は明らかにラーマ王子だった。ラーマはダシャラタ王の長男というだけでなく、統治者に最適だったからだ。ラーマは礼儀正しく慈悲深いうえ、知恵をそなえていると称賛されていた。しかも、王としての務めにも神々にも敬意を払っていると評判だった。ダシャラタ王が顧問たちに、ラーマを王位につけようと思うと言うと、ほぼ全員が心から賛成した。そして、翌日に戴冠式が行われることになった。

ダシャラタ王の妻カイケーイー妃は、息子バラタ王子も世継ぎになれる立場にあったが、それでもラーマの即位に賛成したひとりだった。ところが、マンタラーというカイケーイー妃の猫背の侍女は別のことを考えた。ラーマとシーターが来るべき喜びの日にそなえ、式典の準備も大急ぎで行われていた頃、マンタラーはカイケーイー妃の心に疑念を吹き込んでいた。もしラーマが王に即位すれば、カイケーイー妃の身分が下がり、バラタ王子もただの使い走りのような役目に追いやられてしまう、と思い込ませたのだ。この戴冠は夫である王が私を陥れようとした陰謀にちがいない、とカイケーイー妃はたちまち信じ込んだ。王とふたりでアスラと戦ったことも、夫として妻として互いにどれほど誠実に尽くしてきたかも忘れてしまったが、ダシャラタ王の命を救った褒美として約束してもらったふたつの望みのことは忘れてはいなかった。カイケーイー妃は「怒りの間」へ行き、着飾っていた装飾品を外して投げ捨て、夫がやって来るのを待った。その直後、ダシャラタ王がカイケーイー妃を捜しに来た。喜ばしい知らせを告げれば、カイケーイー妃も

✣前ページ……一説によると、ラーヴァナはシヴァに話をしたいと思ったが、あいにくシヴァはカイラーサ山の山頂で瞑想中だった。ラーヴァナはシヴァが瞑想を終えるのを待ち切れず、カイラーサ山ごとランカー島へ運ぼうとした。山の揺れをシヴァが止め、そのためにラーヴァナの手がはさまってしまったという。

✣上……ラーマとシーターの婚礼の行列。
一八世紀のインドで描かれたもの。
この時点では、ダシャラタ王の王国は幸福に包まれていたが、
この幸福は嫉妬と宮廷内の政争によって突然断たれてしまう。

喜んでくれるものとばかり思っていた。

　ところが、カイケーイー妃は明らかに取り乱していた。ダシャラタ王は妻に、どうして気分を害しているのか、どうすれば償えるのか、とたずねた。そして、カイケーイー妃が喜んでくれるのであれば何でもしようと約束した。するとカイケーイー妃は王に、望みをふたつ、かなえてください、と頼んだ。それは、ラーマの代わりにバラタ王子を王位につけること、ラーマを14年間森に追放することだった。ダシャラタ王は愕然とし、そんなことを頼まないでくれとカイケーイー妃に心から訴えたが、カイケーイー妃はどうしても折れなかった。もしラーマを追放したら、そのせいで私自身が死ぬことなる、とまでダシャラタ王が言っても、カイケーイー妃は考えを変えようとはしなかった。そこでダシャラタ王は、ラーマがこれからも王宮にいられるのであれば、バラタを王位につけようと提案したが、カイケーイー妃がこの取引も拒否したので、王はもう妃の要求に屈するほかなくなった。

　ラーマがダシャラタ王のもとに来てみると、父親は茫然自失していた。どこか悪いのですか、とラーマは王にたずねたが、王は悲嘆のあまり口を開くこともできなかった。そしてカイケーイー妃が、ラーマにこう告げた。王はあまりに衝撃的なことをせねばならないことになったので、それを口に出せずにいる。だが、父親がせねばならぬことを、代わりにラーマがすると誓うのであれば、何をせねばならぬのかを教えよう、と。ラーマは父親の妃が表裏のある人かもしれないとは考えたこともなかったので、カイケーイー妃の言うとおりに誓った。すると、カイケーイー妃はラーマに、妃がダシャラタ王に頼んだことを教えた。

追放されることになる、と聞いてもラーマはうろたえなかった。そして、悲嘆にくれる父親と母親に優雅に別れを告げ、激怒している弟のラクシュマナをやんわりとたしなめた。ラクシュマナにしてみれば、ダシャラタ王の決断は愚かであるまじきことだったが、ラーマは弟に、ダルマ(法)には従わねばならないと念を押した。父親の命令に従うことが、正しいことであり、運命に従うことなのだという。

弟のラクシュマナと母親のカウサリヤー妃も、ラーマと一緒に追放生活に入ると言ったものの、ラーマは弟と母親が森へ行くのは頑として同意しなかった。だがシーターは、同行すると言い張り、所有している財産を譲るにふさわしい人々に譲り、ラーマと一緒に出立する準備を始めた。ラーマとラクシュマナも用意をした。ラクシュマナはラーマに反対されていたけれども、ラーマと一緒に追放生活に入ると決意を固めていたのだ。その後、王と家族に別れを告げ、3人は王宮を出た。都アヨーディヤーの人々も数多く付き従った。彼らはラーマ王子の行くところならどこまでも付いて行くと心に決めていた。

しかしラーマ王子は、アヨーディヤーの人々までもが森の過酷な生活に苦労することになるのは望まなかった。都を出てから最初の夜、人々がまだ眠っているあいだに、ラーマとシーターとラクシュマナはラーマの戦車でこっそりと立ち去った。人々は家に戻り、ラーマ一行は旅を続けて、やがて聖なるガンジス川にたどり着いた。そこでラーマは、その一帯を統治している友人のグハに出会った。グハはラーマ一行に会えたことを喜び、一行にすばらしい贈り物をしたいと申し出たが、ラーマは、隠者の暮らしをすると誓っている身だからと辞退した。

翌日、ラーマ一行はガンジス川を渡って追放生活に入った。ラーマは戦車をダシャラタ王の大臣スマントラに託して王宮へ

追放されることになる、と聞いてもラーマはうろたえなかった。
そして、悲嘆にくれる父親と母親に優雅に別れを告げ、
激怒している弟のラクシュマナをやんわりとたしなめた。

戻した。スマントラはここまでラーマに同行していた。ラーマが約束どおり追放生活に入ったかどうかを証言することになっていたのだ。また、ラーマからバラタへの祝福の言葉を伝えることにもなった。

スマントラからの報告を聞いたダシャラタ王は、嘆き悲しみ、たちまち死去した。バラタ王子が都に呼び戻され、国政を引き継ぐことになったが、バラタが王となった経緯が経緯だけに、バラタの栄誉は陰鬱とした大きな影におおわれていた。バラタはラーマに戻ってもらおうと考え、ラーマを捜しに都から出立し、やがて兄に温かく迎え入れられた。バラタはラーマに父親の死を知らせ、王宮へ戻って王位についてほしいと懇願した。それでもラーマは、戻るつもりはなかった。ダシャラタ王の頼みを実行すると約束したからだった。ラーマはこう言った。ダルマに従い、私は隠者として14年間過ごさなければならない。バラタよ、おまえの務めはアヨーディヤーで王となることだ。

バラタは兄の言うとおりにすると答えたものの、それでも自分が正式に王となるのではなく、ラーマが戻るまで、ラーマの名において政務を執ることにした。バラタは都の近くの村で隠者として暮らしながら、王としての務めを果たした。そのあいだ、玉座にはラーマの履物が安置されていた。一方、ラーマ一行はダンダカの森に入って、追放の生活を始めた。

森での生活

ダンダカの森で隠者として暮らすことにもそれなりの恩恵があった。森には賢明な聖者が数多く住んでいた。ラーマ王子は森での時間を賢明に使おうと考え、そうした聖者すべてに会おうと決めた。しかし、そうすることには危険が付き物だった。ある隠者のもとへ向かっていたとき、ラーマ一行はラークシャサ族のヴィラーダという名の悪魔に襲われた。ヴィラーダはシーターを捕まえ、連れ去ろうとした。

ラーマは弓でヴィラーダに傷を負わせたが、ヴィラーダはたちまち回復し、手にした三叉の鉾でラーマに襲いかかった。ラーマはその三叉の鉾を矢で砕き、ラクシュマナの助けも借りながら剣でヴィラーダに重傷を負わせた。それでも、ヴィラー

ダンダカの森で隠者として暮らすことにもそれなりの恩恵があった。森には賢明な聖者が数多く住んでいた。ラーマ王子は森での時間を賢明に使おうと考え、そうした聖者すべてに会おうと決めた。

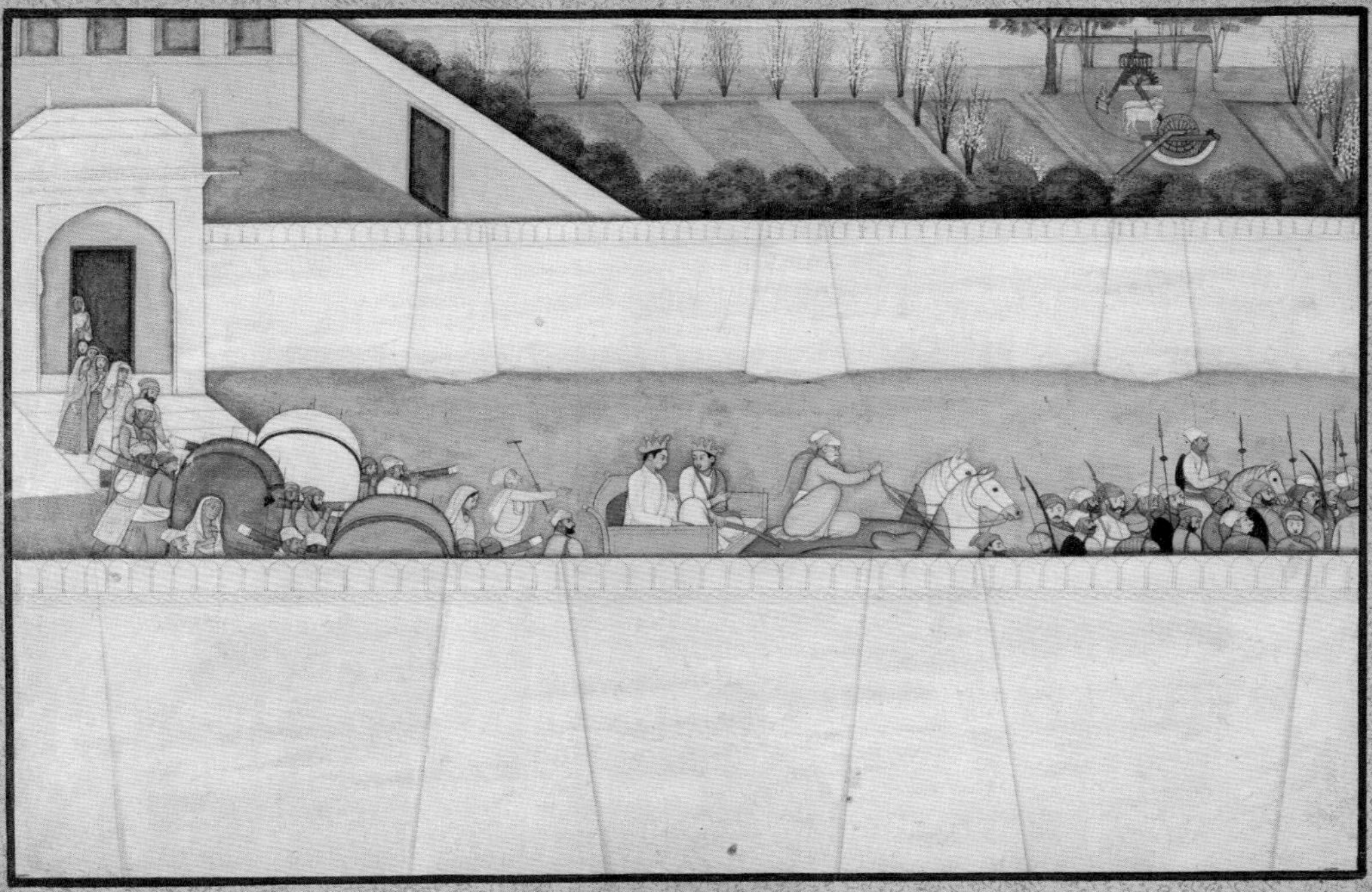

✣上……高潔の士バラタは、父親の死を知ると即座にラーマを捜しに行き、ラーマに帰郷するよう頼んだ。ラーマが絶対に戻らないと言うので、バラタは自分が王位につくのではなく、ラーマの名において政務を執った。

ダが死ななかったので、ラーマとラクシュマナはヴィラーダを生き埋めにした。地元の人々はこれを聞いて喜び、ありがたいことだと思った。しばらく前からヴィラーダのせいで恐れおののいていたからだ。しかし、森の人々に脅威を与えているラークシャサはほかにも大勢いた。ラーマは聖者たちや近隣の村人たちを守ろうと約束し、聖仙たちに会いに行く旅を続けた。

そして、ラーマ一行はパンチャヴァティーという場所に住まいを置いた。そこは非常に美しいところで、野生の動植物に囲まれながらの暮らしをシーターも楽しんだ。しかし、そんな平和な生活を粉々に破壊するようなことが起きた。アスラのシュールパナカー(「鋭い爪」という意味)がやって来たのだ。シュールパナカーはこのあたりに住む親族に会いに来ていたところで——どうやら誰かに迷惑をかけるつもりで来たのではないようだ——たまたまラーマ王子を見かけた。

美男子のラーマに夢中になってしまったシュールパナカーは、魔法を使って美女に変身し、ラーマに近づいた。そして、シーターと別れて私と結婚してくれるなら、富と安楽をあなたに与えられる、とラーマに求婚した。ラーマはその申し出を断り、シュールパナカーにこう言った。私は既婚者で、ひとりの妻に忠実な夫だが、弟のラクシュマナならあなたの良き夫になれるだろう。しかし、ラクシュマナも断って、シュールパナカーにこう言った。私はラーマと一緒にいなければならないから、あなたも同じように制限されることになる。シュールパナカーは、シーターがいることが問題だと考え、シーターに襲いかかった。このためラーマは、シュールパナカーに罰を与えるように、とラクシュマナに命じ、ラクシュマナが剣でシュールパナカーの鼻と耳を削ぎ落とした。逃げ去ったシュールパナカーは、兄弟のカラとドゥーシャナに出会い、このような醜い姿になった経緯を告げた。カラはラークシャサ族の王のひとりだった。そして、ラーマに罰を与えるために配下の戦士たちを派遣した。

だが、カラの送り込んだラークシャサの刺客たちはラーマとラクシュマナに殺された。カラは激怒し、1万4000のラーク

✣右……シュールパナカーがシーターに襲いかかったので、ラーマは罰としてシュールパナカーを醜い顔にするよう弟ラクシュマナに命じた。このため数千の悪魔の軍勢から報復されそうになったが、ラーマはひとりで軍勢を壊滅させた。

【シュールパナカーの教唆】

シュールパナカーは悪魔ラークシャサ族の一員で、聖仙ヴィシュラヴァスとカイカシーの娘だった。彼女は生まれたときにはミーナークシーと名づけられた。この名は「魚の眼をした者」という意味で、絶世の美女として有名だった。彼女の夫はアスラのドゥシュタブッディで、当初は夫婦ともにシュールパナカーの兄ラーヴァナの宮廷で寵愛を受けていた。しかし、ドゥシュタブッディは野望を抱き、権力の強化をもくろんだ。結局、ドゥシュタブッディはラーヴァナの不興を買い、ラーヴァナに殺された。異説によると、シュールパナカーはラーマ王子に対する愛欲に突き動かされたのではなく、複雑な復讐計画を実行していたのだという。彼女は、ラーマがラーヴァナを殺す能力をそなえているのを知っており、ラーヴァナを殺害するようラーマを説得できるのではないかと思っていた。そうなれば、ドゥシュタブッディの復讐を果たすことができるのだ。

シャサを集めると、軍勢を率いてラーマとラクシュマナに報復するため出撃した。ラーマはラークシャサたちがやって来るのを察知し、シーターとラクシュマナを洞窟に避難させた。ラーマはラクシュマナにこう言った。そなたが武勇に秀でた戦士であることにも、勇敢な戦士であることにも疑いはない。だが今は、私ひとりでカラの軍勢と戦いたいと思う。

それは戦闘というよりもむしろ虐殺だった。ラーマは襲いかかってくる大量のラークシャサたちをつぎつぎと弓で殺戮し、最後にはラークシャサ軍は全滅した。カラとドゥーシャナも死んだ。この結果に森の聖者たちは喜び、神々も喜んだ。目の前で神々の敵がこれほど大量に倒されたことをうれしく思った。

一方シュールパナカーは、兄ラーヴァナの宮殿に逃げ帰った。ラーヴァナは事の顚末を聞いて激怒した。そして、みずから軍を率いてラーマとラクシュマナを襲撃する準備を始めたが、襲撃に異論を唱える忠告を受けた。というのも、ラーマは無敵の戦士だったからだ。その代わりに勧められたのが、シーターの誘拐だった。シーターが誘拐されたら、ラーマは悲嘆のあまり死んでしまうはずだというのだ。シュールパナカーもラーヴァナに、シーターを略奪して妻にするよう勧め、シーターがいかに美しい女性かを事細かに語った。そこでラーヴァナは、さっそく妹の言うとおりにしようと決めた。

シーターの誘拐

シーター誘拐を実行するため、ラーヴァナは当然ながら空飛ぶ魔法の戦車を使おうとした。しかし、直接ダンダカの森へ行くのではなく、まず海を渡ってマーリーチャの住まいへ向かった。マーリーチャは聖仙アガスティヤに呪いをかけられて悪魔となった者だった。その昔、マーリーチャの兄弟スンダが、酔っ払ってアガスティヤにけんかをふっかけ、仕返しにアガスティヤの力によって火傷を負わされたことがあった。このためスンダの母親タータカーが、息子ふたりを引き連れてアガスティヤを襲ったものの、逆に3人とも呪いをかけられた。こうしてタータカーとスンダとマーリーチャはラークシャサとなり、最終的にはラーヴァナの味方になった。

また、マーリーチャはラーマ王子の家族とも、いわく因縁があった。マーリーチャの一族はおよそ聖者たちを強く憎悪しており、聖者に嫌がらせをするのを好んでいた。マーリーチャたちはカルーシャー国とマラダー国を荒らし回り、絶対的な恐怖による統治を扇動したので、やがて太陽や雲さえ、その地方へは行かなくなった。だがついに、この地方の聖者たちがこの状況に我慢できなくなり、聖仙ヴィシュヴァーミトラがダシャラタ王に陳情し、ラークシャサの脅威から仲間の聖者たちを解放してほしいと懇願した。

しかもヴィシュヴァーミトラは、私たちを救う人としてダシャラタ王の12歳の息子、ラーマ王子を派遣していただきたい、と名指しして頼んだ。悪魔との戦いに子供を派遣することには懸念もあったが、ダシャラタ王は承諾した。ラーマと弟ラクシュマナはヴィシュヴァーミトラと一緒に出立し、ヴィシュヴァーミトラはふたりが超自然的な剛力の戦士となるよう訓練した。準備が整うと、王子たちはヴィシュヴァーミトラと一緒に大きな森へ入って行った。そこはマーリーチャたちが荒らし回った地方に出現した森だった。王子たちの前にタータカーが立ちはだかったが、王子たちはタータカーを殺害した。

こうして、聖仙ヴィシュヴァーミトラは6日にわたる祭式を始めることができるようになった。ところが最終日、マーリーチャがラークシャサの軍勢を引き連れてヴィシュヴァーミトラ

その昔、マーリーチャの兄弟スンダが、酔っ払ってアガスティヤにけんかをふっかけ、仕返しにアガスティヤの力によって火傷を負わされたことがあった。

✣上……少年の頃でさえ、ラーマとラクシュマナは並外れた戦士だった。聖仙ヴィシュヴァーミトラはダシャラタ王のところへ行き、危険を冒して祭祀を行うあいだの守護者として王子たちを派遣してほしいと頼んだ。王子たちが首尾よく務めを果たしたおかげで、ラークシャサ族はカルーシャー国とマラダー国から追い払われた。

に襲いかかってきた。彼らは祭式を妨害しようと、これまでと同じように犠牲を焼く祭壇の火に血と肉の雨を降らせたが、若き王子ふたりに打ち負かされた。マーリーチャはラーマの弓から放たれた矢に撃たれ、100リーグ離れた海のなかへ投げ飛ばされた。そして祭式は無事に完了した。

だがその後も、マーリーチャは姿を変えられるラークシャサふたりを伴って徘徊し続け、聖者を見かけるたびに嫌がらせをしていた。そしてついに、森でラーマとラクシュマナとシーターに出くわし、当然ながらラーマたちに襲いかかった。ラーマは2本の矢でマーリーチャの仲間を殺したが、マーリーチャ本人には命中しなかった。マーリーチャは逃げ、行いを改め、以前自分がおびえさせていた人々と同じように苦行者として生きるようになった。だが、そうした暮らしも終わる時が来た。ラーマがカラを虐殺したこと、シュールパナカーの顔を傷つけたことをラーヴァナから聞いたからだった。それでも、もちろんマーリーチャはラーヴァナの計画に手を貸すことに躊躇した。

マーリーチャはラーマをひどく恐れていた。それも無理からぬことだった。ラーヴァナの計画を聞き、異を唱えた。しかし、ラーヴァナはどうしてもやると言い張り、マーリーチャに黄金

✣次ページ……ラーヴァナがジャターユスとの戦いに気を取られているあいだに、シーターはラーマが追跡できるようにと願って、証拠となるものを投げ落とし始めた。猿王スグリーヴァの配下の猿たちがそのひとつを見つけ、ラーマの貴重な味方になった。

の鹿に変身してくれと求めた。その鹿を見たら、ラーマは間違いなく捕まえたくなるだろうから、鹿につられてラーマとラクシュマナが離れたすきに、ラーヴァナがシーターを奪い去ることができるのだという。しかも、悲嘆のあまりラーマが死ぬとまではいかなくとも、少なくともラーマは弱るだろうから、そうなればラーヴァナはラーマを殺すことができる。

マーリーチャは、ラーマが2度にわたってマーリーチャを打ち負かした経緯を語ったが、ぞっとするようなその話もラーヴァナを思いとどまらせることはできず、ラーヴァナがみずからの王国とラークシャサ族全員の破滅をもたらすことになるかもしれないという警告も役に立たなかった。ラーヴァナはふたつにひとつを選べとマーリーチャに迫った。力を貸してたっぷり褒美を受け取るか、それとも、この場で殺されるか。マーリーチャは断れるわけがなかったが、それでももう一度、ラーヴァナが破滅の道を進んでいると警告した。

こうしておとり役を手に入れたラーヴァナは、空飛ぶ戦車でラーマ一行が住んでいる地域へ向かい、マーリーチャに変身するよう命じた。このかく乱作戦はうまくいったが、完全に計画どおりというわけではなかった。マーリーチャは鹿のように見せかけることはできたものの、肉を食らう悪魔であることに変わりはなかった。森の動物たちは彼に違和感を嗅ぎ取って逃げ去った。ラクシュマナも疑念を抱いた。森に狩りに来た人々が変身できる悪魔の餌食になっているということを知っていたからだ。そして、この鹿もそうした悪魔の仲間なのではないかと思った。だがシーターは、この鹿を手元に置きたいとラーマとラクシュマナに頼んだ。この美しい動物を生け捕りにし、追放の生活から戻るときには記念の品としてアヨーディヤーへ連れ帰りたいと思った。もしこれがラークシャサだとわかったなら、殺してしまえばよい、そうすればみなの役に立つだろう、と。

戻るまでシーターを守っていてくれとラクシュマナに頼むと、ラーマは鹿を追った。鹿は遠くまでラーマに追跡させたすえに矢で射られ、瀕死のマーリーチャは真の姿に戻った。それでもマーリーチャは、おとり役を演じ続け、ラーマの声をまねて、ラーマが助けを求めているかのように叫んだ。シーターはラクシュマナにラーマを捜しに行くよう頼んだ。ラーマはほとんど

無敵なのだから重大な危険にさらされることなどない、とラクシュマナが言っても、シーターはどうしても行ってくれと言ってきかなかった。

王子たちがふたりとも出て行ってしまうと、ラーヴァナは

「サードゥ」(行者)の姿に化け、シーターに近づいた。シーターは作法どおりに施し物を差し出し、ふたりでしばらく語り合った。やがてシーターがラーヴァナに、どうしてここに来たのかとたずねると、ついにラーヴァナは正体を現した。私の妻となりランカーの王妃となれ、とラーヴァナはシーターに迫った。シーターはこの申し出を強くはねつけ、ラーヴァナにこう警告した。私に危害を加えたら、ラーマの怒りを買うことになる。この言葉は、ラーヴァナをいらだたせただけだった。ラーヴァナはシーターを捕まえ、空飛ぶ戦車に乗せて飛び去った。

この所業を見ていた者がいた。ハゲワシの王ジャターユスだった。ジャターユスはダシャラタ王の古い友人で、王の一族に好意を持っていた。そこでラーヴァナに挑戦し、そのような暴行をやめるよう警告した。それでもラーヴァナが止まろうとしないので、ジャターユスは猛然とラーヴァナに襲いかかった。ジャターユスはラーヴァナに無数の傷を与え、ラーヴァナの戦車を粉砕し、ラーヴァナの弓を折った。だが結局、ジャターユスはラーヴァナの剣で切り倒された。

シーターは悪魔の王に対しては無力だったが、ラーマが追跡できるよう軌跡を残す工夫をした。何が起きたのかをラーマに知らせてくれそうな人の上空を戦車が飛ぶたびに、衣服や装飾品を少しずつ投げ落としたのだ。注目すべきは、衣装のひとつを山頂にいる猿の群れに向かって投げたことだった。

シーターはランカーで囚われの身となったが、ラーヴァナは彼女を説得してわがものにしたいと思っていたので、自分の膨大な富をみせびらかし、自分こそが夫にふさわしいのだと自慢した。だがシーターは冷めたようすで、ラーヴァナを騒々しいアヒルにたとえ、自分の家族を優雅な白鳥にたとえた。また、ラーマが私を発見したあかつきには恐ろしい報復が待っている、ともラーヴァナに警告した。そこでラーヴァナは方針を変え、もしも1年以内に結婚を承諾しなければ、おまえを殺してやると脅迫した。

ラーマ味方を得る

一方、ラクシュマナはラーマを見つけ出したものの、ラーマ

私の妻となりランカーの王妃となれ、とラーヴァナはシーターに迫った。
シーターはこの申し出を強くはねつけ、ラーヴァナにこう警告した。
私に危害を加えたら、ラーマの怒りを買うことになる。
この言葉は、ラーヴァナをいらだたせただけだった。
ラーヴァナはシーターを捕まえ、空飛ぶ戦車に乗せて飛び去った。

のほうはラクシュマナを見ても喜ばなかった。それどころか、シーターを置き去りにして幻を追いかけてきたラクシュマナにやんわりと苦言を呈した。ラクシュマナは、ラーマでもまったく同じことをしたはずだと言った。やがて草庵へ戻ったふたりは、シーターがいなくなっているのに気づき、シーターを捜しに出たところ、瀕死のジャターユスを見つけた。ジャターユスは何があったかをまだ話すことができた。そして、あまりにも年老いて弱くなった私には、無敵に近い悪魔の王を倒すことができなかった、とふたりにわびた。ラーマとラクシュマナは深い崇敬の念を込めてジャターユスを火葬に付した。

ラーマとラクシュマナはシーターを捜し続けるうちに、カヴァンダという頭のない悪魔に遭遇した。カヴァンダはふたりに襲いかかってきたが、ふたりに殺されると、カヴァンダの霊がふたりに良い助言を与えてくれた。リシュヤムーカ山へ行き、猿の王スグリーヴァを捜しなさい。スグリーヴァがシーターの捜索に力を貸してくれるだろう。ラーマとラクシュマナは助言に従ってリシュヤムーカ山へ向かったが、かたやスグリーヴァは、自分の縄張りのなかを重武装した王子ふたりが歩き回っていると聞いて、恐れおののいた。

そこでスグリーヴァは、大臣のハヌマーンを王子たちに会いに行かせ、ふたりの目的を探ろうとした。ハヌマーンは王子たちがここに戦いに来たわけではないと知ると、ふたりをスグリーヴァのところへ案内し、スグリーヴァが取引を持ちかけた。スグリーヴァは兄のヴァーリンと敵対しており、もし王子たちがスグリーヴァに力を貸してヴァーリンを倒してくれるのであれば、スグリーヴァもシーターの捜索を手助けしようというのだ。そしてスグリーヴァは、シーターが猿の群れに向かって投げ落とした衣装をラーマに渡し、この恐ろしい事態に対する慰めの言葉を送った。

ラーマは、スグリーヴァがヴァーリンに挑戦するのであれば、スグリーヴァの力になると請け合い、そろってキシュキンダーにあるヴァーリンの都へ出発した。ラーマと戦士たちは身を隠し、スグリーヴァが叫び声をあげてヴァーリンを呼び出した。スグリーヴァとヴァーリンは激しい乱闘を繰り広げたが、ラーマは手出しをせず、やがてスグリーヴァの負けが濃厚となった。

ラーマとラクシュマナはシーターを捜し続けるうちに、カヴァンダという頭のない悪魔に遭遇した。カヴァンダはふたりに襲いかかってきたが、ふたりに殺されると、カヴァンダの霊がふたりに良い助言を与えてくれた。

✣上……ラーマとラクシュマナの助けを借り、スグリーヴァは兄ヴァーリンに挑戦して倒すことができた。ヴァーリンは一部文献ではバリとも呼ばれている。この一件により、王子たちはランカー征服に必要となる軍団を手に入れることができた。

しかし、1本の矢が決着をつけた。

結局、スグリーヴァがキシュキンダーの王位につき、ヴァーリンの息子アンガダを王位継承者に指名した。キシュキンダーの住民たちはみなこれを喜び、祝宴を開いて祝った。スグリーヴァも祝宴に少々のめり込みすぎ、ついにはラーマを援助するという約束を忘れてしまった。雨期に入り、やがて雨期が終わっても、スグリーヴァは王位の役得を享受するばかりで、ラーマはますます悲嘆に暮れるようになった。

そこで、ラクシュマナが兄のために乗り出した。スグリーヴァの自堕落なありさまについてスグリーヴァに意見し、ラーマがスグリーヴァの命を救うために行ったことが、もう一度、スグリーヴァの命を絶つために行われるかもしれない、とスグリーヴァに言った。ラーマの強力な弓を恐れたスグリーヴァは許しを請い、シーター捜索を開始する準備をすぐに整えると約束した。スグリーヴァの集めた配下の猿たちは普通の猿ではなく、山頂の大きさほどもある巨大な獣で、超自然的な力をそなえていた。猿の大群は4つの軍団に分かれ、それぞれ東西南北へ向かった。南方に派遣された軍団は、皇太子のアンガダとスグリーヴァの大臣ハヌマーンが率いていた。シーターを発見するのはハヌマーンだと確信していたラーマは、自分の印章の付

いた指輪をハヌマーンに託した。この後、ハヌマーンがその指輪をシーターに渡し、まもなくラーマがラーヴァナを殺しにやって来るとシーターに約束することになる。

ハヌマーンの軍団は懸命に捜索を続け、はるばる南方の海まで到達したが、シーターの痕跡すら見つけられなかった。捜索に失敗したという知らせを持ってラーマのところへ戻るよりは、と思った猿の軍団は、海岸で餓死しようと決意した。ところが、この高貴な――ただし、さほど役に立つとは言えないことではある――姿勢は、ハゲワシの王ジャターユスの兄、サンパーティに邪魔されてしまう。サンパーティの弟がシーターを救おうとして勇敢に戦い死んだことを、猿たちがサンパーティに教えると、サンパーティは手助けしようと決心した。

サンパーティは、シーターがラーヴァナの都であるランカーに連れて行かれたことを知っていた。これは有益な情報だったが、ランカーは海の向こうのはるかかなたにあった。だがサンパーティが、風のような速さで移動できる者であれば、はるかかなたであってもひと飛びで行けるだろうと言った。しばらく話し合ったすえ、それができるのはハヌマーンただひとりだと意見が一致した。ハヌマーンはマヘーンドラ山に登り、海の向こうにあるランカーめがけて大ジャンプをした。そしてランカーに到達したハヌマーンは、目もくらむばかりの黄金に輝く都に感嘆した。そこはマンドーダリーの父親マヤが設計した大きな都だった。

ハヌマーンとラークシャサの戦い

ハヌマーンは体を縮めて小さくなってから都に忍び込み、都の美しさに驚嘆しながら歩き回った。ラーヴァナの寝室にまで侵入して捜索したものの、そこにシーターはいなかった。そしてついに、遊園でシーターを発見した。だが、シーターに近づくことはできなかった。彼女はラークシャサたちに囲まれていたからだ。ハヌマーンが偵察を続けていると、やがてラーヴァナがシーターのところへ来て、またも彼女に自分の富と力を自慢し、どれほど強く自分がシーターを欲しいと思っているかを告げた。ラーヴァナは自分を夫として受け入れてほしいと彼女

❖前ページ……ハヌマーンはランカーでシーターを発見したが、シーターのほうは、彼が変身できるラークシャサかもしれない、ましてラーヴァナ本人なのではないかと怪しんだ。そこでハヌマーンは、ラーヴァナが知りえないことをシーターに告げ、ようやくラーマの使者だとシーターにわかってもらえた。

に懇願したが、シーターの意志は今も揺るいではいなかった。いずれラーマがあなたを殺しに来るでしょう、とシーターがラーヴァナに念を押すと、ラーヴァナはこう言い返した。私との結婚を2か月以内に承諾しなければ、そなたは料理されて私の朝食になるだろう。

ラーヴァナが憤慨しながら、とりまきを引き連れ立ち去ると、ハヌマーンはシーターの夫ラーマの偉業を物語るという方法を使ってシーターに接触した。当初、シーターは不安にかられたが、ハヌマーンは言葉をかけ続け、深い敬意を払って接し、ラーマの使者としてこの地に来たこと、ラーマが助けに来ていることをシーターに告げた。それでもシーターは懐疑的だった。そして、ラーマとラクシュマナと一緒に多くの時間を過ごした者にしか答えられないような質問を数多く投げかけた。ハヌマーンがラーマの指輪をシーターに渡し、彼女の質問にきちんと答えたので、ようやくシーターはハヌマーンのことを信じた。そして、ハヌマーンが本当にシーターに会ったことの証拠となる品をハヌマーンに渡し、急いでください、私にはあと2か月しか残っていないのですから、とラーマに伝えるようハヌマーンに言った。

【インドラジト】

インドラジト(「インドラの征服者」の意)は、父親が意図したとおりの強力な戦士だった。インドラジトが生まれるとき、ラーヴァナは天の惑星に静止するよう命じた。息子のホロスコープがラーヴァナの計画どおりになるようにするためだった。ラーヴァナの力と激怒のすさまじさに星さえおびえ、星も惑星もラーヴァナの言うとおりにした。

計画どおりなら、インドラジトは不死になるはずだった。ところが、シャニ(土星)がラーヴァナに従わず、そのために罰せられた。インドラジトも結果的に不完全となったが、それでも非常に強力だった。父親が神々に捕まったときも、インドラジトは神々を打ち倒して父親を救った。インドラ神にさえ勝ち、インドラを捕虜にして父親のまえに連行したことから、インドラジトという名前を獲得した。

このとき、ラーヴァナはインドラを殺すつもりだったが、ブラフマー神がインドラの助命と引き換えに願いをかなえてやると提案した。インドラジトは最初、不死にしてくれるよう求めたが、ブラフマーは、それでは自然の法則に反することになるからと、その求めを強く拒んだ。代わりに、インドラジトはほぼ不死身になった。インドラジトの強大な力は、みずから集めた魔法の武器によって増大した。そのなかには最強の神々と関係がある武器もあった。

ランカーを出るに先立ち、ハヌマーンはラーヴァナの遊園を破壊し、ラーヴァナがハヌマーンの破壊を止めさせるために送り出したラークシャサたちも殺した。ラーヴァナはハヌマーンを殺害するよう最強の戦士たちに命じたが、ハヌマーンは身体を巨大化させ、その戦士たちも皆殺しにしてしまった。そこで、ラーヴァナの末の息子アクシャ・クマーラが名乗りを上げてハヌマーンに挑み、破壊された遊園に8頭立ての戦車で乗り込んだ。アクシャ・クマーラはさまざまな武器を携えていたが、まずは素手でハヌマーンと取っ組み合いをした。しかし、ハヌマーンの眼から放たれた熱い光線に撃退されてしまい、次にアクシャ・クマーラは弓矢で挑んだ。だがハヌマーンは、空高く飛び上がり、矢の雨から逃れると、アクシャ・クマーラの馬を打ち殺して戦車を粉砕した。ハヌマーンとアクシャ・クマーラはふたたび、今度は空中で格闘を始め、ついにはハヌマーンがアクシャを地上に投げ落として殺した。

次に、ラーヴァナの最強の息子インドラジト、別名メーガナーダがハヌマーンに襲いかかってきた。その途方もない剛力を尽くしても、インドラジトはハヌマーンを捕らえることができず、ついにインドラジトはブラフマーストラを用いた。ブラフマー神がつくり出したすさまじい力を持つ武器だ。この時ですら、ハヌマーンはブラフマーに対する礼儀から、おとなしく捕縛されただけという可能性もある。あるいは、ラーヴァナと話をしたいと思ったからあえて捕まったのかもしれない。いずれにせよ、ハヌマーンはラーヴァナのまえに連れてこられると、礼儀正しく自己紹介し、まもなくラーマがランカーにやって来ることをラーヴァナに告げ、シーターをラーマに返したほうがよいと忠告した。

ラーヴァナは例によって激怒し、ハヌマーンを殺すよう命じた。しかし顧問官たちが、ハヌマーンが使者として来ていることを指摘し、使者のハヌマーンを殺すのは正しいことではないと進言した。そこでラーヴァナは、ハヌマーンの尻尾に火をつけよと命じた。この命令は賢明とは言えなかった。都の市街を引き回されていた最中、ハヌマーンは逃げ出し、火のついた尻尾でランカーの都に火をつけたのだ。もしかしたらシーターまでうっかり巻き添えにして焼き殺してしまったのではないか、

ラーヴァナは例によって激怒し、ハヌマーンを殺すよう命じた。しかし顧問官たちが、ハヌマーンが使者として来ていることを指摘し、使者のハヌマーンを殺すのは正しいことではないと進言した。

と心配したが、シーターの無事を確認してから、ハヌマーンは赤々と燃える廃墟を残してランカーを出発した。

ラーマ、ランカーへ進軍する

猿の軍団のところへ戻ったハヌマーンは、歓喜の声で迎えられた。ハヌマーンがシーターと話をしたと言うと、軍団の喜びはいや増した。ハヌマーンは友人たちに、多くのラークシャサを殺したこと、ランカーの黄金の都を破壊してきたことも伝え、みなを大喜びさせた。その後、ハヌマーンはスグリーヴァ王に報告するためにキシュキンダーへ向けて出発した。

ついにハヌマーンは、事の次第をラーマに直接伝えることができた。シーターは無事で、ラーヴァナを拒み続けているが、シーターを救出できなければ、彼女の命の時間は限られている。ハヌマーンがシーターから渡された証拠の宝石をラーマに渡すと、ラーマはシーターがいなければ生きてはいられないとあらためて誓った。翌日、ラーマはスグリーヴァの軍団の先頭に立って出発した。この進軍には、熊の王ジャーンバヴァトの配下の戦士たちも援軍として参加していた。

ランカーへ渡るため、軍団は石材と木材で大海に橋を架け始めた。この事業には5日間かかり、そのあいだにラーヴァナが事態を察知した。そして、戦争にそなえて軍事会議を開いた。会議に集まった指揮官たちは、都がハヌマーンひとりに破壊されたことを忘れてしまっているようだった。彼らは侵略軍なぞ簡単に撃退できると断言し、ラーヴァナを喜ばせた。それに比べ、ラーヴァナの弟ヴィビーシャナからの忠告はあまり相手にされなかった。

ヴィビーシャナはアスラだったが、敬虔で高潔だった。当初からシーターの誘拐に反対しており、ここであらためてシーターをラーマに返すよう兄に進言した。もちろんラーヴァナは怒り出し、誰であれ、弟以外の者がそのような言葉を口にしたら、殺されることになる、と宣言した。そこでヴィビーシャナは、ランカーを捨ててラーマ側に寝返る決意を固めた。そして娘のトリジャターに、ラーマが到着するまでシーターを保護するよう指示してから、ランカーの都から逃亡した。

✣上……ランカーへ渡る橋を架けるのは途方もない大事業だったが、ラーマ軍は大軍だったので、わずか数日で工事を成し遂げた。ラーヴァナと顧問官たち——ともかくもラーヴァナが耳を傾ける気になった顧問官たち——は、ラーマ軍を撃退できるとまだ思い込んでいた。

ヴィビーシャナがラーマのまえに出頭すると、ラーマはヴィビーシャナが鎚矛で武装しているのに気づいた。ラーマはこの意味を理解した——ラーマにとって、ヴィビーシャナはラーヴァナに立ち向かう武器になる。ラーマはヴィビーシャナを温かく受け入れ、彼からランカーの数々の秘密を聞き出し、ラーヴァナと戦うという約束を取りつけた。

ラーマはすぐにでも救出作戦を開始したいと強く思ってはいたが、それでも平和的に解決できるならそうしたいと思い、最後のチャンスをラーヴァナに与えようと考えた。そして、キシュキンダーの皇太子でスグリーヴァ王の世継ぎであるアンガダを特使として派遣することにした。これは危険な任務だった。ラーヴァナは最高に上機嫌なときでさえ暴君だと有名だったからだ。それでもアンガダは、最後通牒を提示するのに成功した——シーターを返すように、さもなくば破滅に直面する、と。アンガダはラーヴァナの宮廷に挑んだ——もし宮廷内の誰かひとりでも私の片足を持ち上げることができたなら、ラーマの軍はただちに立ち去るだろう。ラークシャサたちは全員が試してみたが、踏ん張って立つアンガダの片足を動かすことはどうしてもできなかった。これにラーヴァナと家来たちは激怒し、ラーマを無礼な言葉で罵り始めた。アンガダはこの侮辱に腹を立て、両手で地面を強打した。すると地震が起き、ラーヴァナの王冠が転げ落ちた。アンガダはその王冠をつかむと、はるかかなたへ放り投げ、それをハヌマーンが受け止めて、ラーマの足元に置いた。そしてアンガダは軍団へ帰還した。

戦闘開始

ラーマ軍は攻撃を開始し、無数の熊と猿がランカーのラークシャサと戦いを繰り広げた。ラーヴァナは自軍の指揮官ジャンブマーリンにハヌマーンと戦うよう命じた。ジャンブマーリンは巨大な体に巨大な牙を生やし、弓を携えていた。その弓は、雷鳴のような音を立てて矢を放つ弓で、その矢は稲妻のように突き刺さる矢だった。ハヌマーンが岩を投げつけると、ジャンブマーリンは矢を放ち、その岩を空中で粉々にした。次にハヌマーンは巨木を投げたが、結果は同じだった。それでもハヌマーンは、傷を負いながらも、巨大な鉄の棒をジャンブマーリ

✣下……ラーマ王子は大軍を率いてランカーのすばらしい黄金の都の外側に到着した。そして、英雄たちとラークシャサの戦いが始まった。戦いが激化するにつれ、いや増して強力な悪魔たちが王子たちやその軍団と戦うために送り出された。

✣次ページ……クンバカルナを目覚めさせることは、必死になったラーヴァナにとっても危険な一手だった。結局、クンバカルナは正邪の問題よりも一族とラークシャサ族のほうに忠誠を尽くし、戦場に出てラーマと戦った。

ンに力を込めて投げつけ、ジャンブマーリンを戦車もろとも粉砕した。一方アンガダは、インドラジトと戦っていた。インドラジトの戦車を砕き、御者を殺した。すると、インドラジトの姿が目の前から消えた。こうして敵から見えない姿になったインドラジトは、蛇の矢でラーマとラクシュマナを射抜き、ふたりは意識を失った。指揮官が倒されたと考えたラーマ軍が浮足立ちかけると、スグリーヴァとヴィビーシャナが軍を再結集させて陣容を整え直した。王子たちもラーマの乗り物であるガルダ鳥によって救われた。ガルダ鳥は魔法を使って王子たちの傷を治癒した。

ラーマとラクシュマナが回復したと知り、ラーヴァナは別の将軍に王子たちの殺害を命じた。こうして出撃してきたのがドゥームラークシャだった。彼は強力な軍勢を率いてラーマ軍と戦った。そして、あたり一面を真っ赤に染める流血と破壊のすえ、ハヌマーンがドゥームラークシャを殺した。ハヌマーンはアカンパナとの戦いでもふたたび手柄をあげた。両軍とも数千の戦死者を出した壮絶な戦いのさなか、ハヌマーンは大木でアカンパナの頭を打ち砕いて倒した。次に、ラーヴァナ軍の司令官プラハスタが別の軍勢を率いて出撃してきたが、プラハスタもスグリーヴァ王の顧問官であるニーラに殺された。

そしてとうとう、ラーヴァナ本人が戦場に姿を現した。インドラジトも一緒だった。ふたりはラーマ軍を切り裂くように進撃し、苦も無く数千の戦士たちを虐殺した。ラクシュマナが負傷し、やむなく戦場から連れ出されると、ラーマ軍に動揺が走った。だがラーマは、ハヌマーンの肩に乗り、空飛ぶラーヴァナの戦車を射落としたところで攻撃をやめた。無力となったラーヴァナを殺すどころか、ラーマはラーヴァナに、いったん城へ戻って休息するようにと告げた。このように敵軍指揮官に屈辱を与えるのを見て、ラーマ軍は士気が大きく回復した。

クンバカルナの出撃

ラーヴァナは配下の最強の戦士を多数失った。あわせて並のラークシャサも無数失った。ラーマを恐れたラーヴァナは、弟のクンバカルナを目覚めさせようと決めた。クンバカルナは途

方もなく巨大なラークシャサで、何でも見境なく食べてしまうほどの食欲がある大食漢だった。たいていは陽気で温厚だが、聖者を食らってはみなにその力を思い出させるときもあった。

　クンバカルナはほとんどの時間を眠って過ごしていた。ブラフマー神に願いをかなえてもらおうとして失敗したせいだった。ブラフマーに好かれていたクンバカルナは、例のごとく力と不死身の身体が欲しいと言おうと思っていたのだが、そのとき、

❖前ページ……クンバカルナは本心ではラーマに敵意を抱いていたわけではなかったが、強大な敵だった。矢で粉砕し、最後に首を切り落とさねばならぬ相手だった。ほかの一部の悪魔と同じく、クンバカルナの正義にかなった死は、救済や解放の一形態だった。

ブラフマーの妻のサラスヴァティーのせいで、クンバカルナはうまく口がきけなくなってしまい、結局、眠りたいと頼んでしまったのだ。一説によると、クンバカルナは頼み事の修正を求め、結局、6か月間眠り続けてから目覚め、その後6か月間眠らずにいるということになったという。当然ながら、目覚めたときのクンバカルナはひどく空腹で、近づくのも危険だったため、ラーヴァナにとってさえクンバカルナを目覚めさせるのは危険を伴うことだった。

さんざん苦労してクンバカルナを目覚めさせ、状況を説明したところ、クンバカルナもみなと同じく、シーターの誘拐は恐ろしい考えだったと思ったので、シーターを返すよう兄に進言した。だがラーヴァナは、弟の進言を受け入れる気はまったくなく、逆に、親族としての義務をクンバカルナに思い出させた。しかも、ラーマのランカー襲撃はラークシャサ族に対する侮辱だとほのめかした。クンバカルナは、そうする権利がラーマにはあると思ったが、ラーヴァナのために戦うことをしぶしぶ承知した。

クンバカルナは軍勢を率いて出撃し、立ちはだかる敵をことごとく蹴散らしながら進んだ。多くの敵を殺して食らった。ハヌマーンやスグリーヴァでさえ、クンバカルナの攻撃を持ちこたえられなかった。スグリーヴァは巨大な岩で強打されて気絶したが、やがて意識を回復するとクンバカルナの鼻にかみつき、その耳を食いちぎって、クンバカルナの手から脱出した。指揮官たちを奪われたラーマは、クンバカルナに矢を放ったが、クンバカルナの魔法に邪魔された。ラーマの矢はクンバカルナの幻影を射るばかりで、本物のクンバカルナには命中しなかったのだ。ラーマとクンバカルナは火と石の雨が降り注ぐなか戦い続け、ついにラーマが最強の魔法の矢を放った。

ラーマの最初の一撃を受け、クンバカルナは腕が使えなくなったが、クンバカルナはかまわずラーマに突進した。ラーマの次の矢がクンバカルナの両足を切断し、最後の矢がクンバカルナの頭を胴体から切り落とした。ラーマはクンバカルナの生首をランカーの城に投げ込み、その首がランカーをひどく破壊した。もちろんのこと、首を切っただけではクンバカルナはすぐに絶命しなかった。クンバカルナはいまわの際にラーマを祝福し、救済を受けた。クンバカルナの息子のクンバとニクンバも戦死した。ラーヴァナは彼らを失ったことを聞いてひどく嘆き悲しんだ。

インドラジトの反撃

ラーヴァナは絶望的な状況に追い込まれた。多くの肉親を失い、数万の戦士を殺された。クンバカルナの死を聞き、ラーヴァナは気を失って倒れたが、意識を取り戻したとき、インドラジトに励まされた。インドラジトはラーマとラクシュマナを必ず殺すと約束すると、最強の戦士たち全員を集め、その軍勢を率いて強烈な反撃に出た。アンガダとスグリーヴァを気絶させ、その直後には、ラーマとラクシュマナも意識不明にした。インドラジトは敵から姿が見えなくなる魔法を使っていたので、反撃されるおそれもなく魔法の矢で攻撃することができたのだ。

敵の指揮官たちが戦闘不能になったと聞き、ラーヴァナは大喜びした。一方スグリーヴァ王は絶望しかけていた。ラーマ軍は多くの猿と熊を失い、勝利には程遠かった。ラーマでさえインドラジトにかなわなかった。今や彼は無力だった。だが幸い

✣下……ラーヴァナにとって不運だったのは、顧問官のヴィビーシャナをみずから遠ざけ、そのためヴィビーシャナがラーマ軍に寝返ってしまったことだった。ヴィビーシャナが見抜いたおかげで、ラクシュマナはインドラジトの幻影を見破り、狙いすました矢でインドラジトをしとめることができた。

にも、ジャーンバヴァトがメール山に生えている薬草のことを知っていた。その薬草ならば、王子たちを回復させることができるという。手遅れにならないうちに薬草を持ち帰ることができるよう、すばやく往復できるのはハヌマーンだけだった。そこで、ハヌマーンはただちに出発し、日の出の直前に戻ってきた。このため王子たちは、その日も戦場に立つことができた。

この日も、血みどろの激戦となった。インドラジトは立ち向かってくる猿たちをその力で虐殺したばかりか、シーターの幻影を使って敵を困惑させた。そのとき助けたのがヴィビーシャナだった。ヴィビーシャナはインドラジトの策略を熟知していた。そして、幻影を見破る方法、インドラジトを倒す方法をラーマ王子に教えた。ラクシュマナがインドラジトに立ち向かい、ついに魔法の矢でインドラジトの首をはねた。

ラーヴァナとラーマの戦い

ラーヴァナはショックのあまりまた意識を失ったが、意識が戻ると、みずからラーマと戦うことを決意した。生き残っている最強の戦士たちを引き連れ、ラーヴァナは先頭に立って敵軍に突進していった。猿たちは撃退されたが、スグリーヴァが悪魔マホーダラを殺し、ラクシュマナがマハーパールシュヴァを倒して潮目が変わった。ラーマ軍は陣容を立て直し、ラーヴァナは怒りをつのらせた。大胆にも立ち向かってくる者をことごとく蹴散らすと、ラーヴァナはラーマとラクシュマナに挑み、互いに矢を放ち合う戦いが始まった。

王子たちはラーヴァナに無数の矢を放ち、ラーヴァナも空飛ぶ戦車から射ち返した。ラーヴァナのほうが機動力があったので、この戦いは不公平だった。そこで神々が一役買うことにした。インドラ神が自分の戦車を天から降下させ、ラーマに使わせたのだ。こうして優位に立ったラーマは、何十ものラークシャサを掃射した。そして、ラーヴァナに矢を放ってその首を射落とした。だが、首がなくなったところにまた新しい首が生え、戦いは続いた。ラーマはラーヴァナの首を何度も射落としたが、そのたびに新しい首が生えるだけだった。とうとうラーマは、聖仙アガスティヤから渡されたブラフマー神の矢を放っ

王子たちはラーヴァナに無数の矢を放ち、ラーヴァナも空飛ぶ戦車から射ち返した。ラーヴァナのほうが機動力があったので、この戦いは不公平だった。そこで神々が一役買うことにした。

た。その矢はラーヴァナの胸を射抜き、ラーヴァナを殺した。

ラーマの勝利

ランカーの都を攻略したラーマは、ヴィビーシャナの大きな貢献に報いることにした。ヴィビーシャナが兄のラーヴァナではなくラーマを支援するという正しい選択をしたことに対する報酬でもあった。ヴィビーシャナはランカーの王となってランカーを治めることになった。その頃、ハヌマーンはシーターにまた伝言を届けていた。シーターはもう安全だということ、ラーマが勝利したという伝言だ。そしてヴィビーシャナが、身分にふさわしい装いをしたシーターをラーマのもとへ連れてきた。しかしラーマは、シーターがこれまで完全に貞節を守っていたのかどうか、疑念を抱いていた。そこでシーターは、犠牲を焼く祭壇の火にみずから身を投じたが、無傷のまま炎から現れ、みずからの潔白と正しさを証明してみせた。

ラーヴァナに対する大勝利を祝ってから、ラーマはアヨーディヤーへ帰還した。アヨーディヤーにいた弟のバラタとシャトルグナはラーマとの再会を喜んだ。ラーマの帰還には、ランカー攻略に参加していたヴィビーシャナや軍の指揮官たちも同行していた。

こうしてついに、ラーマはアヨーディヤーで王位についた。一説によると、これが国民にとって黄金時代の始まりだったという。宇宙の維持者であるヴィシュヌ神の化身として、ラーマは完璧な統治者だった。そのため、国民は幸福と繁栄を享受したばかりか、正しい人々でもあった。ただし、これにはそれなりの代償が必要だったようだ。一説には、世間の声のせいでシーターが追放された——かなり不当ではあるが——という。

ラーマ自身は、シーターが囚われの身になっていたあいだも貞節を守り続けていたことを確信していたが、国民全員がそう思っていたわけではなかった。長期間にわたって別の男性の支配下にあったシーターを連れ戻したことから、ラーマのことを悪しざまに言う人々もいた。シーターが妊娠中だということも落ち着かない気分にさせた。仕方なくラーマはシーターを森へ追放し、森へ入ったシーターは、ヴァールミーキという親切な聖仙に世話をしてもらった。

やがてシーターは双子を産み、双子はクシャとラヴァと名づけられた。ふたりの血筋を考えれば驚くことでもないが、ふたりは恐るべき戦士に成長した。クシャとラヴァがラーマの目に留まったのは、ラーマがアシュヴァメーダ(馬祀祭)という祭祀を行おうと決めたときだった。この祭祀では、まず、1頭の馬を放ち、国中を自由に歩き回らせる。馬にはラーマの戦士たちが警護に就く。もし誰かがその馬を捕まえようとしたり傷つけようとしたりすれば、戦士たちが馬を守る。そして、警護に成功したら——それについて異議の申し立てがなかったら——その祭祀が王の力の証となる。

このときは、馬が捕らえられたため、そんなことをした恐れ知らずの者たちと対決するようラーマが兄弟に命じた。彼らは双子の戦士たちに簡単に倒された。そこでラーマ自身が双子に挑み、双子が非常に強いと知った。ラーマが戦うのをやめて双子をアヨーディヤーに招いたところ、双子がラーマの息子だとわかった。一方シーターは、もう人間界から離れてしまいたいと思い、母親である大地の女神ブーミに助けを求めた。すると、この世に割れ目ができ、シーターはその割れ目に入って姿を消した。大地から生まれてきたシーターが、大地に戻って行ったのだった。

復讐と報復

『ラーマーヤナ』は、恐ろしい敵に対する復讐と応報の物語でもあり、悪に対する正義の勝利を表すメタファーでもある。ラーマとラクシュマナは、その必要がないときでさえ高潔にふるまい、勝利を収める。ラーヴァナは正反対で、滅ぼされる。スグリーヴァは動揺するものの、約束を思い出して許される。そして、不可欠で尊敬される味方になる。

『ラーマーヤナ』は、恐ろしい敵に対する復讐と応報の物語でもあり、悪に対する正義の勝利を表すメタファーでもある。

ヴィビーシャナとクンバカルナは1枚のコインの表裏だ。ヴィビーシャナは、ラーヴァナが邪悪な行いを改めようとしないのでラーヴァナに背き、その報酬としてランカーの王位につくが、クンバカルナのほうは、事の正邪よりも王に対する義務のほうを重視する。そうしてクンバカルナはそのダルマ(法)に

❖上……ラーヴァナと戦うラーマとラクシュマナの図。『ラーマーヤナ』で描かれる戦いは英雄たちの道徳の物語だ。正義と善行の人は栄え、邪悪な者は結局倒される。

従い、邪悪な王に仕える立派な家来として、霊的な救済を与えられて報われる。ふたりとも、おのれのダルマの最も重要な側面と考えるものを成し遂げたが、大きな利益を得たのはヴィビーシャナのほうだった。『ラーマーヤナ』のこうした側面は、神々に対する崇敬の念こそ最も重要な義務だということを示しているように思われる。ただし、名誉を得ることはまた別の話となる。

第4章

二大叙事詩――❷ マハーバーラタ

『マハーバーラタ』は史上最も重要な文学作品のひとつである。10万詩節からなる大叙事詩――史上最大級の叙事詩――で、主筋と挿話のあちこちに哲学的談話が織り込まれている。やはり有名で大きな影響力がある作品『バガヴァッド・ギーター』も、『マハーバーラタ』の一部だ。

伝承によれば、この叙事詩の作者は聖仙ヴィヤーサとされている。その口述をガネーシャ神が書き取ったのだという。主筋は「クルクシェートラの戦争」にまつわる物語で、クル王国の王位継承をめぐって王族の敵対した分家が戦う。この戦争は18日間続き、無数の命を犠牲にして決着する。

この作品の重要性――そして内容の幅広さ――を伝えるのは難しい。『マハーバーラタ』は宗教的作品というだけでなく、古代インドの文化、社会の価値観、歴史に対する洞察も提供してくれる。語られているのは実在の地名であり、神話の登場人物

✣前ページ……『マハーバーラタ』は複雑な構成の大作だ。主筋はクル王国の王族の二分家が繰り広げる王位継承をめぐる戦いだが、そこに主筋とは別の哲学や神学などのテーマが数多く織り込まれている。

✣右……聖者の典型的なイメージは苦行者だ。身体に灰を塗り、森で簡素な生活をしているので野性的な姿をしている。この図では、聖仙ヴィヤーサは珍しく身なりのよい、見苦しくない姿である。

『マハーバーラタ』の主な背景となっているのは、クル王国という北インドに実在した王国である。クル王国は、当時の宗教と社会の発展に大きく貢献した。

が対峙したアスラなどの敵の少なくとも一部は、インドの後発の文明が征服した古代先住民族を表しているのではないかと考えられている。しかも『マハーバーラタ』は、今もまだ通用するストーリーテリングの文学的な技巧や側面を確立した。それどころか、ジャンルを問わず、叙事詩的な壮大な物語を創作する場合の優れた手本となっている。

『マハーバーラタ』の主な背景となっているのは、クル王国という北インドに実在した王国である。クル王国は、当時の宗教と社会の発展に大きく貢献した国で、紀元前1200年から900年頃、部族の連合によって建国された。『マハーバーラタ』の時代には、ガンジス川流域のハスティナープラが首都だった。『マハーバーラタ』に描かれているように、クル王国は歴史と神話のはざまにある。『マハーバーラタ』のクル王国は、『イーリアス』のような古代ギリシアの叙事詩で描かれた古代地中海世界との共通点が多い。読者にとっては、こうした叙事詩の世界は、自分のいる時代の世界に似ているものの、そこで神々や怪物に遭遇することになる。そんな「知ってはいるが、はるか遠くにある場所」というのは、神話と大衆小説によく登場する。たとえば、アーサー王の伝説をめぐるイギリスのほぼ架空の歴史は、既知の事実と場所を用い、そこに宗教的な虚構の要素を加えたものだ。だが、アーサー王の伝説を信じる人々にとっては、それは完全に真実となる——これが歴史となる。一方、アーサー王伝説は本質的にメタファーか神話だと考える人々もいる。いずれにせよ、なじみのある背景ならば、物語を語りやすい。

既知の「現実世界」を使って、そこに特別な要素を加えるほうが、完全な作り話で世界を創造するよりもはるかに簡単だ。読者や観客に一から説明する必要もない。ある都市で重要な出来事が発生したのであれば、その都市がどこにあるとか、そこにどんな人々が住んでいるかとかを説明する必要がないほうがよい。そういう説明を入れれば、物語から脱線してしまうことになりかねないからだ。このため、古代都市トロイアや伝説上の帝国アトランティスは、人工遺物の出土地や事件の発生地として勝手に利用されることが多い。これらの場所はすでに大衆文化に取り込まれているので、作者はあまり説明しなくてもすむ。同じことが『マハーバーラタ』のクル王国にも言える。今ここで発生したと言われても本当とは思われないような出来事でも、それが大昔の出来事なら信じてしまう。しかも、実際に起きたとわかっている、あるいはそう信じられている出来事、実在した人々をめぐる出来事を語れば、さらに納得しやすい物語になる。

ハスティナープラとクル王国

インドの主要な文化によく見られることだが、クル王国の起源も、その地域にやって来て支配層となったアーリヤ人の文化が、先住民の文化と混交した結果らしい。すでに紀元前1000

アーリヤ人の侵入はあったのか？

アーリヤ人のインド侵入という概念は、全面的に認められている考え方というわけではない。「侵入」という言い方すら議論の的になっている。この言葉は、大規模な武力征服を意味することもできれば、衰退しかけていた先住民族文化に乗じた漸進的な人口移動という意味にもなる。アーリヤ人が北インドに移動したとしても、何らかの遠大な計画があったとは考えられない。それよりも可能性が高いのは、小規模な集団がこの地域に流れ着いて定住し、ときおり局地的な小規模の征服戦争が起きたということだ。「アーリヤ人の侵入」が、武力による侵入であると同時に文化的な征服だったことはまず間違いないだろう。勢いのある移住して来たばかりの民族が、自分たちの考え方をインドの衰退しかけていた文化の上に上塗りしたからである。

年から600年頃の王国の萌芽期に、ガンジス川流域の他地域よりもはるかに複雑で組織化された階層社会と文化が成立していた。大規模な集落は要塞化され、政治の中心地となる機能もそなえていた。ほかのアーリヤ人支配地域の勢力が衰えるなか、クル族は勢力を拡大した。現在のところ判明している首都のうち最古の首都はアーサンディーヴァト（現在のアッサンド）で、その後インドラプラスタ（現在のデリー）やハスティナープラが首都

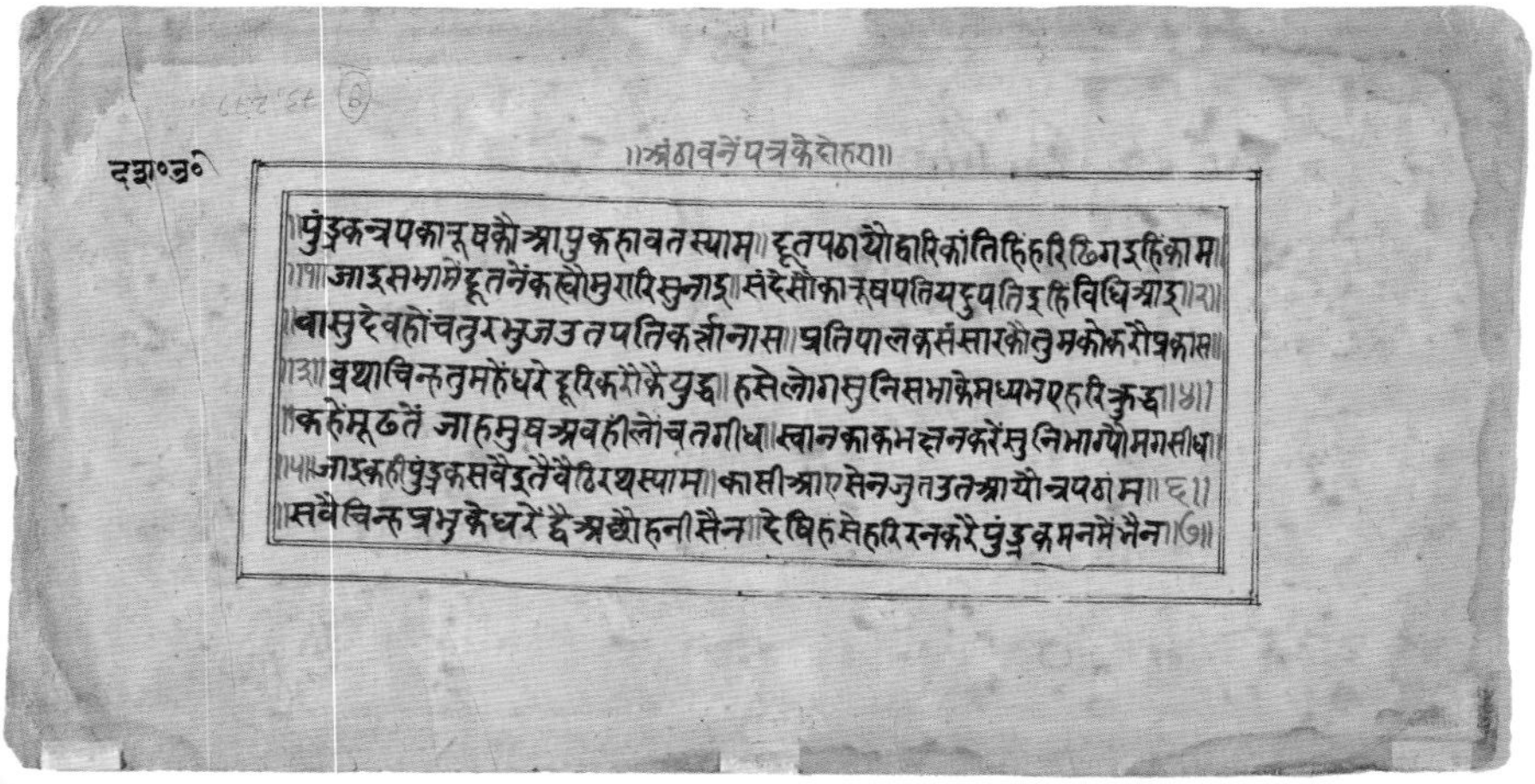

❖下……『マハーバーラタ』の一ページ。一六五〇年頃の写本。『マハーバーラタ』は紀元後四〇〇年頃に現在のような形になったが、それよりもはるかに古い起源を持つ題材も含まれる。再話や翻案・脚色が今も続いており、ダンス、芸術、テレビドラマなどさまざまなメディアに登場している。

✣左……出陣する戦士の図。『マハーバーラタ』の一場面。カンボジアにある一二世紀の寺院アンコール・ワットの壁面彫刻。

となった。

アーリヤ人が本当に侵入したのかどうか、どのような形で侵入したのか、その明らかな情報は、神学の文献からはほとんど得られない。そうした文献によれば、クル王国の始祖は大王バラタであり、インド亜大陸の呼び名「バーラタヴァルシャ」もバラタ王にちなんで名づけられたという。バラタ王の時代には、インド亜大陸だけでなく東南アジアや、はるか西方のペルシアの地までも支配下におさめていたと言われている。このため、バーラタヴァルシャという言葉を使う場合、その正確な意味に混乱が生じることがある。インド亜大陸を指す場合もあれば、バラタ王の領土を指す場合、世界全体を指す場合もある。

✣上……ヴィシュヌ神とパリクシット王の図。パリクシットは父親の死の真相を知り、まさに叙事詩的な形の復讐を開始した。思いとどまるよう説得されずにいたら、世界中のヘビを絶滅させたかもしれなかった。

このバラタ王の子孫、スダース王がバラタ＝プール(トリツ)族を率いていた。バラタ(バーラタ)族は強力なプール族連合の一員だった。当時のプール族は、後世の政体の多くが支配の正統性や優位性の根拠としてプール族の後裔だと称するようになったほどに強大だった。スダース以外のプール族の王たちは、連合を形成してスダースに対抗した。その結果勃発したのが、『リグ・ヴェーダ』に述べられている「十王戦争」と呼ばれる戦争だった。この戦争に勝利したスダース王は、北インドの覇者となり、クルクシェートラ一帯が新たな祖国となる動きが加速した。やがて、このクルクシェートラ地方で『マハーバーラタ』に描かれた戦争が勃発することになる。同時にスダースは、新たな部族連合を形成した。その連合が北インドを支配し、徐々に形を変えていってクル王国になった。

パリクシット王の時代には、クル王国は繁栄と安定を謳歌していた。ヴェーダの口承にもとづいて多くの宗教的伝承が確立され、公式の祭祀が行われた。これらは王国の国外、遠く離れた地でも採り入れられていた。パリクシットの事業は息子のジャナメージャヤ王にも受け継がれた。ジャナメージャヤは征服によって王国の領土を拡大したことで知られている。パリクシットとジャナメージャヤの物語も、ほかの多くの物語と並んで『マハーバーラタ』で述べられてはいるが、主筋ではない。

クル王国は、今のインドの地に初めて出現した国家レベルの政体だったとされている。クル王国の学者たちがヴェーダの讃歌を編纂し、理路整然とした形に整理したばかりか、ヴェーダの讃歌と合うように祭祀の基準を定めた。カースト制度もこの時期に成立した。だが、紀元前900年から500年頃までのあいだにクル王国の勢力は衰え、栄光に満ちた過去の物語を語るのにぴったりの舞台ができた。場所的にも時間的にも、よく知ってはいるがはるか遠くのことなので、いわゆる「不信の停止」(虚構を一時的に真実と信じること)をしやすい。

衰退しかけていたクル王国はサールヴァ族に敗北した。当時のサールヴァ族はヴェーダ文化圏内の部族ではなかったが、やがてサールヴァ族もヴェーダの伝統に同化され、クル王国のほうは内部抗争に明け暮れるようになった。ハスティナープラは洪水のため首都を置くことができなくなり、王国はしだいに崩壊して、小さな地域だけを統治する局地的な王朝になっていった。

『マハーバーラタ』の創作

『マハーバーラタ』の作者は聖仙ヴィヤーサ(別名ヴェーダ・ヴィヤーサ)だとされている。ヴィヤーサがほかならぬガネーシャ神に叙事詩の口述筆記を頼んだという。これが別の誰かからの依頼だったらなかなかのものだが、ヴィヤーサはあらゆる聖仙のなかでも最も偉大な聖仙だったと広く認められていたので、そういうことであれば、ガネーシャの助けを借りるにふさわしい人物だった。全18巻に及ぶ『マハーバーラタ』に加え、ヴィヤーサはヴェーダ文献の編纂者、プラーナ文献の作者だともされている。

ヴィヤーサは聖仙パラーシャラの息子だった。パラーシャラは、ごく近い将来に幸先よい状況下で宿った子供が偉大になる運命を持つだろう、という天啓を受けていた。すると、旅の途中で出会った渡し船の船頭が、年頃になった娘の夫を探している最中で、娘をパラーシャラに嫁がせることを快諾した。その

✣上……ヴェーダ・ヴィヤーサが本当に『マハーバーラタ』の作者なら、この作品だけでも史上最大級の多作作家ということになる。これに加えてヴィヤーサは、プラーナ文献をつくり、ヴェーダ文献を編纂して一般に受け入れられている形に整えた。

子供はシヴァ神の祝福を受け、実際、非常に偉大な人物になった。そして母親のサティヤヴァティーも、『マハーバーラタ』の物語で重要な役割を果たすことになる。

ヴィヤーサはまだ年若いときから大きな仕事に取りかかった。家を出て森で隠者になり、聖者たちから学んだ。この時期に、ヴェーダを編纂し、『マハーバーラタ』を書き、プラーナ文献をつくった。またヴィヤーサは、『ブラフマ・スートラ』(別名『ヴェーダーンタ・スートラ』)の著者とも言われている。人間界を離れたことはなく、7人のチランジーヴィー(不死者)のひとりとして人間界に住み続けているという。

ヴィヤーサはまだ年若いときから大きな仕事に取りかかった。家を出て森で隠者になり、聖者たちから学んだ。

物語と談話と挿話

『マハーバーラタ』は、聖仙サウティが森で出会った聖者たちに語った物語という形を取っている。聖者たちは熱心に物語を聞きたがる。というのも、つい最近、聖仙ヴァイシャンパーヤナが、復讐と破滅の連鎖について戒める教訓的な物語として、ジャナメージャヤ王に語って聞かせた物語だったからだ。その語りは、物語の背景となる過去の出来事を詳細に語ることから

✣上……集まった聖者たちに『マハーバーラタ』を語り聞かせているところ。これは偉大な英雄の物語を語っているだけではない。その一言一句に含まれる複雑な重層的意味が、将来の論議の題材となった。たぶん、参加者全員がそれぞれ異なった解釈をしたはずだ。

始まる。たとえば、バラタ王の物語などだ。その後は、バラタ王の子孫であるふたつの集団、「カウラヴァ」と「パーンダヴァ」の対立が中心となる。

　また、この物語では、文学的技巧として談話も多用されている。出来事が語られる場合もある。たとえば、盲目のドリタラーシュトラ王に戦車の御者サンジャヤが話して聞かせる場面がある。サンジャヤは神のような視力を持ち、戦場で起きていることから出現する「大きな絵」を見る。これは見事な文学的技巧だ。これによって、出来事が起きた理由と語りに一貫性が生まれる。サンジャヤが大戦争の「全知の語り手」の役目をある程度担うことになる。こうした考え方は現在にいたるまで無数に利用されている。

　そのほか、登場人物のあいだで話が交わされる場合もある。この場合は、登場人物の視点や知識に限定される。多くは物語の主筋の語りから外れたもので、軍隊が取るべき陣形や捕虜の扱い方のような考え方の説明となっている。これは小説で読者に状況や理由を説明するために用いられることがある手法だが、『マハーバーラタ』の場合には、事実の教示である。詩句はストーリーを語るだけではなく、どのようにふるまうべきか、何をすべきか、なぜするのかを伝える指針でもある。

シャンタヌとサティヤヴァティー

　ハスティナープラの王シャンタヌは、女神ガンガーを見て恋に落ちた。ガンガーはシャンタヌとの結婚を承諾したが、それには条件があった。ガンガーがすることに口出しせず、邪魔もしないということだった。そのため、ガンガーがふたりのあいだに生まれた子供を7人続けて川に沈めてしまっても、シャンタヌは何もしなかった。だが、8人目の子供が生まれたとき、シャンタヌはもう我慢できず、息子の命を助けてくれと妻に頼

✣次ページ……ヒンドゥー神話では、
女神ガンガーは聖なる川ガンジス川の擬人化だ。
『マハーバーラタ』のガンガー女神は、
シャンタヌ王の妻となり、戦士ビーシュマの母親となる。

んだ。ガンガーは王の頼みに応じたものの、それまでの行為の理由をこう説明した。産んだ子供たちは実はヴァス神で、人間に生まれ変わるよう呪いを受けていた。そこでガンガーが、彼らの願いを聞き入れ、人間としての生が短くなるようにしたのだという。ただし8人目は人間として長寿を全うせねばならなかった。大変尊敬される優れた人物となったが、兄弟以上につらい呪いを受けることになる。

8番目の子供はデーヴァヴラタと名づけられた。技芸に優れた王子に育ち、父親を継いで王に即位するものと期待されていた。ところが、ガンガーが神に戻ってしまうと、シャンタヌ王は再婚したいと思うようになった。王が選んだのは、聖仙ヴィヤーサを産んだ漁師の娘だった。そうなった経緯は、例によってかなり複雑だ。

チェーディの国王ヴァスがヤムナー川の近くで狩りをしていたときのこと、妻のギリカー妃のことを思っているうちに、王は射精してしまった。王はその精液を木の葉で包み、鷹を使ってギリカー妃のもとへ届けることにした。鷹は王の命令どおりに出発したものの、途中で別の鷹に襲われてしまい、木の葉の包みが川に落ちた。そのときちょうど、川では魚の姿に変えられたアプサラス(水の精霊)のアドリカーが泳いでいた。アドリカーはヴァス王の精液を飲み込んで身ごもったが、出産前に漁師の網に捕らえられてしまう。

その漁師はダシャラージという名で、漁民の族長だった。彼が魚の腹を切り開くと、魚はアプサラスのアドリカーの姿に戻り、たちまちデーヴァ・ローカ(天界)に帰って行った。そして漁師の手元に女の子がひとり残された。ダシャラージはその女の子をわが子として育てることに決めた。その子はひどく魚臭かったので、マツヤガンダーと呼ばれるようになった。もっとも聖仙パラーシャラは、年頃になったマツヤガンダーに会っても、彼女の魚臭さなど気にしなかったのだろう。

偉大な男の父親になると知ったばかりだったパラーシャラは、ダシャラージからマツヤガンダーをもらってくれないかと頼まれた。ダシャラージはたまたまパラーシャラが乗った渡し船の船頭をしており、その船の上でそんな話が出たのだった。これは結婚話だったという説もあるが、パラーシャラがマツヤガン

その漁師はダシャラージという名で、
漁民の族長だった。彼が魚の腹を切り開くと、
魚はアプサラスのアドリカーの姿に戻り、
たちまちデーヴァ・ローカ(天界)に帰って行った。
そして漁師の手元に女の子がひとり残された。

ダーに子供（つまり聖仙ヴィヤーサ）を産ませたにすぎないという説もある。彼女への贈り物として、パラーシャラはマツヤガンダーの身体が魅惑的な芳香を放つようにしてやった。このこと

が、のちにシャンタヌ王が彼女に恋をする要因のひとつとなる。

もちろんダシャラージは、マツヤガンダー――今や魅力的な芳香を放つようになったのでサティヤヴァティーと呼ばれるようになっていた――がシャンタヌと結婚するのを承諾したが、それには条件があった。サティヤヴァティーが産んだ子を王位継承者にするということだ。これはシャンタヌには受け入れがたい条件だった。その条件を満たすためには、息子のデーヴァヴラタ王子の王位継承権を剝奪せねばならないからだ。しかし、状況を知ったデーヴァヴラタが、みずから進んで王位継承権を放棄し、独身の誓いを立てた。その代わりとして、デーヴァヴ

右……一六世紀のペルシア語訳『マハーバーラタ』。目隠しをしたガーンダーリーがドリタラーシュトラを支え、クンティーに導かれている。ドリタラーシュトラが年老いて衰えたので、引退して森へ入ろうとしているところ。

ラタは神々に長寿を約束され、死期を選ぶことができるという恩恵も与えられた。そしてデーヴァヴラタは、ビーシュマと呼ばれるようになった。

シャンタヌ王の死後、ビーシュマは王国の運営に重要な役割を担うようになったが、誓いを守って王位にはつかなかった。ところが、シャンタヌとサティヤヴァティーの息子チトラーンガダが戦死してしまったので、弟のヴィチトラヴィーリヤが即位した。王の血統はどうしても守らねばならない。そこでビーシュマは、弟の花嫁探しのため、かなり直接的な方法を取った。近くの王国から王女を3人誘拐したうえ、3人を救い出そうとした試みもすべて撃退したのだ。ただし、その王女たちのひとり、アンバー王女が、もう恋人がいると言ったので、ビーシュマはアンバー王女を自由にしてやった。ところがアンバー王女は、以前求婚されたはずの相手から結婚を拒まれてしまったため、代わりにビーシュマに結婚してくれと要求した。ビーシュマが誓いを盾に結婚を拒むと、アンバー王女はビーシュマにこんな呪いをかけた。アンバーがビーシュマを殺す者となる。

残りの王女ふたりはヴィチトラヴィーリヤの妻となったが、ヴィチトラヴィーリヤは早死にし、子供を残すことができなかった。王の血統が途絶えてしまうという危機を回避するには、未亡人が夫の兄弟と結婚するという一般的慣習に従えばよかったが、むろんビーシュマは独身の誓いを破るつもりはなかった。解決策となったのが、未亡人ふたり――アンビカーとアンバーリカーという名前だった――が聖仙ヴィヤーサと結婚する(あるいは、少なくともヴィヤーサの子供を妊娠する)ことだった。

サティヤヴァティーの息子ヴィヤーサは、亡きヴィチトラヴィーリヤの異父兄にあたる。これは結婚に関する慣習に沿ったものではあったが、王女たちにとってはまったく気に入らないことだった。ヴィヤーサはひどく汚らしくて臭い苦行者だったからだ。女性のために身ぎれいにする必要があるとは思っていなかったらしい。アンビカーはヴィヤーサの姿を見てぎょっとし、目を閉じたままでいたので、そのとき身ごもった息子ドリタラーシュトラは盲目で生まれてきた。アンバーリカーは目を閉じはしなかったものの、ヴィヤーサを見て真っ青になったので、青白い肌の子供が生まれた――そのため、その男の子は

アンビカーはヴィヤーサの姿を見てぎょっとし、目を閉じたままでいたので、そのとき身ごもった息子ドリタラーシュトラは盲目で生まれてきた。

✣次ページ……パーンドゥ王は呪いをかけられ、
世継ぎを得られなくなったが、王妃クンティーは、
この問題を自分が受けていた恩恵によって解決することができた。
パーンドゥは五人の息子たちを善と正義の人に育て上げ、
最終的にはこの息子たちが敵対者に勝利した。

パーンドゥと名づけられた。そして、もう一度ヴィヤーサがやって来ると、王女たちは臭いヴィヤーサにまた抱かれるのを避けようと、今度は侍女をヴィヤーサに差し出した。侍女はヴィヤーサを恐れもせず、嫌がりもしなかったらしい。侍女の産んだ子供ヴィドゥラは、生まれながらに大いなる知性と知恵をそなえていた。その男の子は王家にとって最も重要な顧問官になった。

ドリタラーシュトラとガーンダーリー

ドリタラーシュトラは長男なので、普通なら皇太子になるところだが、非常に強健だったものの盲目だったせいで、国民のために武器をふるって戦うことができなかった。そこで異母弟のパーンドゥが王位につき、ドリタラーシュトラは、以前にクル王国が征服した国であるガンダーラ国のスバラ王の娘ガーンダーリーと結婚した。この結婚はビーシュマが手配したものだったが、誰もが喜んだというわけではなかった。ガーンダーリーの兄弟シャクニはこの結婚に反対した。というのも、クル王国との戦争で一族の多くが戦死したばかりだったからだ。ビーシュマはクル王国の王位継承者の確保を何よりも気にかけていたのかもしれない。そうだとすれば、ガーンダーリーを選んだのは見事な選択だった。彼女はいずれ100人の子供を持つという恩恵をシヴァ神から与えられていたからである。

ガーンダーリーがこの結婚をどう考えていたにせよ、彼女はドリタラーシュトラの忠実で献身的な妻となった。みずから目隠しまでした。この行為は、夫が世界をどのように認識しているかを理解しようとしたものだと見なされていることが多いが、現状に対する抗議だとも考えられている。彼女はドリタラーシュトラの子供を数多く産んだ。この経緯については、さまざまな説がある。一説によると、ガーンダーリーの妊娠期間は2年以上になったという。このため、彼女はひどくいらだった。ドリタラーシュトラの弟のパーンドゥの妻となったクンティーよりも先に子供を産みたいと思っていたからだ。しかし、クンティーの子供のほうが先に生まれてしまった。そして、いらだちをつのらせたあげくにガーンダーリーが産んだのは、子供で

はなく血の気のない肉の塊だった。それを聖仙ヴィヤーサが手に取り、壺のなかに入れて2年以上置くと、ついにそこから息子100人と娘ひとりが現れたという。

一方、ガーンダーリーは予言どおりに99人の息子とひとりの娘を産んだという異説もある。もうひとりの子供ユユツは、ドリタラーシュトラがパーンドゥよりも先に世継ぎが欲しいと思い、召使いを身ごもらせて産ませた子供だったという。どちらの説でも、長男はドゥルヨーダナという名前で、ひとり娘はドゥフシャラーという名前だ。

ドゥルヨーダナには不吉な前兆が数多く現れたので、聖仙ヴィヤーサをはじめ、人々が未来を懸念した。ドリタラーシュトラはその子を殺すよう忠告された。ガンジス川に沈め、神に犠牲としてささげるということだ。しかし、ドリタラーシュトラは忠告を聞き入れなかった。そして、ドゥルヨーダナの行為を何度も大目に見て、国民に大損害を与えることになる。ドリタラーシュトラの残りの子供たちは、わがままな兄に忠実であり続け、この兄弟たちは「カウラヴァ」と総称された。

パーンドゥの呪い

パーンドゥ王はクル王国をうまく統治していたが、王位という重荷を負うことに疲れてしまうようになった。クルが強く安定した国だったことから、パーンドゥはしばらくのあいだ王の務めを休もうと決め、森へ入って好きな狩りに明け暮れた。狩りをせねばという強迫観念を抱いてしまうほど狩りにのめり込んだ。このことが事件のもととなった。鹿の群れを見つけ、そこで交尾している最中の雄鹿と雌鹿に狙いを定めたのだ。雄鹿と雌鹿を悲劇に陥れることになろうとは思いもせず、パーンドゥは矢を放った。すると1匹の鹿は逃げ、もう1匹は傷を追って倒れた。パーンドゥが近づいてみると、彼が射止めたのは鹿ではなく、キンダマという名の隠者だった。キンダマと妻は、動物たちに囲まれながら愛し合うのにためらいを覚えたので、あまり目立たないよう鹿に変身していたのだ。

愛の行為をしている最中の動物を射るというのは邪悪なことだ、と隠者キンダマはパーンドゥを非難したが、パーンドゥは、自分には好きなものを何でも狩ることができるという王の特権がある、と言った。すると、キンダマもこう言い返した。戦場でさえ、まだ用意のできていない敵を攻撃するのは公正ではない——正々堂々と戦うからこそ、殺人も許容されるのだ。パーンドゥは理解できなかった。敵軍の戦士のことを持ち出してどうこう言おうと、それを森の鹿にどうしたら当てはめられるというのか。すると隠者はこう説いた。問題なのは、鹿を射たことではない。夫婦の鹿が歓喜の時を共に享受しているときに矢を射たことが問題なのだ。これは邪悪な行為であり、呪われてしかるべきものだ。そして実際に、キンダマはパーンドゥにこう呪いをかけた。おまえは、妻に触れようとしたら同じように死ぬ運命となる。パーンドゥはこの出来事を妻たちに告げた。そして、自分のせいでこんなことになってしまった、分別を見失うほど狩りに夢中になってしまったせいだ、と認めた。こうしてパーンドゥは、聖仙の息子であり孫であることから受け継いだものではなく、むしろヴィチトラヴィーリヤの歩んだ道をたどることになった。彼は自分の犯した悪行の償いに苦行をすると誓った。その一方、彼にはまだ世継ぎが必要だった。

パーンドゥにとって幸運なことに、妻のクンティー妃は聖仙ドゥルヴァーサスからある恩恵を受けていた。クンティーはいかなる神々をも呼び出して、その子供を授かることができたの

✣下……盲目のドリタラーシュトラ王が息子や顧問官と相談しているところ。パーンドゥが息子たちを善き統治者にすべく教育したのに対し、ドリタラーシュトラは不愉快な性格の長男を甘やかし、王にはふさわしくない残酷な悪人になるのを許した。

だ。つまりパーンドゥ王の息子たちは、みなそれぞれ神が父親だった。長男ユディシュティラは死の神ヤマの息子であり、次男ビーマは風の神ヴァーユの子だ。三男アルジュナはインドラ神が霊上の父親だった。またクンティーは、自分の恩恵をパーンドゥのふたりめの妻であるマードリーのためにも使った。そしてマードリーは、双子の神アシュヴィンの助けによってナクラとサハデーヴァという双子の息子をもうけた。パーンドゥは知らないことだったが、クンティーには以前産んだ息子がひとりいた。これがカルナで、その父親は太陽神スーリヤだ。当時のクンティーはまだ結婚前で、与えられていた恩恵のひとつである呪文を試してみたくなったのだ。呪文は霊験あらたかで、生まれた子は途方もない武勇を示す運命にあった。しかし、クンティーがその息子を捨てたため、カルナはハスティナープラに住む戦車の御者に育てられた。カルナは非常に有能で、戦車を駆らせたらアルジュナにすら引けを取らない腕前だった。

結局、パーンドゥは予言どおりに死んだ。キンダマの呪いを避けるため妻たちに近づかないようにしていたのだが、あるとき、マードリーとふたりきりになってしまった。欲望に負けたパーンドゥは妻のそばへ行き、妻に触れたとたん、彼は倒れ込んで息絶えた。ビーシュマとヴィドゥラが知らせを聞いて森へ駆けつけると、パーンドゥの長男のユディシュティラが葬儀を見事に執り行っていた。クンティーは、自分も火葬の薪に身を投じようとすでに覚悟を決めていたが、クンティーの代わりにマードリーが焼身した。呪いをかけられたのも、その呪いを実

カウラヴァとパーンダヴァ

『マハーバーラタ』の主筋は「カウラヴァ」と「パーンダヴァ」の権力闘争である。パーンダヴァはパーンドゥ王の五人の息子たちのことで、ユディシュティラが長男だ。カウラヴァはドリタラーシュトラ王の一〇〇人の息子たちの総称で、ドゥルヨーダナというかなり嫌な男が長男だ。このふたつの王子たちのグループは、育ちも外見もまったく異なるが、共通点がひとつある。どちらのグループでも、長男に対して弟たちが非常に忠誠を尽くすということだ。

両グループとも、王子たちは恩恵を受けた結果生まれた。ガーンダーリーは一〇〇人の息子を授かるという恩恵を与えられてカウラヴァを産んだ。夫のドリタラーシュトラがその子たちの父親だ。パーンドゥの妻たちも、神々が父親となる子供たちを授かるという恩恵にあずかった。

現させたのも、パーンドゥの自業自得だったにせよ、マードリーはパーンドゥを死なせてしまったとわが身を責めていたのだ。

ハスティナープラの摂政と権力闘争

パーンドゥが森へ入ってしまってからは、ドリタラーシュトラが摂政を務めていた。そして、ドリタラーシュトラの息子ドゥルヨーダナが世継ぎとなれるよう教育を受けていたが、彼の受けた教育には王位継承者にとって有害な要素が含まれていた。彼の教育係となったのが、ガーンダーリーの兄弟で怨恨を抱えたシャクニだったのだ。シャクニはドゥルヨーダナが残酷な恐ろしい王となるよう教育した。またシャクニは、パーンドゥの息子たちに対する敵意も抱いていた。シャクニとドゥルヨーダナの対話は、パーンドゥが息子ユディシュティラに授けた教えとは対照的だ。

パーンドゥは、国民に奉仕する賢い王、平時には国民を助け、戦時には国民を守る王になるよう息子を教育した。一方シャクニは、王座とそれに付随する特権を利己的に守り、裏切りそうな者は誰であれ容赦なく潰してしまうようドゥルヨーダナに教えた。ドゥルヨーダナは、おまえは偉大な戦士のはずだ、誰であれ挑戦者は滅ぼせ、と教えられ、一方ユディシュティラは、国民が征服されるのを阻むよう教えられる。ほかに行くところがないクンティーは、パーンドゥの息子5人――5人まとめてパーンダヴァと呼ばれていた――を連れて宮殿へ戻った。これがドリタラーシュトラにとっては問題となった。ドリタラーシュトラは、ゆくゆくは息子ドゥルヨーダナが王になるものと思い込んでいた。しかし、ユディシュティラのほうが年上のうえ、パーンドゥ王の息子でもあるから、ユディシュティラが王位継承者に最もふさわしいということになってしまう。

この権力闘争はしばらくのあいだは控え目だった。張り合ったり、ときおり小競り合いをしたり、相手方の勢力を弱めようとたくらんだりするくらいだった。パーンダヴァは親族を暗殺しようとするような者たちではなかったが、ドゥルヨーダナが受けた教育がどのようなものだったかを考えれば、彼が競争相

手を排除しようと決めたのも驚くことではない。しかし、王家の王子たちを始末するとなると、簡単なことではなかった。

　ドゥルヨーダナが計画したのは、パーンダヴァの死を悲劇に見せかけることだった。彼は燃えやすい樹脂を使って住居を建てるよう命じ、その家を「ラクシャグラハ（樹脂の家）」と名づけた。その家があったのはヴァーラナーヴァダの森のなかで、宮殿から遠く離れた地だった。家の準備が整うと、ドゥルヨーダナはパーンダヴァを招き、客人として滞在するよう言った。パーンダヴァは招待に応じたものの、実はヴィドゥラから危険だと警告を受けていた。しかもヴィドゥラは、建物が放火されたときに利用できるよう秘密の避難用トンネルを掘らせていた。

ラクシャグラハのわなを考え出したのは、プローチャナというカウラヴァに仕える大臣だった。プローチャナは頃合いを見て殺人の火を放つ役目も与えられた。しかし、パーンダヴァの次男ビーマが夜間に何度も目を覚ますので、プローチャナは機会が訪れるのを待たねばならなかった。こうして王子たちと母親クンティーは、命にかかわる樹脂の家に数か月間住み続け、そのあいだに避難用のトンネルが完成した。パーンダヴァはプローチャナをだまして家のなかに閉じ込めると、トンネルを通って、ヴィドゥラが手配した船頭のいるところへ行き、船で安全な場所へ運んでもらった。パーンダヴァが死んだように見えたことから、これで何の障害もなく、ドゥルヨーダナを王位継承者に指名することができるようになった――ただし、ドゥルヨーダナの人格を疑問視する顧問官からの異議はあった。だが、ドリタラーシュトラは大臣の異議をまったく受け入れず、長男を王国の王位継承者に指名した。

ドルパダ王の競技会

この殺人未遂事件は事実上、パーンダヴァに対する宣戦布告だった。パーンダヴァはもちろんハスティナープラへ戻ることなどできず、何か月も森のなかに隠れていた。その森のなかで、パーンダヴァはヒディンバーという姿を自在に変えられるラークシャサの女に出会った。いつものように兄弟たちの不寝番をしていたビーマが最初に彼女と顔を合わせたところ、普通なら凶暴なはずのヒディンバーが、ビーマを見たとたん恋に落ちてしまった。ビーマはヒディンバーの兄と戦うはめになったが、それでもヒディンバーの恋心が冷めることはなかったようだ。ビーマとヒディンバーのあいだにはガトートカチャというラー

❖前ページ……あさはかな約束をした結果、ドラウパディーはパーンダヴァ五人全員の妻となった。このため王室内にいくらか軋轢が生じたが、パーンダヴァは品位のある男たちだったので、困った事態でもうまくやっていけるよう最善を尽くした。

パーンダヴァは招待に応じたものの、実はヴィドゥラから危険だと警告を受けていた。しかもヴィドゥラは、建物が放火されたときに利用できるよう秘密の避難用トンネルを掘らせていた。

✣上……ドルパダの競技会では、頭上で動く魚の形をした的を射ることが求められた。しかも、水盤に映った的だけを見て狙わねばならなかった。アルジュナだけがこの偉業をやってのけることができた。

クシャサの子が生まれた。この子ものちに、パーンダヴァのために戦うことになる。

この時期、パーンダヴァはパーンチャーラ国のドルパダ王が催した競技会に参加した。競技会で優勝したのはアルジュナだったが、それまで無名だったクンティーの息子カルナが、どこの馬の骨とも知れない男の息子など参加できない、と門前払いを食った後だったからにすぎない。アルジュナが手にした賞品は、王の娘ドラウパディーとの結婚だった。もっともこれは、計画どおりの結果にはならなかった。アルジュナが賞品を勝ち取ったと母親に告げると、母のクンティーが、その賞品を兄弟全員で分けることをアルジュナに約束させたのだ。このときのクンティーは、どのような賞品か知らなかったのだろうが、いずれにしても、一妻多夫婚はドラウパディーに授けられた恩恵の成就でもあった。かつて彼女は、夫を授けてくださいと5回祈っていた。そして今、5つの祈りがすべてかなったのだ。

ドゥルヨーダナがカルナと友人になったのも、競技会の席だった。カルナが平民出身であるために一族から排斥されていたのに対し、ドゥルヨーダナはカルナにこう言った。氏素性など、その個人が成し遂げた業績に比べればほとんど意味がない。これは、必要とあらばどんな手を使ってでも、生まれながらに持っている権利にしがみつこうとするのが常の王子にしては、珍しく開明的な言葉だったが、恥をかかされたカルナを味方に抱きこもうという計算もあった。これがうまくいき、この後、カルナはカウラヴァのために異父兄弟と戦うことになる。

その競技会は、ドルパダ王と幼なじみのドローナとの確執から催されたものだった。ドローナはバラモンの息子で、武術の達人になるよう期待されていたわけではなかったが、すばらしい戦士だったうえ、ほかの技能でも優れていた。一方、ドルパダは偉大な戦士になる義務があったものの、多少期待はずれで、何をするにもドローナが頼りだった。ドローナに借りがあるとわかっていたドルパダは、ドローナにこう言っていた。もし何か必要になったら、何であれ私に頼めばいい。いや、それじゃ足りない。私の王国の半分をおまえに与え、おまえを貧乏から救い出してやる。信心深いドローナは、王国までもらう気はなかったが、必要なときには助けてやるという申し出は喜んで受け入れた。

やがて時がたち、ドローナは暮らしが非常に厳しくなった。子供にミルクも与えられないほどだった。そこで、ドルパダが言ってくれたささやかな恩恵を頼みに行こうと決めた。あれから今までのあいだに、ドルパダはパーンチャーラ国王になっていた。ドローナは宮殿に出向いた。家族を養うための牛を少しもらえないかと頼むつもりだった——昔、王国の半分をやろうと気前よく言っていた男に頼むのだから、ささやかな頼み事だ。

しかし残念ながら、ドルパダは傲慢な王になっていた。ドローナがどうにか拝謁を許されて王の前に進み出たときも、ドルパダはドローナを友人だと認めようとはしなかった。自分のような王が、貧しいバラモンの幼なじみだなどと言うのは笑止千万だとあざわらった。それでも、ドローナに牛を何頭か与えよと家来に命じた。これは誓いを守ったわけではなく、恩義を感じている友人の行為でもなく、初心を忘れた男がしぶしぶ与えた施しだった。ドローナは王の申し出を断って退出し、この背信行為に対して復讐すると心に決めた。

ドローナはバラモンの息子で、武術の達人になるよう期待されていたわけではなかったが、すばらしい戦士だったうえ、ほかの技能でも優れていた。一方、ドルパダは偉大な戦士になる義務があったものの、多少期待はずれで、何をするにもドローナが頼りだった。

✣次ページ……アルジュナは弓術に非常に長けていた。
アグニ神が森を燃やすのを阻止しようとして、
インドラ神が雨を降らせたときも、
雨粒を矢でさえぎることができたほどだった。
パーンダヴァの運命は、アグニ神に守られて大きく好転した。

ドローナの復讐の第一歩は、そのすばらしい武術の腕をふたたび生かし、武術の師として自分を支配階級に売り込むことだった。そして彼は、ビーシュマによってクル王家の王子たちの師匠に任命された。ドローナのおかげで、アルジュナはすばらしい戦士になった。ドローナが教えた王子たちは、ドルパダとは違うタイプの男だった。王子たちは、ドローナが訓練してくれたことに対する恩義があるとわかっていた。ドローナは、ドルパダに戦争を仕掛けるよう王子たちに頼んだ。

カウラヴァは勇敢で積極果敢だったが、賢明さが比較的欠けていた。そこで性急に、準備不足のままドルパダに戦争を仕掛けた。結局、カウラヴァは惨敗し、ドゥルヨーダナが人質になった。次にパーンダヴァが出陣した。前よりはかなりよく計画を練ったうえでの攻撃で、ドゥルヨーダナを奪還するのに成功したうえ、ドルパダ王を生け捕りにしてドローナのところへ連れて行った。ドローナは、ドルパダがあえて破った約束を思い出させた。ドルパダ王は許しを求めて許されたが、約束を果たすため、ドローナの息子アシュヴァッターマンに王国の半分を譲らねばならなくなった。ドルパダは後悔したふりをしたものの、内心は屈辱感でいっぱいだった。いつかこの復讐を幼なじみとこの男たちにしてやりたいと思った。そこで、ドルパダは祭祀を行い、この願いをかなえてクル王家に破滅をもたらす子供を授けてほしいと神に祈った。すると、子供がふたり現れた。ドリシュタデュムナと名づけられた息子は、ドローナを殺す運命にあった。娘のドラウパディーはアルジュナの妻となって、この恐るべき戦士をドルパダ側に引き入れることになっていた。あの競技会は、実はただの婿選びではなかったのだ。クル王国を滅ぼすために何年もかけて策略を練り準備してきたすえのことだった。

クリシュナと王国の分割

パーンダヴァが身を隠していたとき、兄弟のあいだの関係は険悪になった——ひとつには、全員が同じひとりの妻と結婚したせいだろう。問題が深刻になると、クリシュナがパーンダヴァにこう助言した。帰郷して解決策を探す時が来た。クリ

✣上……ドゥルヨーダナにそそのかされ、ドゥフシャーサナはドラウパディーを裸にしようとした。ドゥルヨーダナは自分の太腿を指し、ここへ座れと彼女に命じた。ビーマはこの侮辱の代償としてドゥルヨーダナの脚を砕いてやると誓った。実際、戦いの最後の決闘で、ビーマはそのとおりにした。

シュナは宇宙の維持者であるヴィシュヌ神のアヴァターラ（化身）だった。この場合は、均衡を保つために動いていた。パーンダヴァは依然として互いに忠実なままハスティナープラへ戻った。ドリタラーシュトラはこの状況を解決するため、王国を分割しようとしたが、パーンダヴァに正当な取り分を与えてやろうという気はなかった。ドリタラーシュトラが与えた土地は、森と砂漠しかないところだったが、戦いになるよりはましだと考えたパーンダヴァは、この領土を受け取ることに同意した。これが、ユディシュティラの統治するカーンダヴァプラスタ王国となり、善行の応報としてたちまち大きく発展した。

こうなったのも、アルジュナとクリシュナという親友のふたりが、放浪のバラモンに親切にしたためだった。このバラモンは、実は火の神アグニだった。アグニ神は近くの森を焼くつもりでいたが、インドラ神に邪魔されていた。インドラ神が雨を降らせて火を消し続けていたのだ。そこでアルジュナが、ヴァルナ神の弓ガーンディーヴァを手に取り、おびただしい数の矢を放って降雨を受け止めた。これでアグニ神はおおいに喜んだ。森の大火から逃れてきたマヤという名のアスラも、アルジュナとクリシュナに感謝した。その結果、パーンダヴァに与えられたどうと言うことのない森が、インドラプラスタの宮殿を中心とする豊かな王国に変身した。その栄華はドゥルヨーダナのハスティナープラの都をはるかにしのぐものだったので、ドゥルヨーダナはますます嫉妬をつのらせた。訪問中に恥をかかされてからは、ドゥルヨーダナはもう一度、いとこたちを倒す計略を練り始めた。

そして、叔父のシャクニから助言を受け、ドゥルヨーダナはユディシュティラを骰子賭博に誘った。ユディシュティラは上手ではなかったので、兄弟たちは反対したが、クリシュナが、どうなるか最後まで見てみようと言った。ユディシュティラは夢中になって賭け続け、結果はひどいことになった。王国を失ったばかりか、兄弟たちと自分の妻であるドラウパディーまでドゥルヨーダナの手に渡ってしまった。しかも、ドゥルヨーダナの弟のドゥフシャーサナがドラウパディーの衣をはぎ取ろうとした。だが彼女の夫たちは、骰子賭博に負けたという結果を尊重せねばならない以上、手出しをすることができなかった。盲目のドリタラーシュトラ王も例によって、息子の度が過ぎた行為を止めようとはしなかった。ビーマはこの侮辱の代償としてドゥフシャーサナの血を飲んでやると誓ったが、何にもならなかった。

ドラウパディーはクリシュナに助けを求めた。クリシュナが布をつぎつぎと果てしなく出現させたので、彼女を裸にすることはできなかった。ドラウパディーが激しい言葉で王国を呪うのを聞き、恐れをなしたドリタラーシュトラ王は、この賭博で賭けたものすべてを持ち主に返せと命じた。王はビーマが恐ろしい血の復讐を宣言したことにはあまり動揺しなかったが、今やこの何もかも破壊しかねない事態に終止符を打ちたいと思っていた。だが残念ながら、息子のドゥルヨーダナはまだ図に乗っていた。彼は成功したように見えた。ユディシュティラはまた骰子を振り、また負けた。今回賭けたのは、12年間の追放と、次いで1年間素性を隠して暮らすことだった。13年目にパーンダヴァの誰かの身元がばれたら、また13年間の追放を繰り返さねばならない。ドゥルヨーダナは、これで競争相手を排除したつもりだったが、実のところ、みずからの破滅にいたる

ドラウパディーはクリシュナに助けを求めた。
クリシュナが布をつぎつぎと
果てしなく出現させたので、
彼女を裸にすることはできなかった。

一連の出来事をみずから始動させたのだった。

追放期間

パーンダヴァの追放には大勢の人々が付き従った。その気になればドゥルヨーダナに戦いを挑めるほどの手段も持ち合わせていた。王国から追放されたとはいえ、戦えば王国を取り戻せるかもしれない、とビーマは言ったが、ユディシュティラにはその気はなかった。自分たちは正しいのに苦しんでいる、とドラウパディーが愚痴を言っても、ユディシュティラは取り合わなかった。ダルマ(法)に従わねば破滅する、とユディシュティラは断言した。あの骰子賭博でシャクニがいかさまをしたのは明らかだったが、それでもユディシュティラに言わせれば、負けたら追放になることを承諾したからには、約束を守らねばならなかった。最後にはダルマが実を結び、ドゥルヨーダナの邪悪なやり方が彼の破滅をもたらすだろう。ユディシュティラは、決められた期間は追放の生活を続けると心に決めていたが、ダルマが許せば、すぐにでもドゥルヨーダナに反撃するつもりでいた。そこで、戦いの準備を始めた。アルジュナは強力な武器を探しに行き、シヴァ神に武器を授けられたうえ、父親のインドラ神からその武器の使い方を教わった。このころ、ドゥルヨーダナはクル王国を率いて戦争を繰り返していたが、いつも勝てるとは限らなかった。捕虜となり、パーンダヴァに救出されて、面目が丸つぶれになったこともあった。ドゥルヨーダナは名誉にかけてその恩に報いねばならず、アルジュナの頼みならいつでも援助するとアルジュナに約束した。ドゥルヨーダナにとって都合の悪いことに、この約束が守られたのは、いとこ同士の最終決戦のときだった。このときドゥルヨーダナは、あまりの屈辱に自殺も考えた。

カウラヴァも準備を始めていた。今やドゥルヨーダナの忠実な友となっていたカルナは、変装して聖仙パラシュラーマに仕え始めた。パラシュラーマは戦士を嫌っていたからだ。パラシュラーマはカルナの謙虚さと努力に感心し、究極の武器をつくり出す秘義をカルナに教えた。しかし、カルナがどんなときも勇敢で冷静だったことから、実は戦士であることがばれ、パ

【カルナ】

カルナは恐ろしく不運な登場人物だ。運命がまったく味方してくれない。彼はクンティーが結婚前に産んだ子なので、王家の遺産にあずかることができなかったうえ、異父兄弟からも、カーストが低いからという理由で冷遇された。こうした不当な扱いを受けたせいでカルナは敵陣へ走り、大きな栄誉と武勲を得た。このことから学ぶべきこともあったのだろうが、カルナの不運はこれで終わりではなかった。

　パラシュラーマは以前の経験がもとで戦士すべてに対して不合理な憎悪を抱いていた。カルナを呪ったことは後悔したものの、呪いを解くことはできなかった。パラシュラーマはカルナに魔法の武器を与え、カルナが不滅の名声を得ることになると約束したが、カルナの死をめぐる状況も定められてしまった。

　カルナは別のバラモンからも呪いをかけられた。突進してくる牛を射殺したときのことだ。この呪いは無力な動物を殺したせいでかけられたもので、そのバラモンにこう言われた。カルナはみずからも無力であるときに死ぬだろう。しかも、カルナが死を迎えるときの状況を詳細に定めた呪いはもうひとつある。手にした壺に入っているギー（精製したバター）をこぼしてしまった子供を助けようとしたときのことだった。その子が代わりの品を受け取ろうとしなかったので、カルナはその超自然的な力を使って泥からギーを搾り出した。このことが大地の女神ブーミの呪いを招いてしまった。カルナのしたことはブーミに痛みを与える行為だったからだ。結局、カルナが大地を搾ったのと同じように、カルナの戦車も大地にはまって立ち往生することになる。これでカルナは無力になり、残りの呪いも実現する。

✣上……カルナはカウラヴァから功績を認められ、王家の一員となった。

ラシュラーマはカルナに呪いをかけた。その究極の武器が必要になったとき、カルナはその秘義を忘れて死ぬことになるのだという。

　カルナは生まれながらにして黄金の魔法の甲冑を身につけていた。父親が神であったためだ。しかし、バラモンに変装したインドラ神に出会ったとき、その甲冑を譲ってくれとインドラ神に求められた。カルナはバラモンの求めを決して断らないという誓いを立てていたので、求めに応じるほかなかった。そして引き換えに、何でも殺すことができる武器を与えられた。ただし、1度しか使うことができない武器だった。

追放の13年目、約束どおりパーンダヴァは変装して姿を消そうとした。そこで、そろってヴィラータ王の宮廷へ行った。ところがそこで、ヴィラータ王の将軍のひとりがドラウパディーのことを気に入り、彼女をわが物にしようと手を替え品を替え、口説いたり無理強いしたりしたあげく、直接的な脅しに出た。将軍は望みがかなうものとばかり思っていたが、ふたを開けてみたら、逢引の相手はドラウパディーではなく変装したビーマだった。将軍は殴り殺され、この問題はこれで解決した。

やがて、ヴィラータ王の国にもっと深刻な問題が起きた。ほかならぬドゥルヨーダナが攻め込んできたのだ。ドゥルヨーダナと戦うべきだと唱え続けてきたドラウパディーは、ヴィラータ王の息子の戦車を駆る御者としてアルジュナを推薦した。そんなことをすればアルジュナの変装がばれてしまうが、アルジュナは承諾して出陣し、戦いに勝った。ドゥルヨーダナはこれを口実に、パーンダヴァの王国を返すという約束を破った。パーンダヴァが13年目に素性を知られてしまったからだという。ドゥルヨーダナもアルジュナもクリシュナに支援を求めた。すると、クリシュナはアルジュナに、クリシュナ軍全員か、それともクリシュナ自身かのどちらかを選ばせた。アルジュナは友人クリシュナにそばにいてもらうことを選び、クリシュナ軍の指揮権をドゥルヨーダナに譲った。

当時は、双方とも戦争を回避しようとしていた。ドリタラーシュトラ王の特使がユディシュティラのところへ派遣されたが、ドリタラーシュトラは王としての務めを果たしていない、とほのめかされ追い払われた。統治者と戦士のダルマは、戦うことであって、バラモンのようにどんな代償を払ってでも和平を模索することではなかった。一方、クリシュナも和平交渉のためドゥルヨーダナに会いに行った。しかし、ドゥルヨーダナは聞く耳を持たず、クリシュナを捕らえるよう命じた。ドゥルヨーダナの近衛兵たちがクリシュナを捕らえようとすると、クリ

カルナは生まれながらにして黄金の魔法の甲冑を身につけていた。父親が神であったためだ。

✣上……クリシュナとアルジュナは一緒に冒険の旅をしているあいだに親友になったので、クルクシェートラの戦争でクリシュナがアルジュナを助けようと申し出たのは当然のことだった。しかしアルジュナは、友人クリシュナか、またはクリシュナ軍全員かのどちらかを選ばねばならなかった。

シュナはその力を見せつけた。シヴァ神とブラフマー神をはじめとする神々がクリシュナから顕現したのだ。盲目のドリタラーシュトラ王でさえ、その威容を見ることができた。

またクリシュナは、カルナに実の両親が誰かを明かし、最初に生まれたパーンダヴァとして異父兄弟たちの味方になるべきだと勧めた。だがカルナは、敗けそうな側につくことを選んだ。カルナは母親に捨てられ、一族から冷たい仕打ちを受けたからだ。それに比べてカウラヴァは、カルナを厚遇してくれていた。カルナはカウラヴァに味方して死ぬつもりだった。

戦争が不可避になると、ドリタラーシュトラ王はビーシュマに軍を率いてくれるよう頼んだ。ビーシュマはパーンダヴァのほうに同情していたが、ビーシュマのダルマは、自分が仕える王のために戦うことだったため、王の頼みを引き受けた。ただし条件があった。カルナを出陣させないということだった。カルナは、ビーシュマが倒れた場合だけ出陣することに同意した。

バガヴァッド・ギーター

戦いにそなえ、パーンダヴァ軍とカウラヴァ軍が集結した。

パーンダヴァ軍は7軍団、カウラヴァ軍が11軍団で、合わせて18という神聖な数だった。『マハーバーラタ』も全18巻だ。そのすべてが主筋となる対立を語っているわけではないが、この18という数字の繰り返しが、この物語では精神性が重要であることを示す。『マハーバーラタ』はただの物語ではなく、ふさわしい行動とふさわしからぬ行動の例、そのそれぞれがもたらしうる結果の例を列挙している。このどれもが重要な意味を持つが、なかでも特に重要なのが「バガヴァッド・ギーター」である。「バガヴァッド・ギーター」は、アルジュナとクリシュナの対話という形式をとって、多くの概念を説く。たとえば、個々の人間にその立場が課す義務と普遍的ダルマとの対立などだ。禁欲主義を信奉し世俗的なものを完全に捨てるという極端な方法を取らなくても、善良で立派な生活を送ることができる方法が示されている。この点では、普通の人々の「ハウツー」本と見なすこともできる。日常生活のなかでたびたび直面する複雑な判断を高邁な宗教的原理とうまく釣り合わせようとするときの

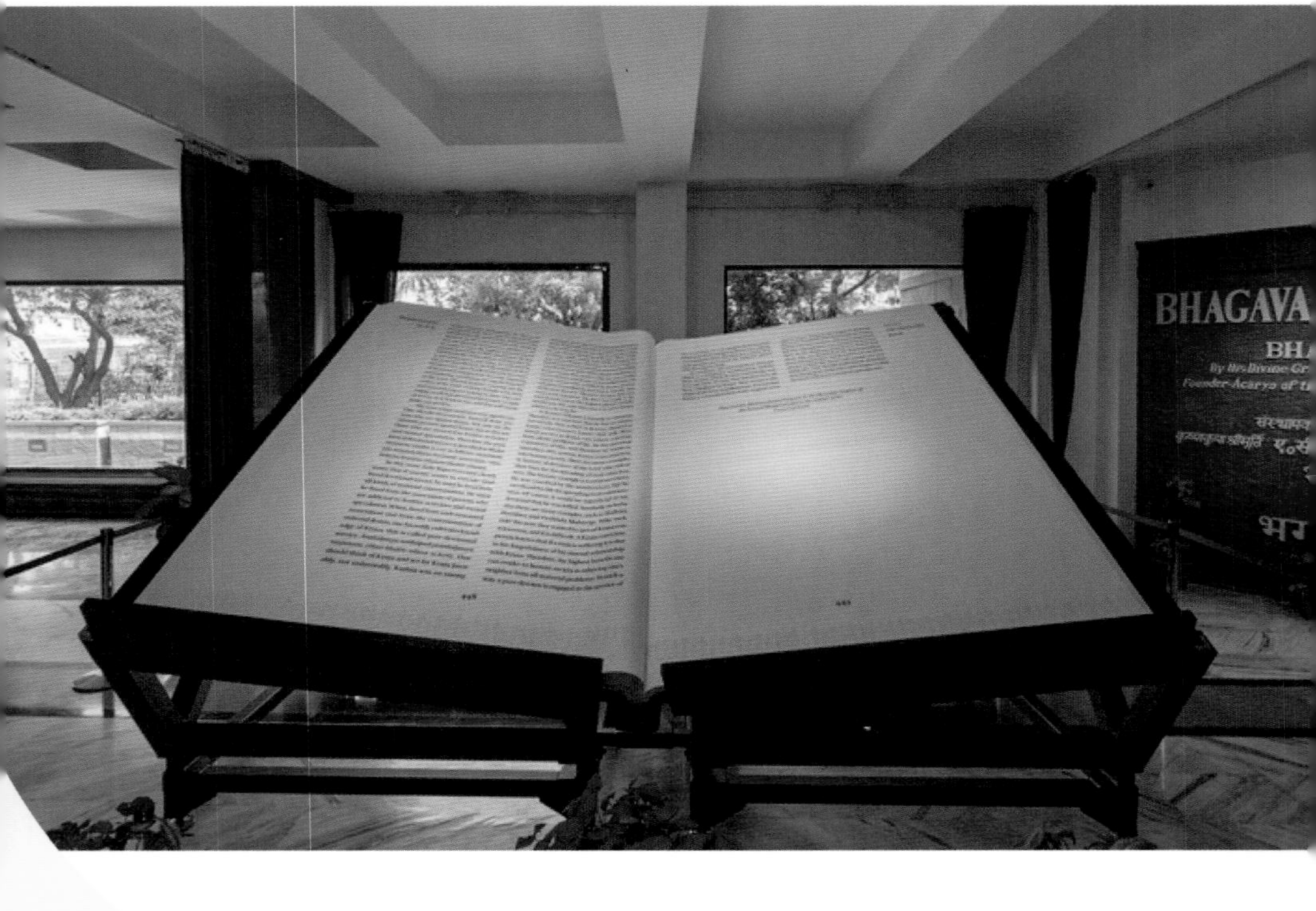

❖下……ニューデリーにあるクリシュナ教団ISKCONの寺院(Sri Sri Radha Parthasarathi Mandir)では、偉大な宗教的作品をアニマトロニクスなどの現代的な技術を利用して展示している。もちろん、より伝統的ながら、より印象的とも言えそうな書物を見ることもできる。

✣上……御者を務めようというクリシュナの申し出を
アルジュナが承諾したのは、重要なことだった。
そのしるしとして厳粛な儀式が行われた。
クリシュナの戦場での務めだけでなく
精神的な導きも受け入れたということを示すものだった。

手引きとなる。

両軍が戦いにそなえて整列するなか、アルジュナはパーンダヴァ軍の先頭に戦車を置いた。しかし彼は、これから始まる戦いに疑問を持っていた。相手はかつての友人や仲間だ。戦わねばならないから戦おうとしているだけの者も多い。こんな戦いをして何か良いことがあるのだろうか、とアルジュナは思った。戦いをあきらめ、別の場所で質素な生活を送るほうが良いのではないだろうか？　すると、アルジュナの戦車の御者を務めていたクリシュナが、ヴィシュヌ神の化身として、宇宙がどう動いているのかを熟知する権威として、それは実行可能な選択肢ではないと説いた。ひとつには、もし誰かを殺しても、アルジュナは何かを永遠に破壊し続けるわけではない。ただ彼らの死と転生の循環を促進したにすぎない——そこまで立派な生活を送った者ならば、死を恐れたりはしない。しかも、アルジュナは戦士なのだから戦わねばならない。戦いを拒むことは、アルジュナの本質を否定すること、罪深いことなのだ。

戦争に参加することは、もしアルジュナが汚い欲望や憎悪のような暗い激情から戦うのであれば、立派な行為とは見なされないだろうが、アルジュナは戦わねばならぬから戦うにすぎず、個人的な利得があるかどうかなど考えてはいない。アルジュナは指揮官であるユディシュティラに仕え、戦士としてなすべきことを行っているのだから、義務を果たしているのだ。これは正しいことであり、悪いカルマをもたらすことではない。それどころか、アルジュナが戦場を離れて戦いを放棄することこそ悪いことなのだ。

注目すべきは、「バガヴァッド・ギーター」が書かれた時代は、仏教とジャイナ教が流行し始めていた時期だったということだ。「バガヴァッド・ギーター」は、禁欲主義こそが正義へいたる道であるとする考え方に対する反論であると見ることもできる。社会全体を見渡せば、みずからの義務を果たしている人々、みずからの役割を知っている人々のほうが社会に奉仕している。それに比べ、何もかも捨て、未開の地で個人的な正義を追求している人々は、社会にあまり貢献してはいない。社会から身を引くことは、利己的な行為と見なすこともできるかもしれない。そのせいで、友人や隣人が協力者を失ったり、必要なときに助けてもらえなくなったりするからだ。それゆえ、社会から身を引くことは、義務が許す場合だけ正しい行為となる。義務が許してくれないのであれば、みずからの役割を果たすべきであり、

❖下……クルクシェートラの戦争は数百万人の大軍と大量の戦象が激突した戦いだった。『マハーバーラタ』は多くの著名な戦士の功績に焦点を当てており、普通の兵士は伝説を成立させるためのその他大勢という扱いになっている。

それが社会の全員にとっての全体的利益になる。

戦士が敵と戦って殺せば、必要とされる役割を果たし、危害を加えようとやって来る者を阻止したことになる。これで、戦士は戦士という立場の義務を果たすことができる。つまり、ダルマという概念は、市民全員の利益のために機能することによって社会の助けとなるだけではない。戦士が役目を正しく果たせば、ほかの人々が義務を容易に実行できるようになる——少なくとも、人々が義務を果たすのを邪魔されないよう人々を守ることができる。戦士のカーストにとっては、ほかの人々が善行を行うための条件を保護することが、みずからの善行を行っていることになるのだ。

戦士が敵と戦って殺せば、必要とされる役割を果たし、危害を加えようとやって来る者を阻止したことになる。これで、戦士は戦士という立場の義務を果たすことができる。

戦闘開始

クリシュナの言葉は、ドリタラーシュトラ王の御者サンジャヤによってドリタラーシュトラ王にも伝わった。サンジャヤはその神のごとく強められた感覚のおかげで戦いのすべてを目撃することができた。ドリタラーシュトラ王は自軍の敗北を確信していた。パーンダヴァ軍にはクリシュナがいるからだ。ほかの者たちも王と同じ考えだった。それでも、彼らはみずからの義務に従って戦うことを決意していた。

戦いが始まった。法螺貝が吹き鳴らされ、太鼓と角笛がとどろいた。その轟音を合図に、ビーシュマがカウラヴァ軍を率いてパーンダヴァ軍に突撃した。無敵の戦士たちは相手にするにふさわしい敵を探し出した。興味深いことに、パーンチャーラのドルパダ王は、今や敵となった幼なじみのドローナではなくシンドゥ国の王と戦った。たぶんドルパダは、まだドローナのことを同等だとは思っておらず、だから戦いの相手としてふさわしいとも思わなかったのだろう。その代わりに、ドローナはドルパダの息子ドリシュタデュムナと戦った。ユディシュティラはシャリヤ王を相手にした。シャリヤはユディシュティラの父親の義理の兄弟で、父親の親友だった人物だ。この友情は、パーンドゥ王が野でシャリヤ王の軍と出会ったのがきっかけだった。シャリヤと戦うか、またはシャリヤの美しい妹マードリーと結婚するか、どちらかにしろと言われ、パーンドゥは結

婚を選び、シャリヤを封臣として抱えた。当然ながら、当初シャリヤはパーンドゥの息子の軍に参加するつもりで進軍してきたのだが、途中でドゥルヨーダナの策略にはめられてしまったのだった。

ドゥルヨーダナはシャリヤの軍を途中で足止めさせ、盛大にごちそうをふるまい、それがユディシュティラのもてなしだというふりをしていた。だが、だまされたとわかっても、道義上、シャリヤはドゥルヨーダナに望みのものを与えねばならなかった。ドゥルヨーダナはシャリヤにドゥルヨーダナ軍に味方してパーンダヴァと戦ってほしいと頼んだ。シャリヤはドゥルヨーダナの望みどおりにせざるをえなかった。戦いに先立ち、ユディシュティラとシャリヤは顔を合わせていた。シャリヤはだまされてしまったことを詫び、ユディシュティラを祝福し、願いをかなえてやろうと言った。ユディシュティラはシャリヤに、カルナの御者となって、カルナの士気をくじいてほしいと頼んだ。

パーンダヴァは敵の指揮官ビーシュマを直接攻撃して敵軍を破ろうとした。だがビーシュマは、ドゥルヨーダナらカウラヴァに守られ、猛攻撃をはね返し、軍を率いて第1日目の血まみれの勝利へ突き進んだ。パーンダヴァ軍の損害は甚大だった。明日は潮目を変えねばならない、と指揮官たちはわかっていた。

アルジュナは、ビーシュマが敵軍の要だとわかっていたので、カウラヴァ軍の総司令官ビーシュマに戦車を向けてくれとクリシュナに頼んだ。アルジュナとビーシュマの一騎打ちは、夕暮れの戦闘終了時まで続いた。一方、ドリシュタデュムナはこの日もドローナと戦った。ドローナは、かつてドリシュタデュムナの父親ドルパダを助けていたときと変わらぬ武術の腕を見せつけた。ドリシュタデュムナは敗れたが、ビーマは送り込まれてくる敵をつぎつぎと圧倒し、カウラヴァ軍を震駭させた。ビーシュマは戦況を立て直そうとしたが、弓で戦車を破壊されて戦場から退いた。

激化

戦争の第2日目の終わりには、パーンダヴァ軍の運命が好転

✣前ページ……法螺貝を吹き鳴らすのは、大仕事が幸先よく始まることを告げるためだった。法螺貝の音は、「オーム」という神聖な音を連想させ、不運をもたらす邪悪な精霊を追い払うと言われていた。

✣次ページ……アルジュナとビーシュマは戦車に乗って英雄的な一騎打ちをしたが、決着がつかず、どちらもその日の戦いの流れを左右することができなかった。ビーシュマはカウラヴァの大義に批判的だった。ビーシュマが敗れたとたん、カウラヴァには勝ち目がなくなった。

していた。今やカウラヴァ軍は敗北寸前だった。そこで第3日目、ビーシュマは鷲のような形の陣形を敷いた。パーンダヴァ軍は半月形の戦闘隊形を取った。両軍が向き合い、真正面から激突する戦いが始まった。真昼になっても、どちらも優位には

立てなかった。ビーマが率いるパーンダヴァ軍は、なんとかカウラヴァ軍の背後に回り込み、ドゥルヨーダナに襲いかかった。このときドゥルヨーダナは、陣形のうち鷲の胴体部分の最後尾で軍を指揮していた。ドゥルヨーダナが負傷し、戦車の御者は

すぐさま彼を戦場から運び出そうとし始めた。指揮官が撤退するのを見て、カウラヴァ軍は恐れおののいたが、ビーシュマが陣形を立て直すことに成功し、ドゥルヨーダナもすぐに戻ってきた。そして、ビーシュマの指揮ぶりを手ぬるいと考えたドゥルヨーダナは、もっと攻撃的に出るよう求めた。

戦闘が激化すると、ついに天から授かった武器が登場した。アルジュナは、連携した攻撃の標的になったと気づくと、おびただしい数の矢を放って戦車を砦のように守った。一方、ビーシュマも超自然的な力を使って、パーンダヴァ軍に大量の犠牲者をもたらした。この時点で、クリシュナがアルジュナの戦車をビーシュマに向けた。両雄は互いに無数の矢を放ち合い、ついにアルジュナがヴァルナ神の弓ガーンディーヴァを手にし、ビーシュマの弓を射て、まっぷたつに折った。

ビーシュマは別の弓をつかんだが、その弓も同じ運命をたどった。ビーシュマは逆上し、アルジュナに向かってつぎつぎと矢を放った。クリシュナはその矢のほとんどをよけることができた。アルジュナが何本も矢を受けても、戦場から連れ出そうとはしなかった。それどころか、カウラヴァ軍を大量殺戮し

前ページ……ビーマはあまりに無敵だったため、戦象の群れでさえ彼にとってはささいな邪魔者にすぎなかった。ほかの戦士であれば、戦車の機動性を利用して戦象の突進をよけるところだが、ビーマは逆に戦車から降り、片手でゾウの群れを全部かたづけた。

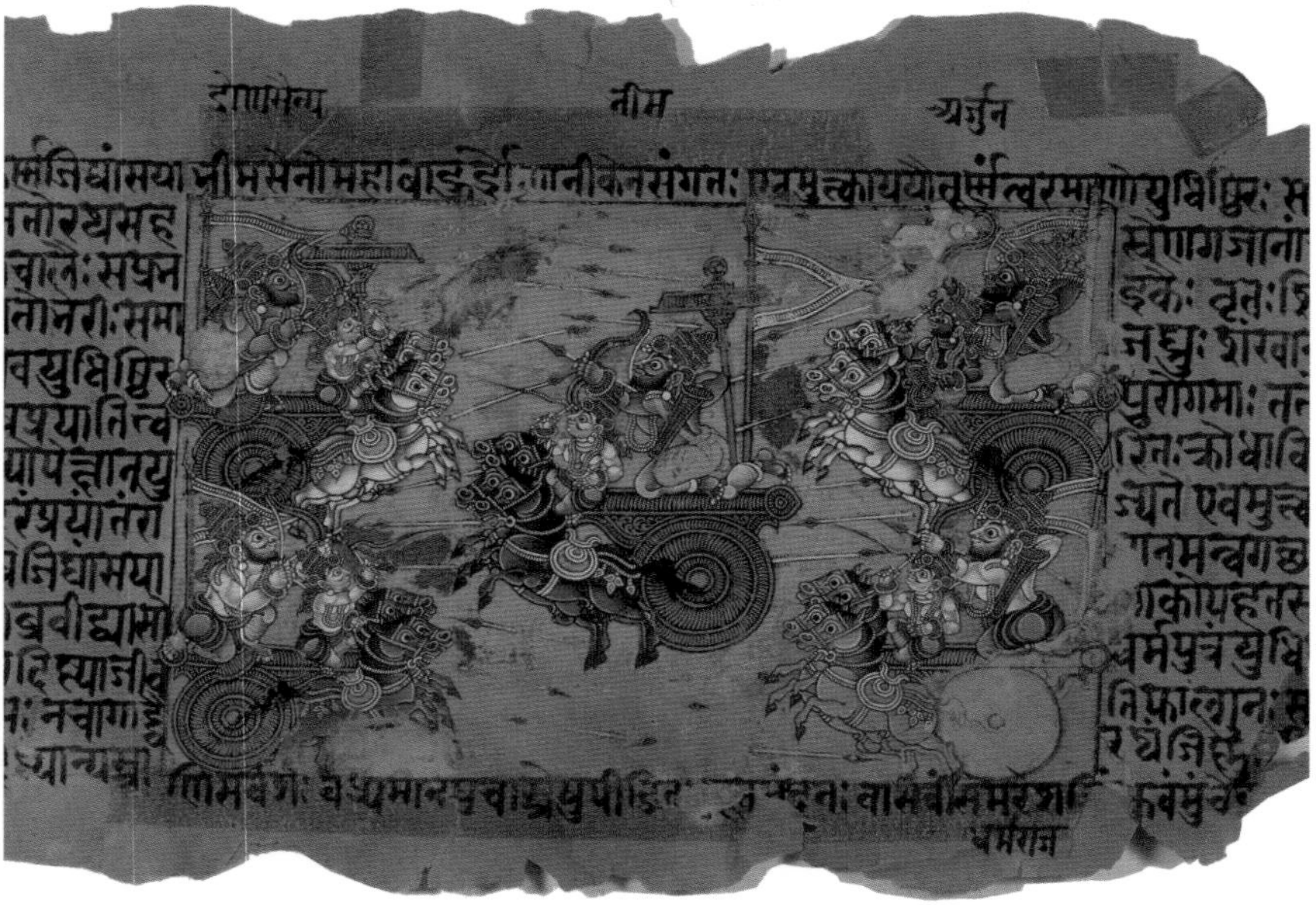

下……戦車と弓の重要性を強調した伝統的挿絵。戦車も弓も、英雄と英雄の相手にふさわしい悪者のツールだ。

た。夕暮れには、パーンダヴァ軍がまた優勢になっていた。

戦争の第4日目、ビーマが先頭に立ってカウラヴァ軍を攻撃すると、ドゥルヨーダナは戦象の部隊をビーマに差し向けた。ビーマは戦車から降り、ゾウをつぎつぎと打ち倒した。命拾いしたゾウもカウラヴァ軍のほうへ退却したどころか、そのまま軍陣を通り抜けて後方へ逃げていった。敵の戦士を何としても倒さねばと必死になったドゥルヨーダナは、ビーマに突撃せよと命じたが、その結果、カウラヴァの100人の兄弟のうち8人が死んだ。ビーマもこの戦闘のあいだに矢傷を負った。

その夜、ドゥルヨーダナは兄弟の死を悲しみ、パーンダヴァのほうが勝ち目がなさそうだったのに優勢になっているのはどういうことか、とビーシュマにたずねた。ビーシュマはこう答えた。パーンダヴァは正義の人たちであり、もしこのまま戦いを続けたら、パーンダヴァが勝つのは確実だ。そしてビーシュマは、パーンダヴァと講和を結ぶようドゥルヨーダナに勧めた。しかし、ドゥルヨーダナにはそのつもりはまったくなかった。こうして、第5日目も大虐殺が続いた。この日も、ビーシュマがパーンダヴァ軍に甚大な損害を与え、アルジュナもカウラヴァ軍を大量に殺戮した。ビーマとビーシュマは一騎打ちをしたが、勝負はつかなかった。

戦いの第6日目、両軍とも激しい攻撃を受けて陣形が崩れた。ドローナが先頭に立って突撃し、パーンダヴァ軍におびただしい数の死傷者が出たが、ビーマもカウラヴァ軍を同じ目に遭わせた。ビーマはドゥルヨーダナに迫り、一騎打ちでドゥルヨーダナを打ち負かしたものの、カウラヴァ軍を率いるドゥルヨーダナは救出された。この日が終わったとき、パーンダヴァ軍はまた優位に立ったが、翌第7日目には、戦況が反転した。

戦いの第六日目、両軍とも激しい攻撃を受けて陣形が崩れた。ドローナが先頭に立って突撃し、パーンダヴァ軍におびただしい数の死傷者が出た。

第8日目、優勢を取り戻そうとしたビーマは、この日も先頭に立って猛攻撃を仕掛けた。彼はカウラヴァ兄弟のうち17人を倒した。シャクニの兄弟5人も殺された。シャクニの兄弟を殺したのは、アルジュナがふたりめの妻とのあいだにもうけた息子イラーヴァットだった。アルジュナのふたりめの妻は、ウルーピーというナーガ族の王女で、アルジュナは追放されていたときに彼女と出会っていた。イラーヴァットの脅威を察知したドゥルヨーダナは、配下のラークシャサを差し向けた。アランブサという名のラークシャサだ。しかし結局、アランブサも倒されてしまった。その日の最後にアランブサが殺され、カウラヴァ軍はまたも大きな危難に陥った。

ビーシュマの敗北

ビーシュマはカウラヴァ軍の中心人物として、配下の兵たちを鼓舞し、パーンダヴァ軍を大量に殺戮していた。パーンダヴァ軍としては、アルジュナがビーシュマを殺害することを期待していたものの、アルジュナはそうしようとはしなかった。アルジュナは親族と戦うのだと思うと、心が落ち着かなかった。しかも、かつてはパーンダヴァにいつも良くしてくれた人だ。クリシュナは、義務を果たすようアルジュナを説得することができなかったので、自分で問題をかたづけることにした。そして、転がっていた戦車の車輪をつかむと、ビーシュマに向かって突進し始めた。車輪でビーシュマを殴り殺そうとしたのだ。

ビーシュマは戦いの手を止め、運命に従ってクリシュナの手にかかって死のうとした。ビーシュマを救ったのはアルジュナだった。アルジュナは携えていた武器をクリシュナのまえに放り投げ、武器を手にしないとクリシュナが誓っていたことを思

✣下……戦闘が始まる直前、アルジュナは御者のクリシュナに自分が抱いていた疑念を打ち明けた。それに対するクリシュナの言葉が、「バガヴァッド・ギーター」だ。その言葉は、複雑な世界の道徳と義務についての指針となる。クリシュナの言葉を聞かなければ、アルジュナは戦闘に参加しなかったかもしれない。

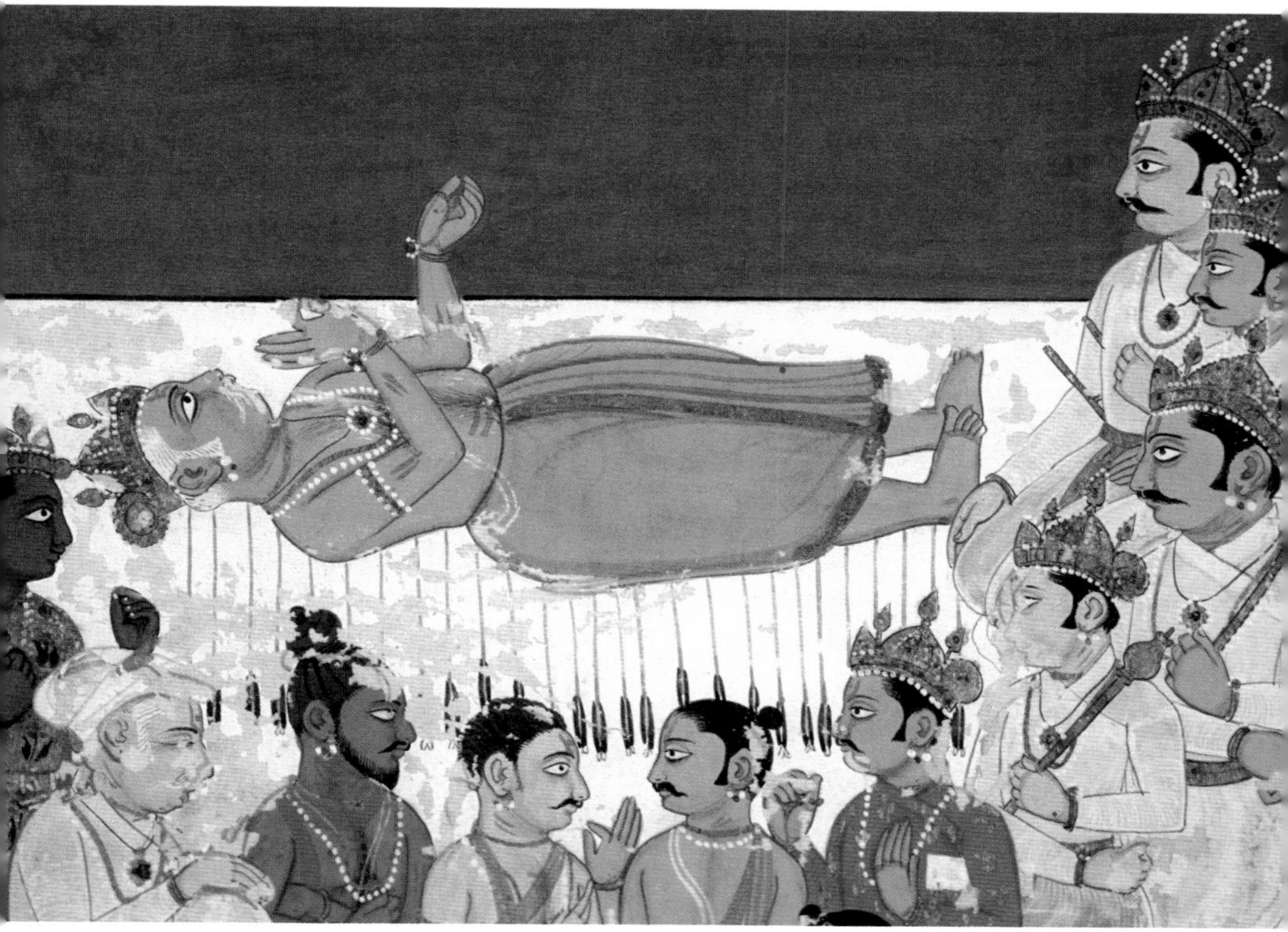

✣上……ビーシュマは無数の矢を浴びたが、地面に落ちず、それでも死ななかった。王国が安全になるのを見届け、多くの知恵を伝えられるまで命を保ち続けた。

い出させた。アルジュナはクリシュナが誓いを破って名誉を汚すのを見ていられなかった。そこでアルジュナは、できるのであればビーシュマを殺すと約束した。しかし、その場で約束を果たすことはしなかった。アルジュナとクリシュナは戦車へ戻り、戦いは続いた。パーンダヴァは無敵のビーシュマを殺害する方法を相談した。一説によると、このときクリシュナが、ビーシュマに宦官を差し向けようと提案したというが、異説では、ユディシュティラがビーシュマ自身に会って、どうすれば倒せるか聞いたところ、良い助言をもらったのだという。いずれにしても、ビーシュマを倒したのはシカンディンだった。いつかビーシュマを殺す者になる、と呪った王女アンバーの生まれ変わりである。

アンバーは自分の目的のためにわが身をささげていた。つらい苦行をし、ついにシヴァ神から念願の恩恵――ビーシュマを

✣上……バガダッタ王はパーンダヴァの宿敵だったので、当然ながらパーンダヴァの敵軍に加わった。彼はスプラティーカというゾウの背に乗って戦った。クリシュナが手を貸さなければアルジュナは殺されるところだった。

殺す者になるという恩恵――を与えられた。シヴァ神はアンバーにこう告げた。おまえは女性に生まれ変わるが、いずれ男に変化するだろう。これを聞くと、アンバーは転生を早めるためにみずから供犠の火に身を投げた。やがて、彼女はドルパダ王の娘シカンディンとして生まれ変わったが、男の子として育てられ、武術も学んだ。そしてついに、彼女は自然の精霊「ヤクシャ」に出会った。悪戯好きなそのヤクシャは、シカンディンと性別を交換してくれた。そうして今や、肉体的にも男性となった彼女は、パーンダヴァ軍に加わって、敵を探していたのだった。

アルジュナはシカンディンを戦車に乗せると、彼を盾代わりに立たせて戦車を走らせ、ビーシュマに襲いかかった。自分の死ぬ時を自分で選べるという恩恵を与えられていたビーシュマは、シカンディンを目にしたとき、死ぬ時が来たと判断した。これがアンバーの生まれ変わりだと悟り、彼女に弓を引こうとはしなかった。こうして危険に身をさらしたビーシュマは、アルジュナに何本もの矢で射られ、次いで残りのパーンダヴァからも矢を浴びた。全身に無数の矢を受け、ビーシュマは戦車から転げ落ちたが、突き刺さった矢が支えとなって、彼の身体は地面にたたきつけられずに宙に浮いていた。戦いの第10日目はこれ以降、両軍とも戦闘を停止し、この偉大な男の栄誉をたたえ、知恵を授けてくれとビーシュマに頼んだ。ビーシュマはこの対立が終わり、王国が安全になるまで命を保ち続けた。平和な時代が来たとき、ようやく彼は務めを終え、自分に死を許した。

ドローナ、ユディシュティラを捕らえようとする

戦争の第11日目、カルナが出陣した。カルナはビーシュマが倒れるまでは戦場に出ないと約束していた。今、その誓いから解放されたのだ。この日の戦略は、ユディシュティラを生け捕りにすることだったが、これは簡単なことではなかった。アルジュナが計略にかかってユディシュティラから引き離されたので、ドローナがユディシュティラを狙いやすくなったが、この作戦は失敗した。兄を救うためにアルジュナが大急ぎで戻ってきたからだ。ユディシュティラを捕獲してしまうまではアルジュナを休めさせてはならない、とドローナは気づいた。

そこで第12日目、トリガルタ国のスシャルマン王がアルジュナの注意をそらそうとした。アルジュナとスシャルマンは昔からの宿敵で、スシャルマンは大軍を率いていた。アルジュナを殺すか、さもなくば殺そうとして死ぬかだ、と誓いを立てていたが、アルジュナの武勇はすさまじく、昼までにトリガルタの大軍を打ち破り、その後も別の敵と戦った。今度はプラーグジュヨーティシャ国のバガダッタ王が相手だった。

バガダッタ王は強敵だった。彼はインドラ神の友人、ゾウ使いの達人で、戦争にもゾウを利用していた。スシャルマンと同様、バガダッタ王もパーンダヴァに遺恨を抱いており、とりわけアルジュナを恨んでいた。アルジュナがこの戦闘に参加したのは、ビーマがバガダッタの戦象に踏み潰されるのを間一髪で逃れた後のことで、アルジュナも、バガダッタが投げたゾウの突き棒であやうく殺されそうになった。その武器はヴィシュヌ神にささげるマントラ(祭詞)を付与されていたので、アルジュナでさえ打ち倒されてしまうところだったが、クリシュナがア

✣左……複雑なチャクラ・ヴューハという陣形を破って侵入する方法を知っているのはアビマニユただひとりだったが、アビマニユはその陣形から脱出する方法を知らなかった。彼は武器と戦車を失い、結局、カルナをはじめとするカウラヴァ軍の戦士たちに殺された。

ルジュナのまえに立ちふさがったおかげで事なきを得た。ヴィシュヌ神の化身であるクリシュナには、その武器は通用しなかった。彼はその突き棒を供物として受け止め、花輪に変えた。

バガダッタ王は高齢だったので、まぶたが目の上に垂れて見えづらくならないよう、ハンカチを巻いてまぶたを固定していなければならなかった。アルジュナはそのハンカチを矢で断ち切り、バガダッタの目が見えなくなったすきに、もう1本矢を放ってバガダッタ老王の胸を射抜いた。この日はこうした戦闘

バガダッタ王は高齢だったので、まぶたが目の上に垂れて見えづらくならないよう、ハンカチを巻いてまぶたを固定していなければならなかった。

でアルジュナの注意を奪ったものの、夕暮れになっても、カウラヴァ軍はユディシュティラの捕獲にはまだ程遠かった。

チャクラ・ヴューハの陣

第13日目、スシャルマン王の率いるトリガルタ軍がふたたびアルジュナを殺そうと試み、アルジュナがほかの戦闘に注意を向けられないようにし続けた。トリガルタ軍はまたも失敗したが、アルジュナとクリシュナがいないことは、ほかのところに影響した。カウラヴァ軍が今取っている複雑な陣形を破る方法を知っているのは、このふたりだけだったのだ。

その陣形は、チャクラ・ヴューハという巨大で非常に複雑で、見かけとは違って人を欺き迷わせるような陣形だった。大量の兵が同心円状に幾重にも並び、入り込んだが最後、まず脱出できない迷路を形成していた。チャクラ・ヴューハを破るには、その中心まで侵入するほかなかったが、いかなる戦士であれ力であれ、入ったら飲み込まれて破滅してしまう。チャクラ・ヴューハの秘密を知る者だけが、戦いながら中心までたどり着けるという陣形だった。

アルジュナの息子のひとりアビマニユは、まだ母親の胎内にいたときから軍事教育を受けていた。しかも、アルジュナからチャクラ・ヴューハの破り方を教わっていた。ただ、途中まで

✣下……戦争が残り数日となったところで、カルナが真価を発揮した。クリシュナとアルジュナの猛攻に耐えられる戦士はほとんどいなかったが、カルナは一騎打ちでもどうにか持ちこたえた。カルナの指導力のもと、カウラヴァ軍には幸運が戻った。

✣左……ドローナは恐ろしい戦士だったが、息子が殺されたと思い込み、ついに降参して瞑想に入り、みずから死出の旅についた。そこで彼の息子アシュヴァッターマンは、父親の復讐をするため、天から授かった武器でパーンダヴァ軍を皆殺しにしようとした。

しか教えられておらず、チャクラ・ヴューハから脱出する方法をまだ学んでいなかった。だが、クリシュナとアルジュナがいないのであれば、アビマニユが敵陣を破る可能性が一番高い。そこでアビマニユが、パーンダヴァ軍を率いて侵入するよう指示された。

パーンダヴァ軍の戦士たちに護衛されながら、アビマニユはチャクラ・ヴューハ陣を破って侵入したものの、たちまちジャヤドラタ王が立ちはだかった。多くの者と同じく、ジャヤドラタもパーンダヴァに恨みを抱いていた。パーンダヴァが追放されていたあいだのこと、ジャヤドラタはドラウパディーに出会って、彼女を連れ去ろうとしたことがあった。ビーマはジャヤドラタを殺そうとしたが、ユディシュティラは殺すのではなく屈辱的な罰をジャヤドラタに与えた。ジャヤドラタはシヴァ神に恩恵を授けてくださいと祈った。パーンダヴァを殺すことができるようになりたいと思ったのだ。しかし、シヴァ神はその願いをかなえてやろうとはしなかった。代わりにジャヤドラタは、戦闘で1日間だけ、パーンダヴァの——とりわけアルジュナの——攻撃を持ちこたえる能力を与えられた。

そのためチャクラ・ヴューハの陣内にいたジャヤドラタは、ビーマでさえ打ち倒すことができ、パーンダヴァの全軍を阻止できた。一方アビマニユは、ぐいぐいと進撃し、カウラヴァ軍をつぎつぎと虐殺した。多くの著名な戦士を殺し、カルナを打ち破り、ドローナとドローナの息子アシュヴァッターマンも打ち負かした。しかし、この激戦のあいだにアビマニユは戦車を失い、武器も失い、盾も失った。それでも戦棍をつかんで戦い続けたが、ついに彼は殺された。息子の死を聞いたアルジュナは、明日必ずジャヤドラタ王を殺す、さもなくばわが身を祭火に投じる、と誓った。

アルジュナの猛攻撃

アルジュナが恐ろしい誓いを立てたと耳にしたカウラヴァは、今日が終わるまでジャヤドラタ王を生かしておきさえすれば、アルジュナを抹殺できるのだと考えた。そこで第14日目の夜明け、カウラヴァ軍は引き延ばし戦術を始めた。ドローナがアルジュナに戦いを挑んで、アルジュナを足止めしてから、アシュヴァッターマン、カルナ、そしてドゥルヨーダナの軍と合流し、アルジュナが標的のジャヤドラタに近づけないようにした。

この作戦はうまく行きそうに見えたが、やがて、クリシュナがその力を使って太陽を隠し、日没になったとカウラヴァ軍に勘違いさせた。カウラヴァ軍は、任務を果たした、これでアルジュナは自殺するに違いない、と信じ込んで退却した。このおかげで、アルジュナは何者にも邪魔されずにジャヤドラタ王に向かって矢を放つことができるようになった。ふたたび太陽が輝き始め、1本の矢がジャヤドラタの頭を胴体から切断した。ドゥルヨーダナはこの事態に激怒し、夜まで戦い続けよと命じた。日没後の戦場は混乱を極めた。暗闇のなかで同士討ちをする者もいれば、疲労困憊して眠りに落ちてしまったあげく殺された者もいた。

この混乱した戦闘で多くの名高い戦士が殺された。そのひとりが、ビーマがラークシャサ族のヒディンバーに産ませた息子、ラークシャサのガトートカチャだ。父親に忠実だったガトートカチャは、カウラヴァ軍に大損害を与えた。ドゥルヨーダナは窮余の一策を取らざるをえなくなり、ヴァーサヴィ・シャクティ(インドラの力)を使うようカルナに頼んだ。この槍は何でも殺せる武器だったが、1回しか使うことができなかった。カルナはアルジュナを殺すためにヴァーサヴィ・シャクティをとっておくつもりだったものの、それでもガトートカチャに使わないわけにはいかなかった。ガトートカチャの死後、つかの間ながら戦闘停止となり、それからは月の光をたよりに再開した戦いが続いた。

第15日目の夜明けになっても、両軍は激戦を繰り広げていた。ドローナはパーンダヴァ軍に大損害を与えた。アルジュナは彼を殺すことができず、ヴィラータ王もドルパダ王もドローナにしとめられた。武術の師であるドローナに打ち勝つことができないと知ったユディシュティラは、計略に頼ることにした。

まず、命を受けたビーマが、ドローナの無敵の息子アシュヴァッターマンと同じ名前のゾウを殺した。そして、アシュヴァッターマンが殺された、とドローナにはっきり聞こえるよう叫んだ。ドローナはビーマの言葉が信じられなかったので、その知らせは本当か、とユディシュティラにたずねた。うそ偽りを口にしない誠実な人物として知られていたユディシュティラは、アシュヴァッターマンは死んだ、と言った。これは真実を語ってはいるが、敵をあざむくための誤解させる言葉だった。こうした計略は、戦場での作戦行動をはるかに上回る戦略を理

第一五日目の夜明けになっても、両軍は激戦を繰り広げていた。ドローナはパーンダヴァ軍に大損害を与えた。

✣上……アルジュナとカルナ。この図では、かなり奇抜な戦車に乗って戦っている。インドの戦車は——実際にはもっと地味で実用的だ——紀元前二〇〇〇年頃から使われていたと考えられている。

解していたことを示す。この場合は、これが奏功した。ドローナは武器を放棄して瞑想に入り、みずから死出の旅についた。ドルパダ王の息子ドリシュタデュムナがドローナの身体に致命的な一撃を与えたが、そのときドローナの精神はすでにこの世を去っていた。

アシュヴァッターマンは父親の死のかたきを取ろうと、ヴィシュヌ神から授かった神聖な武器ナーラーヤナ・アストラを使った。ナーラーヤナ・アストラであればパーンダヴァ軍を全滅できるはずだった。クリシュナの助言がなければ、そうなっていただろう。ヴィシュヌ神のアヴァターラであるクリシュナは、その武器には抵抗できないとわかっていた。だが、戦士が自分の武器を捨て、ナーラーヤナ・アストラに屈服すれば、ナーラーヤナ・アストラの雨のように降り注ぐ必殺の飛び道具から身を守ることができることも知っていた。

カルナが指揮を執る

カルナは生まれながらの権利を受け入れてパーンダヴァ側につくよう頼まれたものの、その頼みを断っていた。そして戦争の第16日目、カルナがカウラヴァ軍の指揮を執った。予想どおり、カルナは自分の戦車の御者にシャリヤを選んだが、カルナの士気をくじこうと思っていたシャリヤは、さっそく仕事に取りかかった。戦況を伝えるシャリヤの言葉は、敵の強さを強調し、カルナの軍が確実に敗北するだろうと力説するものばかりだった。

それにもかかわらず、カルナは先頭に立ってパーンダヴァ軍に猛攻撃をかけ、敵を撃退し、多数を殺害した。そしてアルジュナと弓で対決したが、勝負はつかなかった。カルナはアルジュナに負けず劣らず弓術に長けており、シャリヤもクリシュナに匹敵するほど戦車の操縦が上手だった。そのころビーマは、ドゥフシャーサナがドラウパディーを辱めたときに立てた誓いをついに成就していた。ビーマは戦棍でドゥフシャーサナの戦車を打ち砕くと、ドゥフシャーサナをつかんで身体を引き裂き、誓いを果たすために噴き出す血を飲んだ。

このころ、戦争のストレスがパーンダヴァに影響を及ぼし始めていた。ユディシュティラと弟のナクラとサハデーヴァは、カルナに打ち負かされたものの、カルナは3人の命までは奪わなかった。ユディシュティラが天幕に戻って傷の治療をしていると、そこへアルジュナがやって来た。そこでユディシュティラがアルジュナを叱り、カルナから逃げてばかりおらずに向

✣下……カルナの死は彼が受けた三つの呪いの結果だった。戦車の車輪が地面にはまって動けなくなったカルナは、かつての予言どおりに無力となった。アビマニユが同じような状況になったときにカルナが慈悲を示さなかったため、アルジュナはすぐその場でカルナを殺した。

かって行って戦うべきだと言ったことから、アルジュナも頭に血がのぼってしまった。クリシュナが割って入ってふたりを落ち着かせ、まもなくふたりとも忠誠心を取り戻すことができた。アルジュナは戦場へ戻り、戦車の操縦でも弓術でも互角の相手、カルナと戦った。

カルナにかけられたいくつもの呪いが成就したのは、まさにこの一騎打ちのときだった。カルナの戦車の車輪が地面にはまりこんで動かなくなったのだ。以前カルナが、大地を搾って大地の女神に痛い思いをさせたことがあったせいだった。どうすることもできなくなったカルナは、戦いを再開する準備をさせてほしいとアルジュナに頼んだ。するとクリシュナが、アルジュナにこう念を押した。先日アビマニユが似たような状況になったときには、カルナはそのような慈悲を持たなかったではないか。そこでアルジュナは、カルナに致命傷を与えた。こうして死を迎えた勇敢な異父兄弟に対し、パーンダヴァは生前には考えられなかったほどの敬意を示し、みずからカルナの葬儀を取り仕切った。

カルナの戦車の車輪が地面にはまりこんで動かなくなった（中略）
どうすることもできなくなったカルナは、
戦いを再開する準備をさせてほしいとアルジュナに頼んだ。

最終日

戦争の第18日目は、シャリヤがカウラヴァ軍の戦場司令官となった。シャリヤはだまされてカウラヴァ軍についたとはいえ、義務を果たし、勝利を目指す最後の戦いを率いた。結局、彼はユディシュティラに殺された。まだ生き残っていたカウラヴァ軍の名高い戦士たちも大半が命を落とした。ドゥルヨーダナは敗走し、落ち着きを取り戻すため、湖に入って心身を冷やそうとした。そして、湖に隠れているところをパーンダヴァに発見された。パーンダヴァは戦棍での一騎打ちをドゥルヨーダナに挑み、ドゥルヨーダナは、最強の対戦相手となるはずのビーマとあえて戦うことにした。

実は、ビーマがどれほど強敵でも、ドゥルヨーダナには強みがあった。脚を攻撃することは禁じられており、ドゥルヨーダナの脚以外の身体は、それまでに授かっていた恩恵のおかげで傷つけられないことになっていた。ここでまた、クリシュナが手を貸した。ドゥルヨーダナの脚を打ち砕くという掟破りをしろと言ったのだ。ビーマは瀕死のドゥルヨーダナを放置したまま立ち去り、死の間際、ドゥルヨーダナはまだ生き残っている数少ない味方に復讐を頼んだ。その夜、彼らはパーンダヴァ軍の野営地に侵入した。ところが、パーンダヴァを狙うつもりだったのに、ほかの人間をパーンダヴァだと勘違いして襲ってしまった。このため、ドリシュタデュムナとシカンディンをはじめとする多くの者が、戦争は終わった、勝利を収めた、と思って眠りについたところで命を落とした。

戦争後

この戦争で生き残った者はごくわずかだった。パーンダヴァの5人は生き残ったが、ユディシュティラは約600万人もの死

✣下……カンボジアにある一〇世紀の砂岩の浮き彫り。ビーマがドゥルヨーダナを打ち負かしているところ。

✣上……パーンダヴァは王国を獲得したが、三六年間統治しただけだった。治世が終わると、彼らは山へ向かって旅立った。現世の問題を後に残し天国へ昇って行こうとした。

者が出たと聞いて愕然とした。義務として王位につかねばならない、と彼を説得する必要があった。だが、ユディシュティラには未来が見えていた。野蛮極まるぞっとするような時代だ。ビーマがユディシュティラにこう言った。そういう時代にならないようにするのがユディシュティラの務めだ、少なくともしばらくのあいだは。

クリシュナはこう言った。あの戦争は神が認めた戦いだったし、すべてがしかるべく進行しているのだ。この時点でもビーシュマはまだ生きていた。以後数週間にわたって、『マハーバーラタ』2巻分にも及ぶ大量の助言を遺した。そしてついに、王国がもう安全になったとわかり、老戦士は死を選んだ。

ユディシュティラはハスティナープラで国王に即位した。そして36年間の統治ののち、弟たちと妻を伴ってヒマーラヤへ向けて旅立った。天国を探すつもりだった。ドラウパディーとパーンダヴァの兄弟4人が旅の途中で死んだが、ユディシュティラは目的地にたどり着くことができた。彼は天界に昇って行った。ハスティナープラの玉座はアルジュナの孫のパリクシットにゆだねてあった。ここでユディシュティラは、その信仰心と忠誠心を試す最後の試練を受けることになった。そして、彼が出会った忠実で無垢な犬を捨てなければ天界に入れないと言われ、この犬と一緒でなければ天界には入らないと答えたおかげで、この試練に合格した。だが、ついに天界に迎え入れられたとき、ユディシュティラの目に入ったのは、天界の楽園を享受している敵たちだった。兄弟たちは地獄で苦しんでいた。友人たちと一緒に地獄にいるか、それとも敵と一緒に天国にいるか、どちらかを選べと言われ、ユディシュティラは躊躇せず家族への忠誠を選んだ——これで最後の試練に合格した。こうしてパーンダヴァは天国でしばらくのあいだ過ごし、その善行に対する応報を受けた。しかし結局のところ、彼らも転生し、ついにモークシャ（解脱）を果たすまで死と生まれ変わりの循環を続けることになる。

第5章

プラーナ

「プラーナ」とは、宇宙論、神々、歴史、さらには供犠の作法や神々の崇拝の仕方といった関連事項についての情報を網羅した文献である。プラーナ文献はいずれもヴェーダ文献よりかなり時代が下ってから編纂されており、それまでの何世紀にも及ぶ発展や解釈を反映しているが、内容的には、ヴェーダ時代やそれ以前からの伝承が書かれている。

✣前ページ……背中が曲がった醜いクブジャーは、残忍で心の狭い王に仕えていたが、主人のために作った油をクリシュナに差し出した。クリシュナはそのお礼に、クブジャーの曲がった身体を治してやった。

最初のプラーナ文献が書かれていた時期は、インドでイスラム教が影響力を増していた時代でもあった。アラブ人はすでにこの数百年前からインドの港湾都市で交易を行っており、紀元600年頃からは、自分たちの新しい宗教もインドに持ち込み始めていた。とはいえ、西方に出現したイスラム国家との関係がいつも平和的だったわけではない。北インド、現在のパキスタンにウマイヤ朝が侵入した結果、700年代には一部がウマイヤ朝に征服され、900年代に入ると、今度はガズナ朝に侵略され

✣上……『バーガヴァタ・プラーナ』の一七世紀の写本。クリシュナの生涯の出来事を描いている。『バーガヴァタ・プラーナ』は一〇世紀に南インドで編纂されたらしい。

た。その後も、イスラム諸王朝であるデリー・スルタン朝がインドの大半を征服し、1206年から1526年にムガル帝国に敗れるまで支配していた。

その間に、現在一般的にヒンドゥー教と呼ばれるものがインド国外にまで広がり、東南アジアでは特に重要視されるようになった。これらの地域で書かれた物語は、さまざまな異説を含むことが多い。その地域なりの影響を反映しているからだろう。

大プラーナと副プラーナ

プラーナ文献が正確なところどれだけの数にのぼるのかといったことやその独自性については、いくらか議論の余地がある。一般的には、18の大プラーナ(マハープラーナ)と18の副プラーナ(ウパプラーナ)があるということになっているが、どちらのプラーナ群も、そこに含まれてしかるべきとされる候補のプラーナが数多くあり、どのプラーナであれ、含まれるか否かは変わる可能性がある。つまり、候補となるプラーナは数多くあり、そのうちから、いかなる集団でも、マハープラーナとウパプラーナとして最もふさわしいと考えるものを選ぶことが可能だということだ。

18の大プラーナは、大きく3つ（各6作品）に分類されており、それぞれトリムールティ（三神一体）の3柱の神のひとつと結びつく。つまり、ヴィシュヌ神と結びつく「ヴァイシュナヴァ（ヴィシュヌ派）・プラーナ（別名サットヴァ・プラーナ）」6作品、シヴァ神に結びつく「シヴァ・プラーナ（別名タマス・プラーナ）」6作品、ブラフマー神に結びつく「ブラフマ・プラーナ（別名ラジャス・プラーナ）」6作品である。しかし、どれもさまざまなテーマを扱っており、関連する主要な神とは別に多くの神々を賛美している。

どのプラーナ文献も5つの主題を含む。創造神話、無限に繰り返される世界の周期的な破壊と再創造についての知識、神々の物語、原初の人間の物語、偉大な王朝の歴史である。これらの5要素以外の内容を含む場合もあるが、この5つは必ずある程度含まれている。

最古のプラーナ文献が編纂されたのは、紀元350年から750年までの頃だったようだ。ヴェーダ文献の成立から2000年後のことらしい。最新のものは、1500年になってから書かれた

✣下……パドマ・アーサナ（蓮華坐）は有名なヨーガの坐法（ポーズ）のひとつ。この聖者は、聖なるガンジス川の源流にあるガウムク氷河の氷塊に座りながら瞑想している。

【ヨーガ】

ヨーガとは心身の修練方法のひとつだが、現代の世界では誤解されていることが多い。大衆文化では、ヨーガをさまざまなエセ神秘主義者の大仰なナンセンスと結びつけたり、ヨーガは身体を奇妙で不自然な姿勢にねじ曲げたいと思っているだけのことだと決めつけたりしているように見える。だが実のところ、そもそもヨーガは、呼吸を別にすれば、身体的活動との関連はほとんどない。ヨーガがもたらすものは霊的で精神的なものであり、それどころか、ヨーガについての最古の有名な文献『ヨーガ・スートラ』は、身体的能力の向上（あるいは必要）よりも心の開発について書いている。

身体のポーズが採り入れられたのは後世になってからのことだが、身体的要素と精神的要素の組み合わせが、健康に大きく寄与することがわかってきた。血圧降下や柔軟性の向上から、心の健康や回復力にいたるまでさまざまな利点がある。結局のところ、古代の文献にあるヨーガは、心や精神の向上について述べているにすぎない。

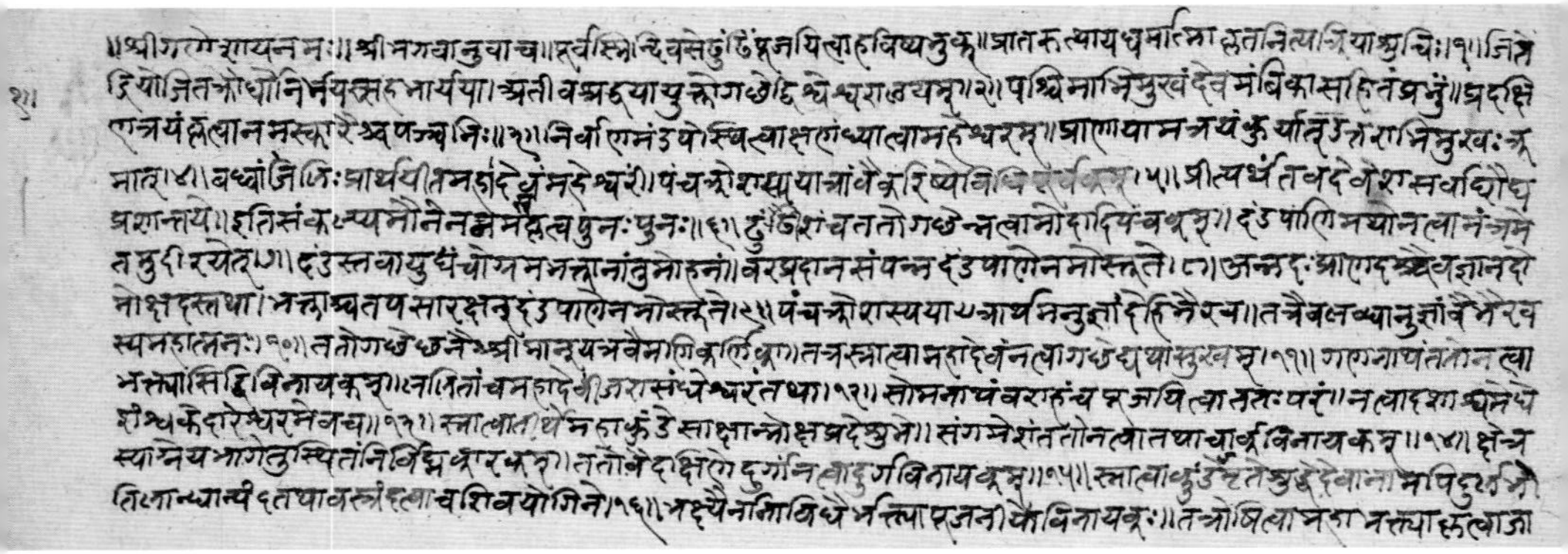

✣上……『アグニ・プラーナ』はアグニ神に関係する知識が数多く書かれているが、ほかにもさまざまな主題の内容を扱う。数百年のあいだに多くの加筆が行われ、大きく変化した可能性がある。

可能性がある。当時は社会が大きく変化していた。注目すべきことに、プラーナ文献に書かれている祭祀の大半は、誰でも執り行うことができる——いわば家庭用の宗教であり、大勢の会衆と司祭を必要とする公的な祭儀ではない。

アグニ・プラーナ

『アグニ・プラーナ』は、火の神アグニにちなんでこう呼ばれているプラーナで、伝承によれば、アグニ神が聖仙ヴァシシュタに伝え、次にヴァシシュタが聖仙ヴィヤーサに伝えて書写されたという。『アグニ・プラーナ』を含む最古の文献は、おそらく800年代か、それより少し後に書かれたものではないかとされている。ほかのプラーナ文献の一部にも言えることだが、現存する写本の内容は、ほかの作品に見られる引用——『アグニ・プラーナ』からの引用とされているもの——が示す内容とは異なる。つまりこれは、数百年のあいだに大きな変更が加えられたということだ。あるいは、もしかしたら、同じ名前で呼ばれていた作品が別に存在していたのかもしれない。

内容の多くは、火の神アグニに関すること、人間にとってアグニがいかに重要かを語ることに充てられている。また、供犠の祭火を焚くためのクンダ(火炉)の正しい作り方、供犠の正しい作法に関すること、信心深い生活を送るために欠かせないものとして沐浴が重要であることなども書かれている。とりわけ、ヴィシュヌ神のアヴァターラ(化身)についての記述が多い。そのほかにもさまざまな内容を扱っており、課税、文法、詩、演劇の言語的・非言語的要素なども見られる。『ラーマーヤナ』と『マハーバーラタ』をはじめとする重要な文献の概要も書かれている。こうした幅広く、ことによるとかなり無作為に集められた情報群は、読む人を当惑させかねないが、そもそもプラーナ文献は、物語になじみさえすればどこであれ実用的な情報をはさみ込むという流儀に従う。続きが再開されたら、それまで以上にきちんと内容を理解できるようになり始めることもある。

バーガヴァタ・プラーナ

『バーガヴァタ・プラーナ』は約1万8000の詩節からなり、10世紀頃に編纂されたと考えられている。ほかのプラーナ文献同様、さまざまなテーマを扱うが、とりわけ重要な点は、若き日のクリシュナを扱っていることだ。『バーガヴァタ・プラーナ』によれば、下位のカーストの人間のほうが上位のカーストの人間よりも優れることがありうるのだという。社会の最下層の人間でも、宗教上の決まり事にきちんと従い、立派な生活を送るのであれば、罪にまみれたり義務を怠ったりしているバラモン(ブラーフマン)のカーストの人間よりも優れていることになる。善行を行うことも、この「バクティ」(信愛・帰依・献身)という観念のひとつである。

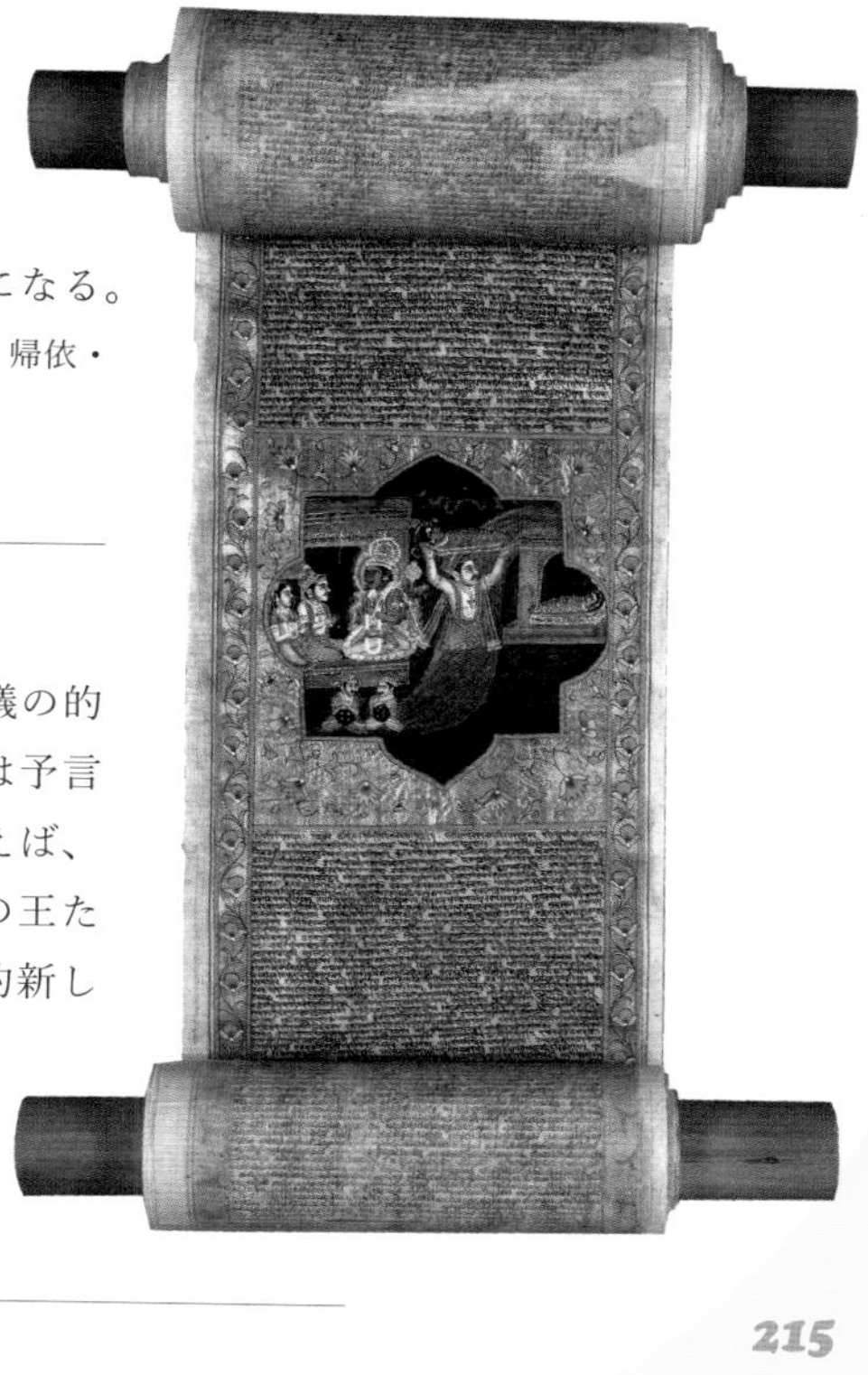

✣下……『バーガヴァタ・プラーナ』の挿絵部分。一九世紀の終わりに作られたもの。この文書には一〇〇〇年前から伝わる内容も一部含まれているようだが、数百年かけて手を加えられているかもしれない。

バヴィシュヤ・プラーナ

『バヴィシュヤ・プラーナ』は多少の論議の的になっている。このタイトルは、ここには予言が含まれているということを示す。たとえば、歴史上実在した王朝から連綿と続く未来の王たちのリストもある。ただし、予言は比較的新しく追加して書かれた部分に見られ、古くからある内容は、伝承を焼き直ししたもののようだ。『バヴィシュヤ・プラーナ』にも多くの異本があり、形式や内容が大きく異なることがある。

『バヴィシュヤ・プラーナ』のうち初期に書かれた部分は、太陽神スーリヤに関連し、後世の追記部分が予言を扱っている。スィク教、キリスト教、イスラム教といったほかの宗教についても触れており、さまざまな神々の聖なる日やダルマの諸相について扱った部分も多い。太陽神に関する内容にペルシアの作品との類似性が見られ、インドからはるか西にある場所が崇拝の中心地だと言っているようにも解釈できる可能性があることからすれば、ペルシアとインドのあいだに文化的交流があったのだろう。「ウッタルパヴァン(Uttarpavan)」というタイトルがついた最後の部分は、『バヴィシュヤ・プラーナ』のこれ以外の部分とゆるやかに関連する別個のテキストだと見なされることが多い。祭祀や慣行の詳細などの寄せ集めになっているほか、神話も少しばかり書かれている。

ブラフマ・プラーナ

『ブラフマ・プラーナ』は『アーディ・プラーナ(第1のプラーナ)』と呼ばれることもある。プラーナ文献の筆頭にあげられるからだ。ただし、同名の副プラーナがあるので紛らわしい。現存する『ブラフマ・プラーナ』は、実はブラフマー神とはほとんど関係がないので、原典どおりではないのだろう。たぶん後世の作品、13世紀から16世紀のものだ。

『ブラフマ・プラーナ』は、『マハーバーラタ』やほかのプラーナ文献をはじめとする別の文書をかなり利用している。また、聖地——特にゴーダーヴァリ川周辺——にかなり注意を払っており、多くのプラーナ同様、巡礼用の「旅行ガイド」と見なされることもある。ほかのプラーナ文献と同じく、宇宙論、神話、歴史のほか、地理やヨーガなどさまざまなテーマについても書かれている。

ブラフマーンダ・プラーナ

『ブラフマーンダ・プラーナ』は、『ヴァーヤヴィーヤ・プラフマーンダ(ヴァーユの語ったブラフマンの卵のプラーナ)』と呼ばれることもあり、プラーナ文献にある伝承のうち最古の伝承の可能性があるテキストを含む。宇宙卵からの創世、神々と人間の王朝の神話や系譜、統治や行政に関する助言などが書かれている。プラーナ文献に共通のテーマとして、世俗的な問題であっても、その概念が歴史を語る物語にすんなり当てはまるのであれば、神話や歴史に組み込んで語るということが行われている。

また、『ブラフマーンダ・プラーナ』には「アディアートマ・ラーマーヤナ」と呼ばれる約4000の詩節からなる部分もある。これは『ラーマーヤナ』の縮約版で、立派な人間としてのラーマ王子というよりも、ヴィシュヌ神の化身としてのラーマ王子を強調している。これは後世、おそらく1400年代に追加されたものだろう。『ブラフマーンダ・プラーナ』は、主要神としてのブラフマーに関連する6つのプラーナのひとつである。

✣上……ラーダーは若きクリシュナがかくまわれていた村の牛飼い女だった。彼女はクリシュナと恋に落ち、その思いやりと献身で有名な女神になった。『ブラフマヴァイヴァルタ・プラーナ』では最高位の女神とされている。

ブラフマヴァイヴァルタ・プラーナ

『ブラフマヴァイヴァルタ・プラーナ』は15世紀から16世紀に編纂されたらしいが、内容的には、それよりはるかにさかのぼる700年頃につくられた可能性もある文献も含まれている。中心となるテーマはクリシュナとその妻ラーダーだ。すべての神々はクリシュナの諸相であり、すべての女神はラーダーの化身であると言っている。プラーナ文献のなかで『ブラフマヴァイヴァルタ・プラーナ』が特異な点は、通例の形式を用いていないところで、ほかのプラーナ文献には登場しない女神ラーダーを重視している。

このプラーナにある創世神話によれば、宇宙の創造主はブラフマンだが、そのブラフマンもまたクリシュナの諸相のひとつであり、クリシュナこそが「至高の実在」なのだという。同様に、ガネーシャ神などの神々も、クリシュナやラーダーとからめて論じられており、クリシュナとラーダーは宇宙が完全であるためには不可欠の存在とされている。サラスヴァティー、ドゥルガー、ラクシュミーのような主要な女神は、ラーダーの諸相であると見なされているほか、女性を敬わないことは女神を敬わないことである、という考え方も示されている。

ガルダ・プラーナ

『ガルダ・プラーナ』は、鳥の王である聖鳥ガルダにちなんだ書名だが、主にヴィシュヌ神について語っている。ガルダとヴィシュヌ神の対話という形を取っており、死と転生の本質など多くの観念についてヴィシュヌ神が説く。このプラーナにあるような天国と地獄の考え方は、キリスト教の考え方と共通点が多い。このことは一部の方面ではよく取り沙汰されているが、たぶんこれは、文化交流の結果であるか、さもなければ賞罰の共通した概念があるということだろう。このため『ガルダ・プラーナ』は、葬儀の情報源としても重視されている。

ほかのプラーナ文献と同様に、『ガルダ・プラーナ』もひとつのテーマだけに絞って語っているわけではない。惑星の重要性や惑星の崇拝方法について語っている部分や、『ラーマーヤナ』と『マハーバーラタ』の縮約版もあるほか、クリシュナの前半生の物語、ヴィシュヌ神の化身のリストもある。ブラフマー神をはじめとする神々が、瞑想中のシヴァ神に向かって何について瞑想しているのかとたずねたときのことも語られている。シヴァ神の答えは、全能のヴィシュヌ神について瞑想しているが、この件についてさらなる悟りを得るには、ヴィシュヌ神本人から授かるしかない、というものだった。何を言いたいのかは明らかだ――このテキストでは、ヴィシュヌ神こそが至高神で、シヴァ神でさえヴィシュヌ神の力を少しも理解できないということである。

シヴァ神の答えは、全能のヴィシュヌ神について瞑想しているが、この件についてさらなる悟りを得るには、ヴィシュヌ神本人から授かるしかない、というものだった。

クールマ・プラーナ

『クールマ・プラーナ』は、ヴィシュヌ神の化身である亀のクールマにちなんでこう呼ばれている。現存の写本は約6000の詩節からなるが、ほかの書物によれば、本来は約1万7000詩節もの長さがあったらしい。収集された内容のなかには8世紀までさかのぼると思われる内容もあるが、ほかのプラーナ文献と同様、後世に何度も改編されたり修正されたりしている。「サットヴァ・プラーナ（ヴァイシュナヴァ・プラーナ）」――ヴィシュヌ神に関連するプラーナ――のひとつと考えられているものの、ヴィシュヌ神を至高神と見ているわけではなく、ほとんどの内容はシヴァ神の観点から語られている。

ここに含まれる『イシュヴァラ・ギーター』は、『バガヴァッド・ギーター』と似た内容になっており、ほかの文献も利用して編まれている。ヴィシュヌ神がシヴァ神を招いて、宇宙の仕組みと宇宙にある万物について説いたことを、シヴァ神が語るという形になっている。アートマン（我）つまり霊魂についての話や、いかなる人間でもヨーガを行い、敬虔の念の深い行為を行えば、輪廻転生から解放されることなどが語られている。

リンガ・プラーナ

『リンガ・プラーナ』は、シヴァ神のシンボルである「リンガ」にちなんでこう呼ばれる。ここに含まれる最古の内容は、5世紀から10世紀につくられた可能性があるが、異説が多数存在することから見て、全体としては、数世紀にわたり何度も加筆されたのだろう。『リンガ・プラーナ』の内容の多くはシヴァ神を扱っているので、分類する場合には「タマス・プラーナ」のひとつと考えられている。

『リンガ・プラーナ』では、シヴァ神は「アルダナーリーシュヴァラ（半身が女神のシヴァ）」の一部ということになっている。つまり、男性部分としてのシヴァと女性部分としてのパールヴァティーが合体したものの男性部分ということだ。この考え方によれば、男性と女性が一緒になって宇宙を創造したのであり、どちらかがどちらかに打ち勝つことはできず、互いを必要とする。両性具有の存在が男性部分と女性部分に分離し、それによって生殖能力を獲得し宇宙を生み出した、とする説はさまざまな創世神話に見られ、力の源泉としての女性がいなければ、男性神は行動できないとする神話もある。

マールカンデーヤ・プラーナ

『マールカンデーヤ・プラーナ』は、おそらく最古のプラーナ文献のひとつで、このなかにある物語2作品に登場する聖仙にちなんで名づけられている。これの珍しいところは、特定の神を至高神と認識しているわけではなく、祈りの言葉や礼拝の形式についてもほとんど扱っていないことだ。しかし、至高の女神としての女神シャクティを中心に語る「デーヴィー・マーハートミヤ(女神の偉大さ)」または「デーヴィー・プラーナ」という文献が含まれる。「デーヴィー・プラーナ」では、女神シャクティが宇宙の造物主であり、宇宙における至高神となっている。『バガヴァッド・ギーター』に依拠しているところが大きく、それどころか、「デーヴィー・プラーナ」の主題は「クルクシェートラの戦争」の余波である。ただし、クリシュナとパーンダヴァの死についての記述は『マハーバーラタ』とは異なる。

「デーヴィー・プラーナ」では、シヴァ神と妻の女神パールヴァティーは、男女を入れ替えて化身しようと考える。つまり、女性のパールヴァティーが男性のクリシュナとして、男性のシヴァが女性のラーダーとして化身することにする。これは、相手の立場になって愛を経験するためだ。そして、地上での仕事を終えたクリシュナは、人間界を離れるつもりだとパーンダヴァに告げ、盛大な祝典のもと、クリシュナは女神カーリーに変身してドラウパディーを吸収する。この物語では、ドラウパディーは女神カーリーであるクリシュナのひとつの相なのだ。ユディシュティラは戦車で天に昇り、ほかの兄弟たちも肉体を離れて天に連れて行かれるか、あるいはヴィシュヌ神の諸相に変身する。

両性具有の存在が男性部分と女性部分に分離し、それによって生殖能力を獲得し宇宙を生み出した、とする説はさまざまな創世神話に見られる。

マツヤ・プラーナ

『マツヤ・プラーナ』はヴィシュヌ神のアヴァターラ(化身)のひとつにちなんでこう呼ばれている。プラーナ文献と見なされるには、次のような5つの重要な主題つまり「5つの特徴」をそなえていなければならない。宇宙の創造について。宇宙の周期的な破壊と再生について。神々の系譜と神話。最初の人間たちの生涯について。日種族と月種族に属する諸王朝の歴史について。プラーナはこれらの主題以外についても扱うことはできるが、この5つの主題を扱っていない文献は、非常に重要な文献だとしても、プラーナ文献ではない。

『マツヤ・プラーナ』はプラーナ文献の独自の定義を生み出したと言える。「5つの特徴」を含むほか、住宅や寺院の建築、地理学、統治、ダルマ、慈善とヨーガについての内容もある。書名は、ヴィシュヌ神の化身であるマツヤ(魚)にちなむ。マツヤが大洪水に見舞われた人間を救ったという。この物語は、他地域の洪水神話との共通点が多い。マヌ王と王に付き従う人々は箱舟に乗って救われる。この時のマヌとヴィシュヌ神の対話が、多くの観念を説く。たとえば、「ヴラタ(誓戒)」、つまり敬虔の念と自律心を持って行う小さな行為の重要性についてなどである。

ナーラディーヤ・プラーナ

紛らわしいことに、『ナーラディーヤ・プラーナ』(あるいは『ナーラダ・プラーナ』)と呼ばれる文献は2種ある。ひとつは大プラーナで、もうひとつは副プラーナであるため、後者のほうを『ブリハンナーラディーヤ・プラーナ』と呼ぶこともある。後者はもっぱらヴィシュヌ神の崇拝について語っているが、大プラーナのほうは、それ以外にも多くの主題について扱っている。たとえば、編者がまとめた18種のプラーナの要約など

❖下……マツヤはヴィシュヌ神の化身で、マヌ王の親切に対するお返しとして、マヌ王が大洪水から配下の人々を救う手助けをした。マヌ王の船を導きながら、マツヤは折々に知恵と精神的指導を授けた。

も含む。

『ナーラディーヤ・プラーナ』は、ダルマやモークシャなどの宇宙の原理、ガネーシャ神などのさまざまな神々を崇拝する際の詳しい作法などについても語っている。ほかの多くのプラーナと同様に、ガンジス川流域をはじめとする巡礼すべき地域の地理や社会の状況についての助言もある。また、永遠の命という恩恵を授けられたという聖仙マールカンデーヤの物語も含まれている。ヴィシュヌ神にささげられたプラーナ文献にはよくあることだが、ここに収められた物語では、その恩恵を授けたのはヴィシュヌ神である。このエピソードは、ほかの文献ではシヴァ神が授けたことになっている。

永遠の命という恩恵を授けられたという聖仙マールカンデーヤの物語も含まれている。ヴィシュヌ神にささげられたプラーナにはよくあることだが、ここに収められた物語では、その恩恵を授けたのはヴィシュヌ神である。

パドマ・プラーナ

『パドマ・プラーナ』はさまざまな異本が現存しており、ジャイナ教に関連する同名のテキストもある。『パドマ・プラーナ』の現存する写本は、約5万の詩節からなるが、約5万5000詩節からなる異本に言及している文献もある。テキストの一部は750年頃に成立した可能性もあるが、写本は少なくとも15世紀までは追加や修正が重ねられた可能性が高い。

そうした著作にはよくあることながら、『パドマ・プラーナ』も宇宙論や地理学、モークシャやアートマンなどの概念についても取り上げている。ヴィシュヌ神に関連した話が中心だが、重要なところとして、シヴァ神を賛美するために充てた部分もある。また、バラモンがどのように行動し生活の糧を得るべきかということについても、かなりの量をさいている。たとえば、バラモンは副業として戦士になってもかまわないと助言したり、邪悪な人々に対してはバラモンから戦いを仕掛けねばならないかもしれないと認めたりしている。

シヴァ・プラーナ

伝承によれば、『シヴァ・プラーナ』は本来は約10万の詩節からなる大作だったが、聖仙ヴィヤーサが2万4000詩節に編纂しなおしたという。書名が示すように、シヴァ教の最も重要なテ

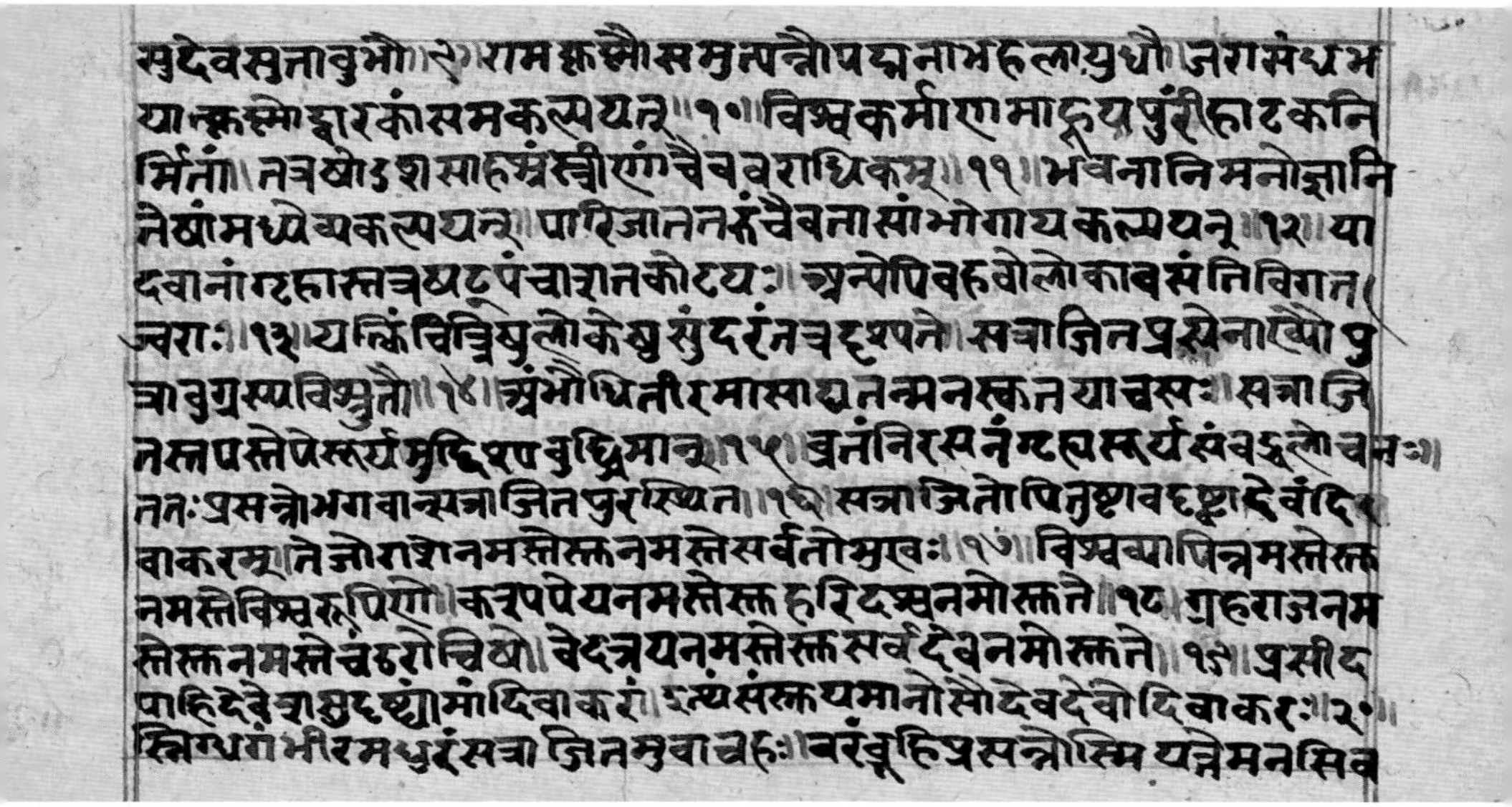

✣上……戦いの神スカンダに関連するプラーナにふさわしく、『スカンダ・プラーナ』は悪魔と戦うさまざまな方法が大量に書かれている。また、「大海の攪拌」などほかの文献にも見られる物語もいくつか語られている。

キストのひとつであり、内容的には10世紀にまでさかのぼる可能性もあるものも含まれる。ただし、内容の大半はもっと新しく、14世紀まで修正が加えられた可能性がある。もっぱらシヴァ神と妻の女神パールヴァティーについて語っているが、シヴァ神を賛美するだけでなく、ヴィシュヌ神とブラフマー神についても称賛し、神々に近づく方法について助言してもいる。これは個人としての接近であり、公式の宗教に盲目的に従うことよりも、むしろ種々さまざまな日々の献身(バクティ)やヨーガを含む。

スカンダ・プラーナ

『スカンダ・プラーナ』は、シヴァ神と女神パールヴァティーの息子スカンダ、別名カールッティケーヤにちなんでこう名づけられている。プラーナ文献のなかで最も長く、約8万1000の詩節からなるが、伝承によれば、もともとは『シヴァ・プラーナ』のほうが長かったという。『スカンダ・プラーナ』の最古の部分は6世紀にさかのぼる可能性があるが、加筆修正が重ねられた結果、現存する写本にあるバージョンになった。ダルマや宗教儀式についての話に加え、悪魔についての話、悪魔に対抗する方法についても詳しく論じている。

ヴァーマナ・プラーナ

『ヴァーマナ・プラーナ』は、450年から900年頃に原型ができたのではないかと思われる内容も含まれるが、それよりも後世のものである可能性のほうが高いと考えられていることが多い。シヴァ神との関連が最も強いものの、例によって、ほかの神々も崇敬されている。

『ヴァーマナ・プラーナ』では、宇宙論や一般的神話は比較的少ない。ただし、ヴィシュヌ神とシヴァ神を賛美する部分はある。しかも、シヴァ神を崇拝するための巡礼や儀式についての助言が多い。このようにシヴァ神を強調していることは、このプラーナがヴィシュヌ神の化身であるヴァーマナ（小人）にちなんで名づけられていることと食い違う。おそらく長年にわたって修正や変更が重ねられたためだろう。

✣下……ヴィシュヌ神の化身であるヴァラーハの彫像。インドのハレービードゥ寺院の壁面彫刻。『ヴァラーハ・プラーナ』は主としてヴィシュヌ神の偉業を語っており、なかでも猪の化身ヴァラーハの物語を伝える。ほかのプラーナ文献同様、崇拝者向けの実用的な情報も含まれている。

ヴァラーハ・プラーナ

『ヴァラーハ・プラーナ』は、ヴァラーハ（猪）に化身したヴィシュヌ神の偉業をはじめとするヴィシュヌ神の功績の数々が中心となっている。このヴァラーハの物語では、悪魔ヒラニヤークシャが大地（その神格化である女神ブーミ）を海の下に隠したため、ヴィシュヌ神がヴァラーハの姿をとって、女神ブーミを海の下から助け出す。そのためにはヒラニヤークシャと1000年間戦わねばならなかったという。このテキストは10世紀から12世紀に原型が成立したが、以後も修正や追加が重ねられた。複数の異本が現存しているものの、完全な状態のものはない。2万4000の詩節からなるこのプラーナは、供犠、苦行、断食について幅広く述べており、それらをいつ行うべきか、どのような恩恵がありうるかも詳しく語っている。

ヴィシュヌ・プラーナ

『ヴィシュヌ・プラーナ』は、至高神としてのヴィシュヌ神に重点を置く「ヴァイシュナヴァ・プラーナ」のなかで最も重要なものである。ヴィシュヌ派の信者が何よりも重視するプラーナであり、信者は至高神であるヴィシュヌ神を崇敬し、このプラーナを至高の聖典と考える。一般的には、紀元前300年から紀元450年のあいだに原型がつくられたと推定されている。『ヴィシュヌ・プラーナ』には、宇宙の創造から現在までの年代記、神々と諸王の系譜、『ラーマーヤナ』と『マハーバーラタ』の物語についての増補も含まれるほか、若き日のクリシュナとラーマの物語——クリシュナもラーマもヴィシュヌ神の化身である——や、カリ・ユガ(末世)の描写もある。このカリ・ユガを語る部分はかなり恐ろしく、取り返しのつかない罪へ堕落していく世界が描かれるが、道徳的に正しい人々が悪事を行うことを拒めば、みずからを救うことができると表明されてもいる。そして、ヴィシュヌ神とひとつになって救済される方法のひとつとして、瞑想と善行が描かれている。

プラーナ文献の特質

プラーナ文献は、その特質や内容がきちんと分類できないほど複雑である。プラーナ文献に書かれている伝承には矛盾が多く、内容の変更や修正が何度も行われたのは明らかだ。同じプラーナ文献でも、現存するバージョンがふたつあれば、完全に一致することはないだろうし、一方の欠けた部分がもう一方の相当する部分とまったく同じだろうと考えるのは賢明とは言えない。

こうした矛盾の塊を扱うには、それをほとんど無視してしまうのもひとつの手だ。個人的な好みに合う部分だけを取り上げ、残りの部分は間違いか無関係だと言い切ってしまうことならできる。だが、おそらくもっと良い手は、プラーナ文献が神々ではなく人間の書いたものだと認めることだろう。プラーナ文献は神々が直接授けた聖なる文言ではない。神々が質問に答えて語った言葉の記録だとしても、何世代にもわたる人々が、それぞれの当時の信念や好みに従って解釈を重ねてきたことだろう。

ヒンドゥー教の基本的な考え方のひとつに、人間の知力はあまりに小さいので、真理全体を理解することなどできないというものがある。そのため、これほど膨大な伝承群は多くの真実を含むけれども、それが「真理」ということではない、ということを認めるのは難しいことではない。プラーナ文献は、宇宙のあらゆるものと同様に、じっくりと考えるべき輝かしい謎なのである。

プラーナ文献は神々が直接授けた聖なる文言ではない。神々が質問に答えて語った言葉の記録だとしても、何世代にもわたる人々が、それぞれの当時の信念や好みに従って解釈を重ねてきたことだろう。

第6章

聖仙、諸王など著名な人々

ヒンドゥー神話は偉大な人間たちにも焦点を当てている。聖仙（リシ）やバラモンと並んで、諸王や大臣たちも重要な登場人物である。庶民でありながら目立つ人物となるとほとんどいないが、それでも異彩を放つ脇役として登場する人はいる。偉大な人間が成し遂げた世界を一変させるほどの偉業は、往々にしてその周囲の人々が総力をあげて努力した結果だが、それではおもしろい物語にならない。そのため、たいていの神話は、偉大な人間たちが単独で行動しているかのような物語になる。

✣前ページ……戦車上のクリシュナとアルジュナ。畏敬の念に打たれ、しかるべく崇拝したアルジュナに対し、クリシュナが神々の知恵と知識を授けているところ。「クルクシェートラの戦争」では多くの人命が失われたが、これは世界から邪悪な人間を取り除くというクリシュナの目的にはかなうことだった。

神話では、普通の人々は背景にすぎないことが多い。そうでなければせいぜい犠牲者といったところだろう。『ラーマーヤナ』にも『マハーバーラタ』にも、兵士が何千人も殺害される場面が出てくるが、それは物語の英雄たちが普通の人間よりはる

七聖仙（サプタルシ）

七聖仙（サプタルシ）は北斗七星の七つの星によって表される。七聖仙はブラフマー神の「意から生まれた息子たち」で、偉大な知恵と途方もない能力を授けられていた。聖仙の多くがこの七聖仙の子孫だ。彼らもその能力を受け継ぎ、俗世の出来事に影響を及ぼした。聖仙が与えた恩恵や呪い——しかも数回にわたることが多い——がからむ物語は数多くある。

少なくとも一部の聖仙は、呪いを乱発していたようだ。聖仙から恐ろしい運命を授けられたものの、実際にはそのような呪いを受けるほどのことでもなかったという者も多い。それどころか、聖仙が恐ろしい呪いを浴びせておきながら、次には呪いをかけたことを後悔したという話もいくつかある。その場合は、呪いを取り消すことはできないので、呪いを軽減する措置を取る。これは大きな物語を展開しやすくするプロット上の仕掛けかもしれないが、誰であれモークシャ（解脱）に到達して宇宙とふたたび一体化するまでは不完全である、ということを示すのにも役立つのかもしれない。

七聖仙の名前は文献によりさまざまである。最も一般的に認められている七聖仙を次のページ以降で詳述している。こうした聖仙の重要性は、どれだけ強調してもしすぎるということはない。なにしろ、神々の多くが七聖仙の子供たちなのだ。この点は、多くの神話が神々と人間をはっきり区別していることと食い違う感じがする。ギリシア神話でさえ、半神半人が人間の父親のもとに生まれた場合、明らかに神格を失う。ヒンドゥー神話の場合はもっと複雑だ。七聖仙は神ではないが、人間とも違い、人間よりもはるかに性的能力が強い。ある意味では、宇宙にとって多くの神々よりも重要な存在なのである。

かに優れていることを示す。これも作話上の工夫かもしれないが、同時に、敬神の念と神聖な苦行によってどれほどのことを成し遂げられるかを描くことにもなりうる。人間としては並外れた能力を持つ人々だけが、力を授けられた人間や悪魔の襲撃に耐えることができるのだ。

そのため有名なヒンドゥー神話の登場人物は、たいていが神々やその従者、聖仙、王族の化身だったり生まれ変わりだったりする。ヒンドゥー神話の登場人物は非常に多く、しかも、紛らわしいほど似た名前の人物が出てくるが、強い印象を残したり、大事件に関係したりして異彩を放つ登場人物はそれほど多くない。

✣上……マヌ王と七聖仙がヴィシュヌ神の魚の化身マツヤによって安全な場所へ運ばれていくところ。船をマツヤにしっかり結びつけているのはロープではなく、ナーガ（蛇）族の王である大蛇ヴァースキ。

聖仙アトリ

聖仙アトリは、ブラフマー神の眼から現れたと言われている。妻は「7人の偉大な女性」のひとりとされるアナスーヤー・デーヴィーである。アナスーヤー・デーヴィーは貞節と質素という美徳を典型的に示す女性で、苦しい時期でさえ人々に手を差し伸べることができた。アトリとアナスーヤーは、ヒンドゥー神話によく見られるテーマのひとつである献身的な似合いの夫婦の一例で、強力な息子3人をもうけた。チャンドラ（別名ソーマ）は月の神。ダッタートレーヤは聖者で、シヴァ神のアヴァターラと見なされることが多い。ドゥルヴァーサスは、やたらと呪いをかけたがる聖仙だが、クンティーに対しては、神を呼び出して、その神の子を授かることができるという恩恵を与えた。

ドゥルヴァーサスはクリシュナにさえ呪いをかけた。ドゥルヴァーサスが食べ残したキール（米とミルクの粥）を身体に塗るようクリシュナに命じ、クリシュナは言われたとおりにしたものの、ドゥルヴァーサスの足には塗らなかったので、これにドゥルヴァーサスが激怒したのだ。そして、不死身のクリシュナの足だけが急所になるよう呪いをかけたという。

あらゆる聖仙と同じく、アトリも「タパス」（苦行）を行うこと

✣右……トリムールティと会っている聖仙アトリと妻アナスーヤーを描いた『バーガヴァタ・プラーナ』の挿絵。
プラーナ文献には「聖仙アトリ」に言及したところが数多くある。それらは同一人物かもしれないし、同一人物ではないかもしれない。

によって自身を浄化し力を得た。タパスは臆病者には向かない。苦痛や欠乏を伴う。アトリはタパスに専念するあまり、アトリのタパスが発する精神的な熱で世界を焼きかねないほどだった。そこでブラフマー神がその解決策を編みだした。その熱を人間の形にし、その力がアトリの妻のアナスーヤー・デーヴィーが産む息子たちに流れ込むようにしたのだ。

聖仙バラドゥヴァージャ

バラドゥヴァージャは、医術、言語学、弓術などさまざまなテーマの重要な文献を数多く書いたとされている。妻はスシーラといい、スシーラとのあいだにガルガ・ムニ(大仙ガルガ)として有名な息子をもうけた。スシーラはクシャトリヤ(王族・武人)の身分に属し、彼女の王家は武勇で名を上げていた。ガルガ・ムニはクリシュナの養父であるナンダの一族の司祭だった。ドローナ――『マハーバーラタ』に登場する偉大な戦士でもあるバラモン――もバラドゥヴァージャの息子で、こちらの母親はアプサラスのグリターチーだ。バラモンが副業として戦士になるのは聖典で認められていたことで、信心深い人々からの布施だけでは暮らしていけない場合には、このようにして生計を立てねばならないこともあった。ドローナの場合には、その武術の腕が、出会ったクシャトリヤの人々よりもはるかに優れていたので、『マハーバーラタ』の英雄たちにふさわしい師匠になれた。

聖仙ガウタマ

聖仙ガウタマは、最強の聖者のひとりだった。妻はアハリヤーといい、妻とのあいだに息子がふたりいた。ノダースとヴァーマデーヴァである。息子たちも父親と同じく、全人類に恩恵をもたらす強力なマントラを見つけ出した。『マハーバーラタ』や『ラーマーヤナ』をはじめとする文献には、妻のアハリヤーがインドラ神に誘惑された物語が出てくる。アハリヤーがインドラ神にレイプされたという話もあれば、ガウタマに変装したインドラ神にアハリヤーがだまされてしまったという話、さまざまな理由からアハリヤーが同意の上でインドラ神と関係を持ったという話もある。

この物語からは、不倫というものについての哲学的議論がかなり生じている。というのも、ほとんどの異本でアハリヤーはひどい罰を受けているからだ。一説によると、ガウタマは妻に呪いをかけて石に変え、アハリヤーがラーマ王子を礼儀正しくもてなす時が来たら、ようやく呪いから解放されるようにしたのだという。インドラ神に対しても、ガウタマは徹底的に呪った。インドラ神は睾丸が取れ落ちてしまったため、代わりにヒツジの睾丸をつけねばならなくなった。それほど強力な呪いを発したガウタマは、その後長期にわたってタパスを行い、力を取り戻した。

『マハーバーラタ』によれば、ガウタマはドローナを恥じ入らせ、ドローナの死をもたらしたという。ドローナがかつての弟子や今も友人である人々と戦っていたので、ガウタマがドローナに、もう戦うのをやめて人間の世界から立ち去るべきだ、と告げたのだ。この話では、ドローナはガウタマにそう言われて、死へと旅立つために瞑想に入った。息子が戦死したと聞いて絶望のあまり死んだわけではない。

聖仙ジャマド・アグニ

聖仙ジャマド・アグニは、プラセーナジット王の娘である

苦行、禁欲生活、ターパスヤ

聖者に関係する言葉の一部は、その文脈が紛らわしく、わかりにくいことがある。たとえば苦行は、過ちや罪を償う贖罪という意味に取るのが普通だが、ここでは必ずしもそうとは限らない。聖者がみずからの身体を痛めつけたり、みずから何かを手放したりするのは、それが宗教上のしきたりを守ることになるからだ――この場合の苦行は、精神的な到達点に向かう道であって、罪や過ちから離れるための道ではない。

「ターパスヤ」という苦行は、聖者が力と洞察力を得るために行うもので、断食や世俗的機能を断つことと関係する――少なくともひとつの例では、なんと呼吸すら断つ。しかし、禁欲生活は目的達成のための手段にすぎない。ターパスヤは瞑想と心身のコントロールである。そうした苦痛をみずからに課そうという意志を持つからこそ、聖者は偉業を成し遂げられる。

レーヌカーと結婚し、5人の息子をもうけた。息子のひとりがパラシュラーマである。ジャマド・アグニは執念深いタイプの聖仙だった。ジャマド・アグニがヤジュニャ(供犠)を行っていたときのこと、水を汲みに行ったレーヌカーの戻ってくるのが間に合わなかったために、供犠が台無しになってしまったことから、聖仙はレーヌカーを殺すよう命じた。ジャマド・アグニの息子たちのうち4人は、殺すことなどできないと拒否したが、パラシュラーマだけはこの殺人をいとわなかった。ジャマド・アグニは褒美としてパラシュラーマに恩恵を与えようと言った。するとパラシュラーマは、母のレーヌカーを生き返らせ、兄弟たちが母親殺しを断ったことを許してもらいたい、と父親に頼んだ。

聖仙ジャマド・アグニはカールダヴィーリヤ・アルジュナ王に殺された。ジャマド・アグニの持っている聖なる雌牛カーマ・デーヌ(如意牛)を奪うためだった。その復讐として、パラシュラーマは地上のクシャトリヤ・カーストの者を皆殺しにした。しかし、彼らの妻たちがもっと多数の戦士をつぎつぎと産んだため、パラシュラーマは新しい世代が現れるたびに殺戮を重ね、結局、21回もクシャトリヤを全滅させることになった。パラシュラーマがカルナに出会ったときになっても、パラシュラーマの戦士嫌いは少しも変わっていなかった。パラシュラーマは天から授かった武器を使う戦いの秘義をカルナに喜んで教えたものの、やがてカルナが実は戦士だと見抜き、カルナに呪いの言葉を浴びせた。この呪いが、『マハーバーラタ』にあるカルナの敗北と死の一因となる。

聖仙カシュヤパ

聖仙カシュヤパの出自については、文献によりさまざまだ。聖仙マリーチの「意から生まれた子」だとする説もある。同様に、カシュヤパの妻の人数とその名前についても、文献によって異なる。どの文献にも共通するのは、妻はアディティをはじめとするダクシャの娘たちだという点だが、人数はさまざまだ。カシミールという地域は、聖仙カシュヤパにちなんで命名されたと言われている。カシュヤパが弟子たちを指導する場所を作るために湖の水を抜いて陸地にしたからだという。また、ラーマ王子などが属する「日種」の王統もカシュヤパの子孫とされている。

カシュヤパと妻カドゥルーとのあいだにはナーガ族が生まれ、妻ダヌとのあいだにはダーナヴァ族が生まれた。妻のムニはアプサラスとなる子供たちを産み、妻ヴィナターはガルダとアルナを産んだ。妻アディティは、太陽神の諸相であるアーディティヤ神群をはじめとする多くの子供たちを産んだが、妻ディティはどちらかというと邪悪な性格で、ダイティヤ族を産んだ。ディティは、インドラ神よりも強力な息子をもうけてインドラを打倒しようともくろみ、カシュヤパがそのための手段を与えた。彼が考え出した非常に厳しく複雑な祭式を1年間行い続ければ、ディティは強力な息子を産むことができるのだという。

このことを知ったインドラは、ディティがその祭式の細かい部分を忘れるのを待ち続け、ディティが忘れたとたん、その機をとらえて身体を小さくし、ディティの胎内に入りこんだ。子宮内の胎児はもはやインドラから身を守れず、インドラは胎児を7つに切り裂き始めた。胎児が泣き声を上げたので、インドラは静かにさせようと「マ・ルーダ(泣くな)」と言ったが、うまくいかなかった。インドラはその陰惨な仕事の仕上げに、胎児をさらにばらばらに切り刻んだ。その結果、騒々しく力強い暴風の神々49柱が生まれ、その叫び声からマルト神群と名づけられた。マルト神群はインドラの宿敵になるどころかインドラ

このことを知ったインドラは、ディティがその祭式の細かい部分を忘れるのを待ち続け、ディティが忘れたとたん、その機をとらえて身体を小さくし、ディティの胎内に入りこんだ。

に仕えるようになった。

このほか、悪魔のヒラニヤークシャとヒラニヤカシプもディティの息子だ。この兄弟はヴィシュヌ神の門番だったジャヤとヴィジャヤの生まれ変わりだった。これは、ジャヤとヴィジャヤが、ヴィシュヌ神のところへやって来た聖仙の一団を門前払いしたために聖仙たちに呪われ、悪魔として3度生まれ変わらねばならなくなった呪詛のうちの1度目にあたる。一説によると、ヒラニヤークシャはヴィシュヌ神を戦いに引きずり出そうとして、大地(女神ブーミ)を海中に隠したという。また、ヒラニヤークシャは黄金に目がなく、黄金を探して地中に穴を掘っていたという話もある。そのため支えを失った大地が海中に没したのだという。いずれにしても、ヴィシュヌ神が巨大な猪に姿を変え、大地を救い出して、ヒラニヤークシャを殺した。猪の姿を選んだのは、ヒラニヤークシャの失敗が決め手だった。ヒラニヤークシャは以前にブラフマー神から恩恵を授かって不死身になっていたが、その時、ヒラニヤークシャを殺すことができない相手として、生き物や状況を大量に列挙して頼んだものの、猪だけは言い忘れていたのだ。

2度目の転生では、ジャヤはラークシャサ族のラーヴァナに生まれ変わり、ヴィジャヤはその弟のクンバカルナに生まれ変わった。この兄弟の物語は『ラーマーヤナ』で語られている。ラーヴァナはラーマ王子の妻シーターを誘拐して恐ろしい戦争を引き起こし、その戦争でラーヴァナとクンバカルナは戦死した。そして最後に、ジャヤとヴィジャヤは『マハーバーラタ』の時代になってから転生した。ジャヤは、3つの眼と4本の腕を持ちチェーディの国王となったシシュパーラに生まれ変わり、ヴィジャヤはカルーシャの国王ダンタヴァクラに生まれ変わった。

✣下……悪魔ヒラニヤカシプは、昼でも夜でも、人間にも動物にも殺されることなく、どんな武器で攻撃されても傷つけられないという恩恵を与えられていたので、安心しきっていた。ヴィシュヌ神の化身である人獅子ナラシンハは、この条件の抜け穴をつき、夕暮れにその鋭いかぎづめでヒラニヤカシプを殺した。

✣上……ヴィシュヴァーミトラ王が聖仙ヴァシシュタから聖なる雌牛ナンディニーを奪おうとしたのをきっかけに、聖なる破壊が一挙に起きた。聖仙の能力に比べれば王の力など無に等しい、と考えたヴィシュヴァーミトラは聖者となる修行を始めた。

シシュパーラとダンタヴァクラは、ユディシュティラが開いた宴会で死んだ。シシュパーラがクリシュナに無礼なふるまいをしたからだ。これには理由がないわけではなかった。クリシュナのほうも以前、シシュパーラの結婚式当日にシシュパーラの花嫁をさらっていくという侮辱的な仕打ちをシシュパーラに対して行っていた。シシュパーラはクリシュナを罵倒し続け、クリシュナはシシュパーラを黙らせるために彼の首を切り落とした。ダンタヴァクラは棍棒での決闘をクリシュナに挑み、たちまち殺された。こうして、アスラとして3度生まれ変わらねばならないというジャヤとヴィジャヤの呪いは成就したが、ふたりは違う形で救済されたとする説もある。ふたりが怒りと憎悪を込めてクリシュナの名前を何度も何度も繰り返し口にし、罵詈雑言や誹謗中傷を浴びせているうちに、クリシュナの名前が持つ力がふたりを呪いから解放したのだという。

その後、この兄弟は最後の転生をし、ジャガーイとマーダーイとして生まれ変わった。ふたりはバラモンだったが、かなり自堕落な者たちで、クリシュナの化身であるチャイタニヤの弟子たちを邪険に扱った。弟子たちはふたりを許し、ふたりに考えを改めさせたが、クリシュナは激怒した。そして、弟子たちにこの兄弟を殺させようとしたので、弟子たちはクリシュナを説得して殺害を思いとどまらせねばならなかった。この出来事があったのは、カリ・ユガという世界が罪にまみれていた時代だった。クリシュナの使命は、できるだけ多くの人々を罪から救済することだったが、この時まで、この兄弟の行動は大半の人間よりひどいというほどでもなかった。ふたりを殺せば、大量殺戮とジェノサイドにつながる前例となっただろう。クリシュナは説得に折れ、ふたりにクリシュナの弟子になる機会を与えた。こうして、ジャヤとヴィジャヤはついにまたヴィシュヌ神に仕えることになった。アスラとしての生と死が、ふたりを呪いから解放したのである。

聖仙ヴァシシュタと聖仙ヴィシュヴァーミトラ

聖仙ヴァシシュタはガンジス川の河畔に妻のアルンダティーと住んでいた。ヴァシシュタは非常に偉大な聖者だったので、ナンディニーという聖なる雌牛カーマ・デーヌ(如意牛)の子牛を持っていた。ナンディニーはどんな恵みでも惜しみなく与えてくれる牛だったので、当然ながらヴィシュヴァーミトラ王は、その牛を手に入れたいと思った。この時の王は、軍隊を引き連れて聖仙ヴァシシュタの住まいのそばを通り過ぎようとしていたところで、ちょうど食料が足りずに空腹を抱えていた。そこでヴィシュヴァーミトラ王は、ヴァシシュタに助けてくれるよう頼んだ。ヴァシシュタはナンディニーの力を借りて、腹を減らしている兵士たちを盛大にもてなした。すると、ごちそうの出どころを知ったヴィシュヴァーミトラ王は、その雌牛を何としても手に入れねばと考えた。

最初に、ヴィシュヴァーミトラ王は取引を持ちかけ、高価な品物と引き換えに譲ってくれと申し出た――数千頭のゾウと馬、1000万頭の雌牛と交換しようと言ったとする文献もある。だがヴァシシュタは断った。ナンディニーはインドラから賜った恩恵で、恵みを与えてくれるものというだけではないからだ。ヴァシシュタには脅しも効かなかった。そこでヴィシュヴァーミトラ王は、聖者から強奪したら、その結果どうなるのかを警告されていたにもかかわらず、雌牛を連れ去るよう部下に命じた。ナンディニーは何が起きているのかヴァシシュタにたずねた。ヴァシシュタはナンディニーにこう言った。おまえは盗まれようとしているが、これを受け入れるかどうかはおまえが決めればよい。そこでナンディニーはどうしたいかを伝えた。蛮族の大群をつぎつぎと生み出し、熱く焼けた石炭の川をつくりだして、ヴィシュヴァーミトラ王の軍隊を攻撃した。

これに負けたヴィシュヴァーミトラ王は、聖者の力に比べれば王の力など無に等しいと考えるようになり、聖者の修行を始めた。そして何年間も隠棲し、偉大な力を得たが、ヴァシシュタに対する恨みはまだ収まらなかった。それが表面化したのは、ヴィシュヴァーミトラがヴァシシュタの息子シャクティに出会ったときだ。その時のシャクティは、乗馬用のむちで自分を打ったカルマーシャパーダ王に呪いをかけ終えたばかりだった。傲慢なカルマーシャパーダ王を人肉を好むラークシャサに変身させる呪いだ。

ヴィシュヴァーミトラはこれを利用し、シャクティの呪いが奏功するようにした。王宮へ戻ると、カルマーシャパーダは王宮内に隠していた人肉を料理するように命じ、布施を求めて来ていたバラモンにその料理を食べさせようとした。ところが、バラモンはこのたくらみに気づき、その報復として、カルマーシャパーダが人肉を食らうラークシャサになるよう呪いをかけた。シャクティがかけた呪いと同じだった。今や呪いを二重にかけられ、人肉を食べたくてたまらくなったカルマーシャパーダは、シャクティを見つけ出して彼を食べた。この後も、ヴィシュヴァーミトラはこのラークシャサが聖仙ヴァシシュタの息子たちをつぎつぎと襲うように仕向け、ついにはヴァシシュタの息子たち全員が餌食になった。

それでもヴァシシュタは、暴力を行使しないという厳格な誓いを立てていたので復讐できず、自死しようと決意した。しかし、いくら死のうとしても死ぬことができなかった。ヴァシシュタは世界中をさまよって現世から逃れる道を探し求めたあげく、わが家に帰り着いた。家には身重の嫁がおり、嫁の胎内の子供は、まだ生まれていないのにヴェーダを唱え続けていた。ヴァシシュタは生きる意欲を取り戻した。その直後ヴァシシュ

バラモンはこのたくらみに気づき、その報復として、カルマーシャパーダが人肉を食らうラークシャサになるよう呪いをかけた。今や呪いを二重にかけられ、人肉を食べたくてたまらくなったカルマーシャパーダは、シャクティを見つけ出して彼を食べた。

タは、餌食となる人間を探して森をさまようカルマーシャパーダに出会った。ヴァシシュタはカルマーシャパーダにとりついていたラークシャサの霊魂を追い払い、今後は正しい統治者になるよう命じた。

カルマーシャパーダ王は聖仙ヴァシシュタに頼みごとをした。ラークシャサにとりつかれていたとき、彼は性交の最中だった夫婦を食べてしまったのだという。男のほうは聖者で、カルマーシャパーダに呪いをかけた。そのためカルマーシャパーダは子供をもうけることができなくなってしまったが、跡継ぎが必要だった。そこでヴァシシュタは、カルマーシャパーダのために王妃を妊娠させた。妊娠の期間は12年間も続き、ついに王妃は子宮を石でたたいて開いた。

そのあいだに、ヴァシシュタの孫も生まれていた。これがパラシュラーマで、このパラシュラーマがヴィヤーサの父親となる。ヴァシシュタはパラシュラーマを自分の息子として育てたが、やがてついに、パラシュラーマは本当の父親がラークシャサに食べられてしまったことを知った。無理もないことながら、パラシュラーマはこの事実に衝撃を受け、ラークシャサを全滅させる大きな祭祀に取りかかったものの、結局、祭祀をやめるよう説得された。パラシュラーマの怒りは不当なものだからだ──ある種族のひとりが犯した罪に対する復讐として、その種族の全員を殺そうとしていたのだ。

一方ヴィシュヴァーミトラは、冒険を重ねながら偉大な力を獲得していった。トリシャンクという王が、生きたまま天界へ行きたいと思い、ヴァシシュタをはじめとする聖仙たちに協力を断られたときも、ヴィシュヴァーミトラは必要な祭祀を行ってもよいと引き受け、トリシャンクを天に連れて行くよう神々に頼んだ。だが、神々が願いに応じてくれなかったので、ヴィシュヴァーミトラは自分でトリシャンクを天界へ連れて行った。神々はトリシャンクが天界に入ることを拒み、彼を地上へ投げ落とそうとした。ヴィシュヴァーミトラは落ちてくるトリシャンクを途中で静止させ、トリシャンクの周囲をとりまく星々を創造した。それでも神々は、トリシャンクが天界に入るのを認めようとはしなかったため、トリシャンクは永遠に天空で宙づりのままになった。

パラシュラーマの息子ヴィヤーサは、
ヴィヤーサが作者だとされる『マハーバーラタ』のさまざまな場面にみずから登場する。
『マハーバーラタ』で敵対する氏族両方の曾祖父だというだけでなく、
ヴィヤーサはヴェーダ文献の編纂やプラーナ文献の執筆も行ったとされている。

また、ヴィシュヴァーミトラがヨーガの力を得ようと苦行していたところ、障害をつかさどる神ガネーシャの化身ヴィグナラージャに妨害されたこともあった。ヴィグナラージャはヴィシュヴァーミトラの気を散らそうと、女性が泣き叫んでいるような音を立てたが、結局できたのは、トリシャンク王の息子ハリシュチャンドラの気を引くことだけだった。そこでヴィグナラージャは、ヴィシュヴァーミトラがハリシュチャンドラを罵倒するよう仕向けた。ヴィシュヴァーミトラが瞑想から覚め、ハリシュチャンドラが慈悲を請うているのを目にするようにしたのだ。ヴィシュヴァーミトラはハリシュチャンドラに、妻子以外の所有物すべてを差し出すよう求め、ハリシュチャンドラはすぐにそうした——ただし、これは強要の手始めにすぎなかった。

✣上……聖者ヴィシュヴァーミトラは、聖仙になったと神々が宣言したときですら、かつて王だった頃の誇りをまだいくらか持ち続けていた。宿敵である聖仙ヴァシシュタがヴィシュヴァーミトラを同じ聖仙として怨恨を抱かず迎えたとき、ようやくヴィシュヴァーミトラも最後に残った人間的な欠点を克服した。

ハリシュチャンドラにはもう渡せるものが何もなかったので、ヴィシュヴァーミトラはハリシュチャンドラが毎月寄進することを約束させた。ハリシュチャンドラと家族は今や一文無しの放浪者だったが、ヴィシュヴァーミトラは寄進を要求し続けた。ハリシュチャンドラは妻と息子を売ることまでせねばならなくなったのに、ヴィシュヴァーミトラはまだ満足しなかった。ついにハリシュチャンドラはヴィシュヴァーミトラの奴隷になり、火葬場で働き始めた。そして、ある夜のこと、ハリシュチャンドラの妻が夫のところへやって来た。息子が蛇にかまれて死んだと知らせるためだった。ハリシュチャンドラが息子の遺体を火葬する準備をしていると、神々全員とヴィシュヴァーミトラが現れ、これまでのことはすべて試練だったのだと告げた。そしてハリシュチャンドラは、もう一度王国を統治するために故郷へ送り返された。

ヴィシュヴァーミトラは求めている力をまだ得られずにいた。次に彼の気をそらしたのは、美しいアプサラスのメーナカーだった。ふたりはシャクンタラーという娘をもうけたが、結局ヴィシュヴァーミトラは、メーナカーがヴィシュヴァーミトラの心を乱すためにやって来たのだと気づき、神々が警戒するほど厳しい苦行にふたたび身を投じた。そこでブラフマー神が、マハルシ(大仙)の地位に引き上げてやろうとヴィシュヴァーミトラに提案したが、ヴィシュヴァーミトラは世俗的な欲望をまだすべて克服したわけではなかった。

ヴィシュヴァーミトラの苦行はますます厳しいものとなり、やがてインドラ神が、また彼の気をそらすようアプサラスのランバーに命じた。だがヴィシュヴァーミトラは、ランバーが石になって1万年間を過ごすよう呪い、また禁欲生活に戻った。苦行の一環として、ヴィシュヴァーミトラは食べ物も飲み物も断ち、しゃべることも呼吸さえもやめた。そしてついに、神々は彼がマハルシになることを認めた。その後、ヴィシュヴァーミトラは宿敵ヴァシシュタに会いに行き、ヴァシシュタはヴィシュヴァーミトラがブラフマルシ(梵仙)という最高位の聖仙になったと宣言した。

王と王子

プラーナ文献はふたつの偉大な王統について語っており、それによると、それら2王統はそれぞれ太陽の神と月の神の子孫とされている。どちらの王統も、始祖はマヌという、ヴィシュヌ神の助けを借りて人々と聖仙たちを大洪水から救った人間だ。人祖マヌが川で手を洗っていたときのこと、小さな魚がマヌに助けてくれと頼んだ。マヌはその魚を救い出し、水の器に入れてやった。やがて、その小さな魚が巨大な魚になったので、その魚に合わせてため池をつくる必要ができ、次に川へ移して飼わねばならなくなり、ついには海へ放たなければならなくなった。その魚はマツヤという名で、ヴィシュヌ神の化身だった。マヌが小さな魚を助けるためにわざわざそこまでしたので、マツヤは、まもなく大洪水が起きるという警告をマヌに与えることにした。このおかげで、マヌは配下の人々や種子や動物を大きな船に乗せて救うことができた。洪水のなか、その船を引いていたのは今や巨大な魚となったヴィシュヌ神の化身だった。洪水がひくと、マヌと人々はふたたび地上に住み着いた。

「月種」の王統は、『マハーバーラタ』にあるように、「クルクシェートラの戦争」の頃にはほとんど絶えていた。ほかにも、多くの物語に敵として、あるいは味方として何人もの王が登場する。プラーナ文献や叙事詩のうちの歴史を語る部分で主役となる王族のひとつと縁戚関係にある場合もあるが、まったく無関係の王族もいる。非ヴェーダ圏の部族の子孫なのかもしれない。

【そのほかの聖仙】

七聖仙の名前は文献によって異なる。たとえば聖仙アンギラスは、マハルシ（大仙）のひとりだとする文献もあれば、重要な聖仙だが七聖仙のひとりではないとする文献もある。アンギラスの出自や事績についても、さまざまな異説があるが、アンギラスはヴェーダ文献にある数多くの讃歌をつくったとされている。

聖仙ブリグは、占星術の原理を構築したとされており、聖仙アガスティヤは多くの厄災から世界を守ったという。たとえば、ヴィンディヤ山が無謀にもどんどん高くなって、太陽を覆い隠そうとしていたのをやめさせたり、カーレーヤという悪魔たちが隠れている場所を露出させるために海の水を飲み干したりした。ラーマ王子に強力な武器を授けたこともある。こうした偉業があるとはいえ、一般的にはアガスティヤは七聖仙に含まれない。

サプタルシ（七聖仙）と見なされるための基準は不明である。聖仙の事績や価値を個人的にどう評価するかによるところが大きいのかもしれない。聖仙の神聖さや知恵や血筋や呪詛力を比較するような普遍的な「聖仙の尺度」はない。

バラタ王

バラタ王はプール族の王で、ドゥフシャンタ王とシャクンタラーという名の美女とのあいだに生まれた息子だった。シャクンタラーの出自ははっきりしない。ドゥフシャンタは旅の途中でシャクンタラーに出会って結婚したが、彼女のもとから去らねばならず、しばらくのあいだ彼女をそこに残したままにすることにした。そして、思い出の品としてシャクンタラーに指輪を渡し、子供が生まれたら王宮へ来るようにと言った。ところが、シャクンタラーは気難しい聖仙の怒りを買い、呪いをかけられてしまう。ドゥフシャンタがシャクンタラーのことを忘れてしまい、シャクンタラーも指輪を失くして、王に自分のことを思い出してもらえなくなるという呪いだった。

シャクンタラーと子供は森で暮らしていたが、やがて漁師が、捕まえた魚の腹のなかから指輪を見つけ、その指輪をドゥフシャンタ王に届けた。これによって呪いが解け、ドゥフシャンタは愛するシャクンタラーを捜しに行った。そして、小さな少年がライオンの口をこじ開けて、ライオンの歯を数えているところを見かけた。少年が名乗ったため、ドゥフシャンタは、失った家族をついに見つけたと知った。

バラタは強靭な戦士で、近隣をつぎつぎと征服し、やがてインドのほぼ全土を支配下に置いた。彼が王位を譲ったのは自分の子供ではなく、聖仙の息子であるヴィタタだった。このようにして最もふさわしい者へ権力を譲ることは、一部の聖典で称

✣下……パリクシット王は聖仙たちと関係が深かった。ドローナの息子アシュヴァッターマンは、「クルクシェートラの戦争」の恨みを晴らそうと、まだ生まれてもいないパリクシットを殺そうとした。結局パリクシットは聖者に呪い殺されたが、それまでは聖仙たちと普通に付き合い、聖仙から知恵を学んでいた。

賛されており、そうした聖典では、逆に王位継承が世襲になって、悪い王が権力を握るということが起きている、という事実を嘆いている。

パリクシット王とジャナメージャヤ王

『マハーバーラタ』で描かれた出来事が起きた後、クル王国の王位についたのはパリクシットだった。パリクシット王は長年にわたって統治した。人望もあり、成功を収めた王だった。ところが晩年になってからのこと、パリクシット王は狩りに出かけて道に迷い、供の者たちともはぐれてしまった。飢えと渇きに悩まされた王は、隠者の庵を見つけ、庵に近づくと、そこにいた隠者に助けを求めた。ところが隠者は、瞑想に深く入っていたのでパリクシットを無視した。パリクシットはこれにいらだち、隠者の肩に蛇の死骸を巻きつけて侮辱してから立ち去った。

この様子を見ていた隠者の息子シュリンギンは激怒し、これから7日間のうちにパリクシットが蛇にかまれて死ぬよう呪いをかけた。隠者本人は、この侮辱された一件を許していたものの、侮辱されたことに対し、シュリンギンが独断で復讐したことに気を悪くし、シュリンギンに森で苦行をするよう命じた。そして、別の弟子をパリクシットのところへ行かせ、呪いをかけられたことをパリクシットに知らせた。

パリクシット王は警戒しすぎなほど警戒した。蛇が入り込めない要塞をつくり、専門の衛兵を配置して守らせた。ところが不運なことに、ナーガ(蛇)族の王タクシャカが、要塞へ行こうとしていた聖仙に偶然出会ってしまう。王宮の様子を聞いたタクシャカは、聖仙に勝負しようと持ちかけた――タクシャカの毒と聖仙の力、どちらが強力か力比べをしようというのだ。タクシャカが木にかみつくと、タクシャカの毒で木が燃えた。だが聖仙は、その力で木を生き返らせることができた。タクシャカはこれに感心し、悪知恵を働かせることにした。もし失敗したら名声を汚すことになる、と聖仙に念を押したうえで、今日、王にかみつくつもりだと宣言した。聖仙は面目をつぶされるかもしれないと心配になり、タクシャカから大量の賄賂を受け

取って自分の庵へ帰って行った。タクシャカは虫に変身し、要塞に運び込む果物のなかに隠れた。7日目の太陽が沈むと、パリクシット王はこれでもう呪いが成就することはないと思った。そして、果物を手にしたところ、そこに虫がいた。王はわざと挑むように虫を自分の首に当て、虫を蛇族の王タクシャカに見立ててこう言った。どうだ、かんでみるがよい。そこで、タクシャカはかみついた。ナーガ族の王は本来の姿に戻り、猛毒を王の身体に注ぎ込み、自信過剰な王の命を奪った。

パリクシットの死後、息子のジャナメージャヤが王位を継承したが、父親の死の真相は息子にも知らされなかった。ジャナメージャヤが真相を知ったのは、即位から数年後、放浪のバラモンから聞かされたときだった。ジャナメージャヤ王は父親の復讐のため、盛大な供犠を行おうと決めた。供犠で呼び出された蛇すべてが、祭壇の炎のなかに飲み込まれて焼き尽くされることになる。しかし、ジャナメージャヤはこう警告されもした。ジャナメージャヤの供犠は、以前ジャナメージャヤが犬から受けた呪いに邪魔されて、全うすることができないだろう。

供犠が始まり、初めのうちは滞りなく進んだ。あらゆる形と大きさの蛇が祭火に引き寄せられ、祭官が名指しするたびに、1匹また1匹と落下して炎に飲み込まれていった。この大虐殺は数日にわたって続いた。そしてついに、タクシャカの名前が唱えられたが、蛇族の王は姿を現さなかった。タクシャカはインドラ神の友人で、インドラ神に守られていたため、強制的に炎に飛び込ませることなどできなかったのだ。祭官たちはそのタブーの裏をかこうとした。タクシャカの名もインドラの名も唱え、両者とも一緒に炎に投げ込んでしまえばよいと考えたのだ。インドラは自分の身を守るほうを選び、タクシャカは炎に向かって落下していった。このとき、祭儀場にやってきたアースティーカという名のバラモンが、落下中のタクシャカに止まれと命じた。そして、こう言った。私の母親はジャラトカール、ナーガ族の王ヴァースキの妹です。この供犠をやめ、蛇たちの命を奪わないでください。さもなければ、無害で徳高い蛇が何千も殺されてしまいます。ジャナメージャヤは迷った。しかし、聖仙ヴィヤーサも供犠を中止するよう求めた。ジャナメージャヤはヴィヤーサを非常に尊敬していたので、ヴィヤーサの求め

✣前ページ……魔女プータナーは幼児のクリシュナを殺そうと、毒を塗った乳房をクリシュナに吸わせた。ところが意に反し、この幼い神はプータナーの生気を吸い尽くし、毒に侵されはしなかった。

タクシャカは虫に変身し、要塞に運び込む果物のなかに隠れた。七日目の太陽が沈むと、パリクシット王はこれでもう呪いが成就することはないと思った。そして、果物を手にしたところ、そこに虫がいた。

に応じた。

『マハーバーラタ』の冒頭では、集まった聖仙たちが、聖仙サウティに話を聞かせてもらいたいと頼む。その時点では、『マハーバーラタ』はつくられたばかりということになる。『マハーバーラタ』が初めて詠唱されたのは、この蛇供犠のときだった。ジャナメージャヤ王が復讐の連鎖を後世につなげてしまわないよう戒めるためである。

クリシュナとカリ・ユガ

クリシュナはヒンドゥー神話の神々や登場人物のなかで最も有名な存在かもしれないが、同時に、最も不可解な存在のひとつでもある。クリシュナとは神なのか、それとも英雄なのかを断言できる人は多くない——神話のなかでたたえられている人々ですら明言できない。クリシュナは『マハーバーラタ』——とりわけ「バガヴァッド・ギーター」——や多くのプラーナ文献に登場する。クリシュナこそが宇宙を創造した至高神だとする文献もあれば、地上で特別な任務を果たすために現れたヴィシュヌ神の化身だとする文献もある。

クリシュナの地上での父親は、パーンドゥ王と結婚したクンティーの兄ヴァスデーヴァだった。クリシュナは受胎の瞬間から危険にさらされていた。母親の兄のカンサが、妹の8番目の子供に殺されるだろうという警告を受けていたからだ。ヴァスデーヴァは幼いクリシュナを守るために牛飼いの村へ連れて行き、クリシュナが身分を隠してただの牛飼いとして暮らせるようにした。クリシュナが最愛の女性ラーダーと出会ったのも、その村だった。

クリシュナはナンダとヤショー

✣下……クリシュナは地上で波瀾万丈の人生を送った。何度も殺されそうになったばかりか、アルジュナと数々の冒険をし、そうするうちにアルジュナの親友になった。そして、「クルクシェートラの戦争」が悪人を取り除くというクリシュナの目的にかなっていることを承知のうえで、戦争を回避しようとした。

ダーという夫婦にあずけられた。この夫婦はクリシュナを実の息子だとばかり思って育てた。カンサはクリシュナを見つけ出すことができなかったので、王国内にいる生まれてから10日未満の子供全員を殺してくれと魔女のプータナーに頼んだ。プータナーはおおいに意気込んで仕事に取りかかり、近隣の各地へ出かけては、新生児を殺して回った。そしてついに、プータナーはクリシュナを見つけた。一目でクリシュナだとわかった。プータナーがその子に乳を与えたいと頼むと、村人たちは承知した。プータナーは乳房に蛇の毒を塗った。これを赤ん坊のクリシュナにふくませれば死ぬはずだと思っていた。ところが、それどころかクリシュナはプータナーの生気を吸い尽くしてしまった。

少年時代のクリシュナは、牛飼いの暮らしを楽しむ陽気な悪戯っ子だったが、まだ成人していないうちから怪力の持ち主で、アリシュタという雄牛の姿をした悪魔の怒りから村を救ったこともあった。アリシュタは前世には聖仙の弟子で、師である聖仙を意図せず侮辱してしまい、呪いをかけられていた。生まれ変わった今の姿は、怒りっぽく暴れ回ってばかりの雄牛だった。そうして村人たちを追いかけ回していたとき、立ちはだかったのがクリシュナだ。クリシュナはまず、悪魔の雄牛を手厳しく叱りつけた。

少年時代のクリシュナは、
牛飼いの暮らしを楽しむ陽気な悪戯っ子だったが、
まだ成人していないうちから怪力の持ち主で、
アリシュタという雄牛の姿をした
悪魔の怒りから村を救ったこともあった。

これはアリシュタの怒りをつのらせただけだった。アリシュタはクリシュナに向かって突進したが、ぴたりと動きを止められてしまった。クリシュナが雄牛を押し戻していたのだ。しかし、アリシュタには何が起きたのかわからなかった。そこでもう一度突進した。今度は、クリシュナは雄牛の片方の角をつかんでアリシュタを放り投げた。こうして悪魔の雄牛が死に、アリシュタは人間の姿に戻ることができた。アリシュタの言うには、アリシュタの師は呪いをかけたことを後悔したものの、呪いをなかったことにすることもできなかったので、アリシュタはしばらくのあいだ破壊をもたらす悪魔として生きねばならなかったが、やがてクリシュナに殺されてモークシャにいたることになっていたのだという。

この雄牛の悪魔を殺した一件は注目を集めた。聖仙ナーラダはカンサを訪ね、予言は正しかったと伝えた――カンサの妹デーヴァキーの8番目の子供が確かにカンサを殺すことになるのだという。そうなる前に先手を打とうと、カンサはまたも悪魔をクリシュナに差し向けようとした。今度はケーシンという悪魔で、ケーシンは巨大な馬に姿を変えて仕事に取りかかった。ケーシンは間違えてクリシュナの友達を襲ってしまったが、すぐにクリシュナ本人と対決することになった。だが、ケーシンは襲いかかるたびにクリシュナに投げ飛ばされ、ついに殺された。とどめの一撃として、クリシュナはケーシンの喉首に腕を押しつけて窒息させた。

実はケーシンは、インドラ神に仕えていたクムダという男だった。インドラ神の馬を盗むというかなり愚かなことをしでかし、その罰として、しばらくのあいだ馬の悪魔でいなければならなかったのだ。そして、馬の姿をしたケーシンをクリシュナが殺したことで、ケーシンは罰から放免された。ケーシンを殺したことから、クリシュナは別名でケーシャヴァとも呼ばれるようになった。

その後、部族の族長となったクリシュナは、ドゥヴァーラカーの都へ移住し、そこでアルジュナと出会った。ふたりは親友になった。クリシュナは、アルジュナが戦士としての能力を十分に開花させるのを手助けすることができた。『マハーバーラタ』によれば、「クルクシェートラの戦争」が迫っていたとき、クリシュナは仲介役になろうとしたという。クリシュナの和平交渉が失敗したことは、カウラヴァ側にとって好材料だった——彼らはクリシュナが敵方についたら勝ち目がないのではないかと懸念していたが、クリシュナが交渉をまとめられなかったことから、クリシュナにもできないことが少なくともいくらかはあるのだということがわかったからだ。

この戦争では、クリシュナはパーンダヴァ側に味方し、友人であるアルジュナの戦車の御者を務めた。アルジュナの御者となったクリシュナは、アルジュナが親族と戦うことに良心の葛藤を覚えて悩んでいたとき、アルジュナが正しい方向へ進むよう働きかけた。アルジュナがいなければ、パーンダヴァ軍は敗北していたかもしれない。クリシュナがアルジュナに示した導きは、「バガヴァッド・ギーター」に描かれており、この部分は現在も、哲学と宗教における史上最も重要な文献のひとつだと

❖次ページ……牛飼いとして暮らしていた頃、
クリシュナは笛を吹いて友達に聞かせるのが好きだった。
ラーダーと出会って恋に落ちたのも、牛飼いの村にいたときだ。
クリシュナに対するラーダーの献身的な愛情から、
このふたりはヒンドゥー神話の理想的なカップルとなった。

されている。

一説によれば、クリシュナは呪いのせいで死んだという。クルクシェートラの戦争が終わると、クリシュナはガーンダーリーを慰めようとした。ガーンダーリーは、100人の息子がカウラヴァ軍に加わって戦死していた。彼女はクリシュナを呪い、クリシュナは36年後に死ぬだろうと言った。そう呪われても仕方ないことだとクリシュナは考えた。彼は大虐殺に胸を痛めながらも、世界にあふれる大量の悪人を一掃するという使命を成

し遂げた。クリシュナがみずからの運命を進んで受け入れたのではないのなら、ひとりの人間に呪われたくらいではどうということはなかっただろう。この説によれば、結局、クリシュナは猟師に矢で足首を射られたという。

クリシュナは至高神として崇敬される場合もあれば、ヴィシュヌ神のアヴァターラ(化身)としてあがめられる場合もある。クリシュナには二面性がある――悪人を滅ぼすという任務を帯びているが、哀れみ深く寛大でもある。一部の伝承によれば、クリシュナは人間の姿を取って何度も地上に降臨するのだという――『マハーバーラタ』にあるクリシュナの生涯は、ドゥヴァーパラ・ユガが終わってカリ・ユガが始まる移行点だと考えられている。

クリシュナは至高神として崇敬される場合もあれば、ヴィシュヌ神のアヴァターラ(化身)としてあがめられる場合もある。クリシュナには二面性がある――悪人を滅ぼすという任務を帯びているが、哀れみ深く寛大でもある。

末世

この第3の時代(ドゥヴァーパラ・ユガ)から第4の時代である末世(カリ・ユガ)への移行は、道徳的基準のさらなる堕落を伴う。悲劇的破局の度合いが強まり、ついには世界が取り返しのつかないほどに破壊される。この時点で、シヴァ神が世界を破滅させ、循環する宇宙がふたたび新たな黄金時代を始められるようにする。プラーナ文献によれば、この「末世」にもクリシュナの化身が現れ、贖罪し罪の泥沼から逃げる機会を与えるという。そしてカリ・ユガの終わりに、壊れかけた世界を維持しようとしてきたヴィシュヌ神がその重責から解放され、シヴァ神が宇宙を苦痛から救うために破壊し、ブラフマー神がさしあたりは完璧な宇宙を新たに創造できるようにする。こうして、また新たに宇宙の循環が始まる。

Alamy: 4 (Dinodia Photos), 6 (Tim Graham), 11 (Joerg Boethling), 14 (World History Archive), 17 (Bijou), 23 (UIG North America LLC), 27 (Chronicle), 28 (Angelo Hornak), 29 (Granger Historical Picture Archive), 33 (Photononstop/ Godong), 34 (Chronicle), 35 (Sunil Kumar M K), 41 (Picture Art Collection), 42 (Art Collection 3), 44 (Art Directors & TRIP), 46 (CPA Media Pte), 52 (Artokoloro), 55 & 62 (Peter Horree), 64 (The Picture Art Collection), 70 (travelib mauritius), 74 (Art Directors & TRIP), 79 (The Reading Room), 86 (Granger Historical Picture Archive), 87 (Louise Batalla Duran), 90 (Peter Horree), 95 (UrbanImages), 101 (Ivy Close Images), 102 (The Picture Art Collection), 106 (Art Directors & TRIP), 110 (Louise Batalia Duran), 115 (Granger Historical Picture Archive), 117 (Dinodia Photos), 131 (ephotocorp/Shreekant Jadhav), 122 (V&A Images), 126 (ephotocorp/Sushil Chikane), 131 (Chronicle), 134 (Artokoloro), 135 (HIP/Fine Art Images), 140 (CPA Media Pte), 141 (ephotocorp/ Dr Suresh Vasant), 152 (Granger Historical Picture Archive), 156 (Artokoloro), 157 (Hakbong Kwon), 160 (Denny Parlikad), 163 (Artokoloro), 174 (Dinodia Photos), 176 (imageBroker/ Guenter Fischer), 178 & 183 (Dinodia Photos), 185 (The Picture Art Collection), 188 (Aravind Chandramohanan), 190 (ART Collection), 194 (HIP/Fine Art Images), 195 (ephotocorp/Dr Suresh Vasant), 196 (ephotocorp/Shashank Mehendale), 198 (HIP), 199 (Vital Archive), 200 (Dinodia Photos), 206 (Mauritius Images/Steve Vidler), 213 (Frank Bienwald), 217 (Robert Harding/Godong), 221 (Artokoloro), 228 (ArkReligion.com/Helene Rogers), 231 (The Picture Art Collection), 231 (Vibrant Pictures), 251 (Robert Harding/Godong)

Art Institute Chicago (CCO Public Domain Designation): 204, 246

Bridgeman Images: 36 (Ann & Bury Peerless Picture Library), 50 (Pictures From History/David Henley), 192, 244 (Stapleton Collection) Bridgeman Images, © British Library Board: 49, 99, 154, 164, 207, 215 (Leemage), 237, 241

Cleveland Museum of Art: 188 Dreamstime: 51 (Andrew Howson), 66 (Klodien), 184 (Mirko Kuzmanovic), 191 (Ephotocorp), 224 (Dr Pramod Bansode), 236 (Klodien)

Getty Images: 20 (Sivarock), 58 (Gabriel Perez), 93 (Anders Blomqvist), 125 (Heritage Images)

Los Angeles County Museum of Art: 67, 112, 167, 210

Metropolitan Museum of Art: 114, 129, 143, 145

Shutterstock: 63 (Reddees), 84 (Bildagentur Zoonar), 108 (Reality Images) Walters Art Museum (CC0 License): 146

Ms Sarah Welch (Creative Commons Attribution- Share Alike 4.0 International): 9, 25, 214, 223

All other images are in the Public Domain

あ

い

う

お

か

き

く

け

さ

し

す

せ

そ

た

ち

て

と

な

に

ね

の

は

ひ

ふ

ま

【著者】

マーティン・J・ドハティ

MARTIN J. DOUGHERTY

ライター。歴史、神話、戦史などの分野で多くの著作がある。イングランド北部在住。主な著書に“Norse Myths: Viking Legends of Heroes and Gods”(2016)、“Celts: The History and Legacy of One of the Oldest Cultures in Europe”(2017)、“Greek Myths: From the Titans to Icarus and Odysseus”(2019)、“Ireland: The Emerald Isle”(2019)、邦訳書に『図説アーサー王と円卓の騎士——その歴史と伝説』などがある。

【訳者】

井上廣美

Hiromi Inoue

翻訳家。名古屋大学文学部卒業。主な訳書にフィリップス『イギリスの城郭・宮殿・邸宅歴史図鑑』、ベルク『[北欧流]焚き火のある暮らし』、マゾワー『バルカン——「ヨーロッパの火薬庫」の歴史』、チャーナウ『アレグザンダー・ハミルトン伝』、バーケット『図説 北欧神話大全』などがある。

［ヴィジュアル版《ばん》］
インド神《しん》話《わ》物《もの》語《がたり》百《ひゃっ》科《か》

2021年4月30日　初版第1刷発行

✣著者……………マーティン・J・ドハティ
✣訳者……………井上《いのうえ》廣《ひろ》美《み》
✣発行者……………成瀬雅人
✣発行所……………株式会社原書房
〒160-0022
東京都新宿区新宿1-25-13
［電話・代表］03（3354）0685
http://www.harashobo.co.jp
振替・00150-6-151594

✣ブックデザイン……………小沼宏之［Gibbon］
✣印刷……………シナノ印刷株式会社
✣製本……………東京美術紙工協業組合

ISBN978-4-562-05915-7
Printed in Japan